Solveig Rietschel

**Internationale Vorgaben zum Kulturgüterschutz und ihre Umsetzung in Deutschland**

Schriften zum Kulturgüterschutz
Cultural Property Studies

Schriften zum Kulturgüterschutz
Cultural Property Studies

Herausgegeben von
Edited by

Professor Dr. Wilfried Fiedler, Saarbrücken
Professor Dr. Dr. h.c. Erik Jayme, Heidelberg
Professor Dr. Kurt Siehr, Hamburg

Solveig Rietschel

# Internationale Vorgaben zum Kulturgüterschutz und ihre Umsetzung in Deutschland

## Das KGÜAG – Meilenstein oder fauler Kompromiss in der Geschichte des deutschen Kulturgüterschutzes?

WDEG
RECHT
De Gruyter Recht · Berlin

Dr. iur. *Solveig Rietschel*, Albert-Ludwigs-Universität Freiburg.

♾ Gedruckt auf säurefreiem Papier,
das die US-ANSI-Norm über Haltbarkeit erfüllt.

ISBN 978-3-89949-689-5

*Bibliografische Information der Deutschen Nationalbibliothek*

Die Deutsche Nationalbibliothek verzeichnet diese Publikation in der Deutschen Nationalbibliografie; detaillierte bibliografische Daten sind im Internet über <http://dnb.d-nb.de> abrufbar.



Printed in Germany
Einbandgestaltung: Martin Zech, Bremen
Einbandkonzept: +malsy, Willich
Datenkonvertierung: Werksatz Schmidt & Schulz GmbH, Gräfenhainichen
Druck und Bindung: Hubert & Co., Göttingen

# Vorwort

Die Juristische Fakultät der Albert-Ludwigs-Universität Freiburg im Breisgau hat die vorliegende Arbeit im Wintersemester 2008/2009 als Dissertation angenommen.

Besonderer Dank gilt meinem Doktorvater Herrn Prof. Dr. Rolf Stürner. Er hat zunächst während meiner – für mich persönlich wie fachlich sehr prägenden – Zeit als wissenschaftliche Mitarbeiterin an seinem Lehrstuhl die Arbeit angeregt und mich dann bei ihrer Umsetzung in jeder erdenklichen Weise fachlich aber auch moralisch unterstützt. Er wusste es stets, trotz der später eingetretenen räumlichen Entfernung die Realisierung des Promotionsvorhabens anzutreiben, zu fördern und zu bereichern. Herrn PD Dr. Andreas Piekenbrock möchte ich für die Übernahme und zügige Erstellung des Zweitgutachtens danken.

Meinen Freunden in Berlin Nina Emmerich, Anne Schwanz, Kerstin Wahala, meinem Bruder Merlin Rietschel, meiner geliebten Tante Irene Fischer und meinem Onkel Dominikus Probst, sowie meinen Schwiegereltern Renate und Prof. Dr. Claus-Peter Mossler habe ich für vielerlei zu danken, insbesondere aber für ihre Unterstützung, ihre unermüdlichen Aufmunterungen und ihre Teilnahme, die mir so oft neue Kraft gaben.

Größter Dank gilt meinen Eltern, Dr. Mireille und Prof. Dr. Ernst Rietschel, ohne die diese Arbeit nicht hätte entstehen können. Sie haben mich während meiner gesamten Ausbildung vorbehalts- und bedingungslos unterstützt, in all meinen Vorhaben bestärkt und mir immer mit konstruktiver Kritik und wertvollen Anregungen zur Seite gestanden. Der Rückhalt, den sie mir stets geboten haben und täglich bieten, ist einzigartig.

So konnte ich diese Arbeit auch nur dank der täglichen liebevollen Unterstützung meiner geliebten und hochverehrten Mutter bei der Betreuung meiner kleinen Tochter erfolgreich abschließen.

Widmen möchte ich diese Arbeit in tiefer Liebe und unendlicher Dankbarkeit meinem Mann, der immer an mich und den erfolgreichen Abschluss dieser Arbeit geglaubt hat und in den entscheidenden Momenten die richtigen Worte fand, um auch in mir immer wieder diesen Glauben neu zu beleben.

Ohne ihn hätte – aus unendlich vielen Gründen – das Promotionsvorhaben niemals gelingen können.

Berlin, Juni 2009 *Solveig Rietschel*

# Inhaltsverzeichnis

# Abkürzungsverzeichnis

| | |
|---|---|
| Alberta. L. R. | Alberta Law Report |
| BayVBl. | Bayerische Verwaltungsblätter |
| BayVGH | Bayerischer Verwaltungsgerichtshof |
| BGB | Bürgerliches Gesetzbuch |
| BGBl. | Bundesgesetzblatt |
| BGE | Bundesgerichtsentscheidung |
| BGH | Bundesgerichtshof |
| BGHZ | Halbamtliche Sammlung der Entscheidungen des Bundesgerichtshofs in Zivilsachen |
| BR-Drs. | Bundesratsdrucksache |
| BT-Drs. | Bundestagsdrucksache |
| BVerfGE | Amtliche Entscheidungssammlung des Bundesverfassungsgerichts |
| BVerwG | Bundesverwaltungsgericht |
| BVerwGE | Amtliche Entscheidungssammlung des Bundesverwaltungsgerichts |
| CC | Code Civil |
| DÖV | Die öffentliche Verwaltung |
| EGBGB | Einführungsgesetz zum Bürgerlichen Gesetzbuch |
| Emory Int'l L. Rev. | Emory International Law Review |
| EuGH | Europäischer Gerichtshof |
| EuGVÜ | Übereinkommen über die gerichtliche Zuständigkeit und die Vollstreckung gerichtlicher Entscheidungen in Zivil- und Handelssachen |
| EuGVVO | Verordnung 44/2001/EG des Rates vom 22. Dezember 2000 über die gerichtliche Zuständigkeit und die Anerkennung und Vollstreckung von Entscheidungen in Zivil- und Handelssachen |
| EuR | Europarecht |
| EuZW | Europäische Zeitschrift für Wirtschaftsrecht |
| FAZ | Frankfurter Allgemeine Zeitung |
| FS | Festschrift |
| GG | Grundgesetz |
| GVBl. | Gesetzes- und Verordnungsblatt |
| Int.J.Cult.Prop. | International Journal of Cultural Property |
| IPRax | Praxis des Internationalen Privat- und Verfahrensrechts |
| JA | Juristische Arbeitsblätter |
| JZ | Juristenzeitung |
| KGSchG | Gesetz zum Schutz des Deutschen Kulturguts gegen Abwanderung ins Ausland |
| KGSiG | Kulturgutsicherungsgesetz |
| KGRG | Kulturgüterrückgabegesetz |
| KGTG | Kulturgütertransfergesetz |
| KGÜAG | Kulturgutübereinkommensausführungsgesetz |
| KUR | Kunst und Recht |

| | |
|---|---|
| LG | Landgericht |
| MDR | Monatsschrift für Deutsches Recht |
| MüKo | Münchener Kommentar zum Bürgerlichen Gesetzbuch |
| NJW | Neue Juristische Wochenschrift |
| NJW-RR | Neue Juristische Wochenschrift – Rechtsprechungsreport |
| NVwZ | Neue Zeitschrift für Verwaltungsrecht |
| OLG | Oberlandesgericht |
| RabelsZ | Zeitschrift für ausländisches und internationales Privatrecht, begründet von Rabel |
| RdC | Recueil des Cours de l'Académie de Droit International |
| Rec. Dalloz Sirey | Recueil Dalloz Sirey |
| Rev. crit. dr. int. priv. | Revue Critique de Droit International Privé |
| RGBl. | Reichsgesetzblatt |
| RGDIP | Revue Générale de Droit International Public |
| Riv. dir. int. | Rivista di diritto internazionale |
| Riv. dir.int.priv.proc. | Rivista di diritto internazionale privato e processuale |
| SZIER | Schweizerische Zeitschrift für internationales und europäisches Recht |
| Tex. Bar J. | Texas Bar Journal |
| UNESCO | Organisation der Vereinten Nationen für Erziehung, Wissenschaft und Kultur |
| UNIDROIT | Internationales Institut für die Vereinheitlichung des Privatrechts |
| Unif. L. Rev. | Uniform Law Review / Revue de Droit Uniforme |
| VGH | Verwaltungsgerichtshof |
| W.L.R. | Weekly Law Reports |
| WRV | Weimarer Reichsverfassung |
| ZGB | Zivilgesetzbuch |
| ZRP | Zeitschrift für Rechtspolitik |
| ZVglRWiss | Zeitschrift für vergleichende Rechtswissenschaft |

# Teil 1: Einführung – Schutzentwicklung und Begriffsbestimmung

## 1. Einführung

### 1.1. Historischer Abriss

Güter von künstlerischem, geschichtlichem und wissenschaftlichem Wert haben zu allen Zeiten die Ländergrenzen passiert. Dieses Phänomen des Transfers von Kulturgütern fand seinen Ursprung in kriegerischen Auseinandersetzungen. Bereits in der Antike galt das Beutemachen als vielgeübter und tolerierter Kriegsbrauch.[1] Damals wurden vor allem Objekte kultisch-religiöser Verehrung geraubt, da man glaubte, damit den Feind dem Schutz seiner Gottheit zu entziehen.[2]

Ab dem 4. Jahrhundert v. Chr. begann Rom mit einer neuen Form des Kunstraubs, nämlich einer systematischen Plünderung der unter seiner Herrschaft stehenden Völker.[3] Bei den Römern waren Kunstwerke beliebte Trophäen, die als dauerndes Symbol des Triumphes in Rom zur Schau gestellt wurden.[4] Mit den Römern begann aber auch der Materialwert der Objekte eine Rolle zu spielen, und so entwickelte sich das *forum romanum* zum ersten internationalen Kunstmarkt, der die Sammlungen der römischen Patrizier bereichern sollte.[5]

Bis zum Ende des 17. Jahrhunderts bildete das Recht zur Wegnahme von Kunstgegenständen sogar einen anerkannten Eigentumserwerbsgrund des Siegers.[6]

Erst im Zuge des Wiener Kongresses im Jahre 1815, der auf den Sieg der Koalitionsarmeen über die napoleonischen Truppen folgte, wurde zum ersten Mal eine Rückführungspflicht von verschleppten Kulturgütern formuliert.[7] Diese sollte

---

1 Byrne-Sutton, S. 10; z.B. die Plünderung Jerusalems durch die der Babylonier 587 v. Chr. unter Nebukadnezar; Plünderung Athens durch die Perser unter Xerxes 480 v. Chr., Plünderung Thebens durch die Griechen unter Alexander dem Großen 335 v. Chr.

2 Rudolf, FS Doehring S. 855; Engstler, S. 87 f.

3 Grant, S. 15–24; Fraoua, Le traffic, S. 34 mit Verweis auf Cicero (Verr. II, i, 54–55).

4 Fraoua, Le traffic, S. 36. m.w.N.

5 Byrne-Sutton, S. 10.

6 Fiedler, FS Doehring S. 211; Rudolf, FS Doehring S. 856; Engstler, S. 79; vgl. z.B. § 194 I 9 Preußisches Allgemeines Landrecht.

7 Siehe Engstler, S. 100–119.

die eindrucksvollen Kunstraubzüge Napoleons[8] sanktionieren. In dieser Sanktion wird meist der Beginn einer Staatenpraxis im Sinne eines völkergewohnheitsrechtlichen Kulturgüterschutzes gesehen.[9]

In der darauf folgenden Zeit wurden mehrere Abkommen zum Kriegsrecht geschlossen, die jeweils eigene Regelungen zum Schutz von Kulturgut in Kriegszeiten enthielten.[10] Das erste ausdrückliche Verbot der Beschlagnahme von Kulturgütern formulierte die Haager Konvention von 1907.[11]

Jedoch wurde erst nach den umfangreichen Kunstraubzügen der Nationalsozialisten[12] 1954 in Den Haag das erste universale Abkommen abgeschlossen, welches sich ausschließlich mit Fragen des Kulturgüterschutzes befasst. Es handelt sich dabei um die *Konvention zum Schutz von Kulturgütern bei bewaffneten Konflikten*[13], die seitdem in ca. 70 Ländern ratifiziert wurde.

Aber auch in Friedenszeiten begannen schon zu Zeiten des römischen Imperiums – verstärkt jedoch erst ab dem 16. Jahrhundert – Kunstgegenstände aus den verschiedensten Gründen die staatlichen Grenzen zu passieren.

Unzählige Abtransporte von Kulturgütern wurden aus einem Bildungsideal heraus organisiert: man denke nur an Heinrich Schliemanns in Troja gehobenen „Schatz des Priamos", der zu Studien- und Besichtigungszwecken in das Berliner Museum für Ur- und Frühgeschichte gelangte.[14] Auch die berühmten „Elgin marbles" – ein Exempel der klassischen griechischen Architektur und Bildhauerkunst – wurden vom Botschafter Großbritanniens in Konstantinopel – Lord Elgin – Anfang des 19. Jahrhunderts unter geschickter Nutzung seiner diplomatischen Position und der türkischen Herrschaft entwendet, um den Kunstsinn der Briten zu schulen.[15]

---

[8] Dazu Fraoua, Le traffic, S. 38; Engstler, S. 94; Byrne-Sutton, S. 11.

[9] Rudolf, FS Doehring S. 857; Engstler, S. 114 f.; Müller-Katzenburg, S. 35.

[10] Zu diesen Abkommen siehe Müller-Katzenburg, S. 39 ff.

[11] Art. 56 HLKO 1907 besagt, dass „das Eigentum der Gemeinden und der dem Gottesdienst, der Wohltätigkeit, dem Unterricht, der Kunst und der Wissenschaft gewidmeten Anstalten, auch wenn diese dem Staate gehören" als Privateigentum zu behandeln und wie dieses vom Beschlagnahmungsverbot erfasst ist. „Jede Beschlagnahme, jede absichtliche Zerstörung oder Beschädigung von derartigen Anlagen, von geschichtlichen Denkmälern oder von Werken der Kunst und Wissenschaft" ist verboten und wird bei Zuwiderhandlung bestraft.

[12] Merryman/Elsen I, S. 20 ff.; Friemuth, S. 16 ff.

[13] BGBl. 1967 II, 1235; Ausführungsgesetz: BGBl. 2007 I, 762.

[14] Dieser wurde allerdings gegen Ende des Zweiten Weltkrieges zusammen mit anderen Objekten aus Berliner Museen von den Sowjets abtransportiert und befindet sich zurzeit im Sondermagazin des Pushkin Museums in Moskau.

[15] Grant, S. 102 ff., St. Clair, *Lord Elgin and the Marbles*; Meyer, S. 170 ff.

Auch Hochzeiten zwischen europäischen Königshäusern und Staatsgeschenke bildeten einen wichtigen Kulturgütertransfergrund, da von der Braut oftmals als Mitgift Kunstwerke in das Land des Bräutigams mitgebracht wurden. Das legendäre Bernsteinzimmer gelangte ursprünglich als Geschenk des Soldatenkönigs Friedrich Wilhelm I an Zar Peter den Großen nach Petersburg.[16]

Van Goghs „Portrait du Docteur Gachet", das seit 1911 im Frankfurter Städel hing, gelangte nach der Aktion „entartete Kunst" über die in die USA emigrierte Familie Kramarsky zunächst als Leihgabe in das New Yorker Metropolitain Museum. Schließlich wurde es im Mai 1990 bei Christie's in New York von dem japanischen Sammler Ryoei Saito für den Spitzenpreis von $ 82,5 Millionen ersteigert und nach Japan überführt.[17]

Im Hinblick auf Bedeutung und Aktualität spielt tatsächlich der in das letzte Beispiel eingeflossene internationale Handel die Hauptrolle. Der Kunst- und Antiquitätenhandel hat im Verlauf des 20. Jahrhundert einen Aufschwung erlebt wie sonst kaum ein anderer Wirtschaftszweig.[18] Ein zunehmendes Interesse an Kunst und Kultur, der gestiegene Wohlstand in den Industrieländern, sowie die verbesserten Kommunikations- und Transportwege haben in der Zeit nach dem Zweiten Weltkrieg zu einem vorher nie da gewesenen „Boom" im internationalen Kulturgüterverkehr geführt, der aber zugleich das Ausmaß des *illegalen* Kulturgüterverkehrs auf erschreckende Weise ansteigen ließ. Nach dem Rauschgifthandel gilt das „schmutzige Geschäft mit der schönen Kunst" heute als das lukrativste Geschäft auf dem Schwarzmarkt.[19] Nach Angaben der Business Week sind zum Beispiel die Preise für Antiken und Grabungsgegenstände in den Jahren 2005 und 2006 um 25% angestiegen. Der Umsatz des Kunsthandels beträgt derzeit weltweit ca. 20 Milliarden US-Dollar. Das Auktionshaus Sotheby's hat 2004 insgesamt 2.694 Milliarden Dollar umgesetzt, was eine Steigerung um 59% gegenüber dem Vorjahr darstellt. Nach Schätzungen von Interpol werden im illegalen Handel mit geraubten Kulturgütern jährlich rund 4,5 Milliarden Dollar umgesetzt. Die UNESCO schätzt den Umsatz mit 6 Milliarden Dollar

---

16 Die weitere Geschichte des Bernsteinzimmers führt allerdings wieder in Kriegszeiten zurück. Während der Belagerung Leningrads wurde es nämlich von deutschen „Kunstschutzoffizieren" aus dem Katharinenschloß entfernt und nach Königsberg gebracht, von wo es bei Kriegsende wieder verschwand. Seitdem fehlt jede Spur vom Bernsteinzimmer. Es galt lange als zerstört, doch tauchen immer wieder aus obskuren Quellen einzelne Bestandteile auf. Nun wurde es im letzten Jahrzehnt vollständig neu hergestellt und dieses beeindruckende Werk zum Sankt Petersburger Jubiläum 2003 feierlich der Stadt übergeben. Dieses „neue" Meisterwerk ist seitdem in Zarskoje Selo zu bewundern. Siehe auch dazu Wermusch, Die Bernsteinzimmer-Saga.

17 Müller-Katzenburg, S. 26 m.w.N.

18 Byrne-Sutton, S. 2, 35 ff.

19 State Bar Committee on Legal Aspects of the Art, Tex. Bar J. (1998) S. 237 m.w.N.

weitaus höher.[20] Die Ernsthaftigkeit der Problematik hat auch dazu geführt, dass sich einige Museen entschlossen haben, eigene Provenienzforscher anzustellen (so zum Beispiel die Kunsthalle Hamburg).

So keimte im 20. Jahrhundert der Gedanke des Schutzes von Kulturgütern in Friedenszeiten auf. Diese neuen Schutzbestrebungen fanden ihren rechtlichen Niederschlag zunächst in nationalen Gesetzen zur Verhinderung der Ausfuhr von einheimischen Kunstwerken und Antiquitäten.[21]

Dabei zeichnete sich schnell das Kernproblem dieser Kodifikationsmaßnahmen ab, nämlich die Durchsetzung der Ausfuhrverbote, die angesichts des Grundsatzes der Nichtanwendbarkeit ausländischen öffentlichen Rechts an unüberwindbare Grenzen stieß.

Ein anschauliches Beispiel hierfür bietet der Fall *King of Italy v. De Medici Tornaquinci and Christie Manson & Woods*. Im Jahre 1921 hatte der italienische Staat vor den englischen Gerichten geklagt, um die Versteigerung der illegal von Italien nach Großbritannien exportierten Medici-Archive bei Christie's zu verhindern. Justice *Peterson* gab dem Antrag auf einstweilige Verfügung in Bezug auf die Familiendokumente im Eigentum der Medici *nicht* statt. Denn der bloße Verstoß gegen das italienische Exportverbot von 1909 führe nicht dazu, dass die englischen Gerichte die Herausgabe der illegal exportierten Güter anordnen müssten.[22] In einer Vielzahl solcher Fälle[23] haben sich Gerichte unter Berufung auf den öffentlich-rechtlichen Charakter von Exportgesetzen, die gemäß dem völkerrechtlichen Souveränitätsprinzip keine extraterritoriale Wirkungen beanspruchen können, geweigert, ausländischen Staaten bei der tatsächlichen Durchsetzung ihrer kulturgutbewahrenden Ausfuhrbestimmungen Rechtshilfe zu leisten.[24]

---

[20] Quelle: www.museo-on.com, U.-C. Lintz, 2007.

[21] Z.B. in Europa: Legge sulle antichità e belle arti vom 20. Juni 1909 no. 364 (Italien), Loi du 31 décembre 1913 (Frankreich), Ley del Patrimonio vom 3. Mai 1933 (Spanien), VO über die Ausfuhr von Kunstwerken vom 11.12.1919 (Deutschland); zu Ägypten vgl. Rudolf, FS Doehring S. 862; zu Indien vgl. Meyer, Anhang S. 308.

[22] *King of Italy v. Marquis Cosimo De Medici Tornaquinci and Christie Manson & Woods*, 1918, 34 T. L. R 623; Übersetzung und Anmerkung in: 14 Riv. dir. int. 1921, 722, 194 ff.; vgl. zu diesem Urteil Byrne-Sutton, S. 127 f, 176 f.; Müller-Katzenburg, S. 87 f.

[23] Weitere Beispiele bei Siehr KUR 1999, 225 (226).

[24] Zur Territorialität des öffentlichen Rechts: BGHZ 31, 367, 371 – öffentlich-rechtliche Normen sind grundsätzlich nur in dem Staat anzuwenden, der sie erlassen hat. Ansprüche, die aus dem öffentlichen Recht eines Staates fließen, können in einem anderen nicht mit hoheitlichem Zwang, also auch nicht im Wege einer gerichtlichen Klage, durchgesetzt werden. Die territoriale Wirkungsbeschränkung des öffentlichen Rechts basiert auf dem völkerrechtlichen Prinzip der Gebietshoheit, s. BGHZ 23, 333, 337.

So offenbarte sich die dringende Notwendigkeit von multinationalen Regelungen. In diesem Bewusstsein wurde seit den Dreißiger Jahren eine Vielzahl von Anstrengungen unternommen, adäquate überstaatliche Lösungen zu finden.

## 1.2. Problemaufriss

Die drei bedeutendsten Regelungen, die aus diesen Bemühungen hervorgingen, sind

- die *UNESCO-Konvention über Maßnahmen zum Verbot und zur Verhütung der unzulässigen Einfuhr, Ausfuhr und Übereignung von Kulturgut* von 1970,
- die *Unidroit-Konvention über gestohlene oder rechtswidrig ausgeführte Kulturgüter* vom 24. Juni 1995 und
- die *EU Richtlinie über die Rückgabe von illegal ausgeführten Kulturgütern zwischen den Mitgliedstaaten* (RL 93/7/EWG) von 1993 in Verbindung mit der EU *Verordnung über die Ausfuhr von Kulturgütern* von 1992 (VO 3911/92),

mit denen sich diese Arbeit in ihrem zweiten Teil näher beschäftigen wird.

Die Betrachtung dieser internationalen und europäischen Maßnahmen bietet sich an, um einen Überblick über die aktuellen Instrumente und Regelungsmöglichkeiten zum Kulturgüterschutz zu gewinnen. Insbesondere soll dabei eine gründliche Untersuchung der durch diese Regelungswerke etablierten Restitutions- bzw. Rückgabeansprüche von gestohlenem oder illegal verbrachtem Kulturgut erfolgen, wobei deren Entstehung, Ausgestaltung, Voraussetzungen, sowie allgemein deren Schwächen und Stärken beleuchtet werden sollen.

Im Lichte dieser Betrachtungen soll im dritten Teil dieser Arbeit die Analyse der Rechtslage zum Kulturgüterschutz in der Bundesrepublik Deutschland erfolgen. Hierbei werden die bestehenden deutschen Gesetze zum Schutz deutschen und ausländischen Kulturguts – unter ihnen insbesondere das 2007 in Kraft getretene Gesetz zur Ausführung des UNESCO-Übereinkommens vom 14. November 1970 über Maßnahmen zum Verbot und zur Verhütung der rechtswidrigen Einfuhr, Ausfuhr und Übereignung von Kulturgut (KGÜAG) – vorgestellt und untersucht. Die Analyse dieser Bestimmungen erfolgt ebenfalls vorwiegend im Hinblick auf die Rückführungsmöglichkeiten von Kulturgut in den Herkunftsstaat. Dabei wird sich zeigen, dass die deutsche Rechtslage zum Kulturgüterschutz noch eine Reihe von schwerwiegenden Mängeln aufweist – insbesondere im Rahmen des KGÜAG aus dem Jahre 2007 wird sich ein großer Nachbesserungsbedarf zeigen; Genannt seien vorab nur die gravierenden Probleme im Rahmen der deutschen Verjährungsregelungen, die zu eng ausgestalteten Schutzbereiche der deutschen Kulturgüterschutzbestimmungen, sowie die ungünstige Beweislastverteilung innerhalb dieser Regelungen.

Vielen der am Ende des dritten Teils dieser Arbeit aufgeführten Mängel könnte jedoch durch die Ratifizierung der UNIDROIT Konvention in Deutschland begegnet werden.

Der vierte Teil dieser Arbeit schließlich enthält einen knappen Ausblick auf wünschenswerte zukünftige Entwicklungen im Rahmen des internationalen Kulturgüterschutzes, mit dem Hinweis auf die oft bei der Besprechung von Kulturgutrückführungen außer Acht gelassene Problematik der Erhaltung der betroffenen Kulturgüter, sowie der kurzen beispielhaften Vorstellung eines alternativen Lösungswegs zur juristischen Klärung des Verbleibs problematischer Kulturgüter.

## 2. Das schützenswerte Kulturgut

### 2.1. Problematik

Zunächst muss das Problem des zu schützenden Objekts angesprochen werden. Was genau gilt es zu schützen? Was versteht man unter dem doch bemerkenswert offenen Terminus des Kulturgutes? Diese Frage ist von herausragender Bedeutung, da ein erfolgreicher Kulturgüterschutz voraussetzt, dass der Inhalt dessen, was geschützt werden soll, klar bestimmt ist.

Es existieren zahlreiche Definitionen des Kulturgutbegriffs in internationalen Abkommen und nationalen Gesetzen, in Literatur und Rechtsprechung.

Im allgemeinen Sprachgebrauch versteht man unter Kultur die „Gesamtheit der geistigen und künstlerischen Lebensäußerungen eines Volkes.“[25] Die UNESCO umschreibt den Begriff Kultur mit folgender Formel: „Unter Kultur ist heutzutage die Gesamtheit der geistigen, materiellen, intellektuellen und emotionalen Faktoren zu verstehen, die das Wesen einer Gesellschaft oder einer gesellschaftlichen Gruppe ausmachen. Sie umfasst neben den schönen Künsten und den Geisteswissenschaften die Lebensformen, die menschlichen Grundrechte, die Wertordnungen, die Traditionen und die Glaubensformen.“[26]

Im Lichte dieser Definitionsansätze wird die Schwierigkeit einer genauen Begriffsbestimmung des Kultur*gutes* bereits erkennbar. An dieser Stelle gilt es nicht, eine exakte, unanfechtbare Definition herauszukristallisieren. Diese Recherche würde den Rahmen dieser Arbeit sprengen und mit größter Wahrscheinlichkeit zu keinem befriedigenden Ergebnis führen, denn eine präzis akkurate und allgemeingültige Definition ist wohl kaum erzielbar.

---

[25] Brockhaus Lexikon zu „Kultur“.

[26] Vgl. Sparr, S. 15 f.

Deshalb sollen hier die verschiedenen Ansätze, mit denen man sich dieser Frage in der heutigen Gesetzgebung zu nähern versucht zunächst unter formalen Aspekten skizzieret werden.

## 2.2. Formale Definitionsmethoden

Ungeachtet des materiellen Gehalts einer einheitlichen Definition, folgen nationale und internationale Regelungen bei der Bestimmung der Objekte, die als Kulturgut besonderen Schutz genießen sollen, verschiedenen Methoden. Im Allgemein wird zwischen drei systematisch verschiedenen Definitionsmethoden unterschieden.[27]

### 2.2.1. Enumeration

Als erste Methode ist die *Enumeration* zu nennen. Hierbei ergibt sich die Definition des Kulturguts aus der Zusammenstellung einer Liste oder meist eines Kulturgutverzeichnisses, in dem alle schützenswerten Kunstschätze einer Nation namentlich aufgeführt sind. Die Stärke dieser Methode liegt in ihrer Bestimmtheit und dem effektiven Schutz, den sie den auf der Liste stehenden Gütern gewährt. Ihr Nachteil besteht in einem erheblichen Verwaltungsaufwand bei der Erstellung der Liste und in einem Mangel an Flexibilität.

### 2.2.2. Klassifikation

Nach dem *Klassifikationsprinzip* wird ein abstrakter Kriterienkatalog im Gesetz aufgestellt, der die Eigenschaften aufführt, die ein Kulturgut in sich vereinen muss, um als Kulturgut im Sinne des jeweiligen Gesetzes zu gelten. Typischerweise wird dabei auf die besondere „geschichtliche religiöse Bedeutung“ oder auf den „künstlerischen, archäologischen Wert“ eines Gutes abgestellt. Diese Definitionsmethode ist sehr flexibel, da die unbestimmten Rechtsbegriffe, mit denen sie arbeitet, dem richterlichen Ermessen einen großen Spielraum belassen. In dieser Flexibilität liegt ein großer Vorteil, aber zugleich auch der größte Nachteil dieser Methode. Sie geht nämlich natürlicherweise mit einer starken Unbestimmtheit, und so auch mit einer gewissen Rechtsunsicherheit einher.

### 2.2.3. Kategorisierung

Weiterhin können nach dem *Kategorisierungsprinzip* die für schützenswert erachteten Kategorien von Kulturgütern aufgezählt werden. Eine solche Methode ist präziser als die Klassifikation, obwohl auch dort die Kategorienbezeichnun-

---

[27] Vgl. dazu Prott/O'Keefe Vol. III, S. 26 ff.

gen ein gewisses Wertausfüllungsbedürfnis aufweisen können. Beispielsweise benennt die Anlage der UNIDROIT Konvention eine Kategorie: „Antiquitäten" oder eine weitere „seltene Exemplare der Anatomie" – die Zuordnungsproblematik liegt hierbei auf der Hand.

### 2.2.4. *Notion mixte*

Die üblichste und auch sicher sinnvollste Vorgehensweise liegt in einer *Kombination* aus mehreren Methoden. Für eine solche Bestimmung des zu schützenden Gutes hat sich zum Beispiel auch die Richtlinie 93/7/EWG entschieden. Gem. Art. 1 gilt als Kulturgut im Sinne der Richtlinie (vereinfacht) ein Gegenstand, der im Sinne des Art. 30 EGV als nationales Kulturgut von künstlerischem, geschichtlichem oder archäologischem Wert eingestuft wurde und unter eine der im Anhang genannnten Kategorien fällt oder zu einer öffentlichen Sammlung oder zum Bestand kirchlicher Einrichtungen gehört. Hier wird das Klassifikations- mit dem Kategorisierungsprinzip verbunden. Ein Objekt ist ein Kulturgut im Sinne dieses Gesetzes, sofern es der allgemeinen Definition entspricht und zugleich unter eine der vom Gesetz festegelegten Kategorien subsumierbar ist. Der Anhang zur Richtlinie enthält eine sehr genaue Kategorienliste und benennt auch für fast jede Kategorie Alters- und Wertgrenzen, unterhalb derer ein Schutz entfällt.

Eine solche Kombination aus diesen beiden Prinzipien stellt einen durchaus sinnvollen Kompromiss dar, der die Stärken der beiden Lösungsansätze verknüpft und zugleich die ihnen innewohnende Hauptschwäche der Ungenauigkeit minimiert. Durch die Verbindung wird einerseits ein verhältnismäßig zuverlässiger, weil voraussehbarerer Schutzbereich gesichert. Andererseits bleibt dieser dennoch in mancher Hinsicht ausfüllungsbedürftig und so der Auslegung zugänglich, so dass den einzelnen Staaten gleichwohl ein gewisser Spielraum in der Anwendung bleibt. Die Kombination zweier Methoden (*notion mixte*[28]) ist insofern auch die flexibelste Lösung und findet sich in vielen Regelungen zum Kulturgüterschutz wieder.

## 2.3. Allgemeine Abgrenzungskriterien

### 2.3.1. Allgemeine Definitionsansätze aus der Literatur

Auch in der Literatur zum Kulturgüterschutz finden sich zahlreiche autonome Definitionsansätze. Immer wieder wird dabei der Versuch unternommen, den

---

[28] Vgl. Carducci S. 218.

Kulturgutbegriff anhand objektiver Kriterien einzuschränken.[29] Ein sehr spezifischer Ansatz findet sich beispielsweise bei *Engstler*, der unter Kulturgütern „alle individuellen schöpferischen Gestaltungen des Menschen sowie alle historisch bedeutsamen Objekte von Menschenhand[30]" versteht. Viel umfassender sieht *Abele* den Kulturgutbegriff, der seiner Meinung nach „alle Werte und Objekte, die für eine Gesellschaft, eine Epoche oder für einen Kontinent spezifisch, also prägend sind[31]" umfasst. Schließlich versucht *Müller-Katzenburg* eine möglichst reduzierte Definition und erklärt Kulturgüter als „körperliche Gegenstände oder Sachgesamtheiten, die von Menschen her- (auch zusammen-)gestellt oder verändert oder sonst in irgendeiner Form geprägt worden sind und deshalb von künstlerischer, historischer, archäologischer, ritueller oder wissenschaftlicher Bedeutung sind.[32]"

Diese Ansätze verbunden mit den verschiedenen nationalen und internationalen Regelungen zeigen, dass sich zur Abgrenzung der geschützten Kulturgüter zusätzlich zu den oben besprochenen formalen Mitteln durchaus noch die Betrachtung einiger objektiver Kriterien lohnt.

### 2.3.2. Materielle/Immaterielle Güter

Die erste für den Kulturgüterschutz bedeutsame Abgrenzung ist diejenige zwischen materiellen und immateriellen Gütern. Dass materielle Güter wie Gemälde, Skulpturen, Schriften usw. als wertvolle Kulturgüter geschützt sein können, scheint unproblematisch. Schwieriger gestaltet sich die Untersuchung der Frage, ob immaterielle Kulturgüter auch unter Schutz gestellt werden können. Als immaterielle Kulturgüter sind zum Beispiel Volksrituale von Eingeborenengemeinschaften, sowie alle Arten von Bräuchen, aber auch Folklore oder Sprache einzuordnen. Auch diese Kulturgüter machen einen essentiellen Teil des Erbes der verschiedenen Kulturen aus. Diese immateriellen Kulturgüter erscheinen ebenso schützenswert wie die materiellen. Dennoch umfasst sie der Kulturgüterschutz im Allgemeinen nicht.[33] Dies beruht zum Großteil darauf, dass der Kulturgüterschutz sich im Wesentlichen mit dem ‚territorialen' Verbleib und physischen Erhalt der Kulturgüter beschäftigt. Insofern ist die körperliche Gestalt eines Kulturguts notwendige Bedingung für seinen Schutz. Der Kulturgüterschutz betrifft also in der Regel nur materielle Güter.

---

29 Zu den folgenden Beispielen von allgemeinen Kulturgutdefinitionen, die das Spektrum der verschiedenen Ansätze recht anschaulich darstellen, siehe Hipp, S. 9.

30 Engstler, S. 13.

31 In: Abele, S. 81.

32 Müller-Katzenburg, S. 139.

33 Von Schorlemer, S. 49 f.; Fechner, S. 18 f.; a.A. Abele S. 81, laut Abele sind auch „Werte" als Kulturgüter anzusehen.

### 2.3.3. Bewegliche/Unbewegliche Güter

Die zweite sich anschließende Abgrenzung ist die zwischen beweglichen und unbeweglichen Kulturgütern. Hier ist von Regelung zu Regelung zu unterscheiden. Die Haager Konvention zum Schutz von Kulturgütern bei bewaffneten Konflikten von 1954 erfasst zum Beispiel beide Arten von Kulturgütern. Andere Instrumente widmen sich ganz den unbeweglichen Kulturgütern.[34] Prinzipiell besteht demnach auch ein Kulturgüterschutzrahmen für unbewegliche Sachen. Die hier untersuchten Regelungswerke sind jedoch alle auf den Schutz von beweglichen Kulturgütern beschränkt, aus demselben Grund wie sich der Schutz nur auf materielle Güter beschränkt. Der durch diese Instrumente gebotene Schutz der Kulturgüter betrifft hauptsächlich deren ‚territorialen' Verbleib und physischen Erhalt. Es geht also um Export, Import, Diebstahl und Rückgabe von Kulturgütern, weshalb in dieser Arbeit nur der Schutz beweglicher Sachen behandelt werden wird.

### 2.3.4. Von Menschenhand geprägt/Naturgüter

Ein vieldiskutiertes Problem findet sich in der Natur der Kulturgüter. Ist ihr Schutz von einem menschlichen Schöpfungsakt abhängig, oder können auch reine ‚Naturgüter' wie zum Beispiel geologische Objekte oder einzelne Stücke der Fauna und Flora geschützt sein? Wenngleich die Schutzbedürftigkeit reiner Naturgüter an sich unumstritten ist, erscheint doch die Frage ob Naturgüter auch als Kulturgüter geschützt werden können problematisch. Vielfach wird, wie bereits in den oben zitierten allgemeinen Definitionen der Literatur dargelegt, zur Kulturguteinstufung ein menschlicher Schöpfungs- oder doch zumindest Zusammenstellungsakt gefordert.[35] Grundsätzlich werden Naturobjekte daher tatsächlich nicht als Kulturgüter angesehen.[36] In der Praxis des Kulturgüterschutzes finden sich jedoch einige Ausnahmen zu diesem Grundsatz.

Als erstes sei die UNESCO Konvention von 1970 genannt, die in ihren in Art. 1 aufgelisteten Kulturgutkategorien gleich zu Beginn „*seltene Sammlungen und Exemplare der Zoologie, Botanik, Mineralogie und Anatomie* […]" aufführt. In Bezug auf die Sammlungen wird im Hinblick auf die Leistung des Sammelns ein menschlicher Einfluss noch nachzuweisen sein, bei den Einzelexemplaren dürfte

---

[34] Wie zum Beispiel die UNESCO Konvention zum Weltkulturerbe von 1972.

[35] S. Definitionen unter 2.3.1.

[36] Von Schorlemer, S. 51 f.; Müller-Katzenburg, S. 141, Fechner, S. 21. Die UNESCO Konvention von 1972 zum Schutz des Weltkulturerbes zum Beispiel stellt in ihrem Art. 2 die Naturgüter gleichrangig neben die Kulturgüter, erkennt sie also als gleich schützenswert an, zeigt aber dadurch ebenfalls, dass sie sie als getrennte Objektkategorie betrachtet.

dies jedoch nicht gelingen.[37] Demnach schützt die UNESCO Konvention von 1970 auch einzelne, reine Naturstücke.

Ein weiteres interessantes Beispiel bietet der Fall des so genannten „Mann vom Hauslabjoch," besser bekannt unter dem Namen „Ötzi." Im September 1991 entdeckten zwei deutsche Touristen im Eis der Ötztaler Alpen eine mumifizierte Leiche, die sie zunächst für die sterblichen Überreste eines verunglückten Alpinisten hielten. Nach Untersuchung der Leiche durch das Innsbrucker Institut für Gerichtsmedizin stellte sich jedoch heraus, dass es sich hierbei um einen ca. 5300 Jahre alten Mann aus der Bronzezeit handelte. Zu diesem archäologischen Sensationsfund gehörten auch Bekleidungsstücke, Ausrüstungsgegenstände, sowie die Waffen des Verstorbenen. Sodann stellte sich die Frage, ob nach österreichischem Recht die Leiche unter Denkmalschutz gestellt werden könnte. Nach § 1 Abs. 1 des österreichischen Denkmalschutzgesetzes sind nur von Menschen geschaffene Objekte als Denkmäler anzusehen. Die Leiche des „Ötzi" schien damit dem Denkmalschutz entzogen. Das österreichische Bundesdenkmalamt entschied aber anders und stellte sie mit den übrigen Fundstücken dennoch unter Denkmalschutz mit der Begründung, „dass der teilweise bekleidete und tätowierte Mann mit den zugehörigen Ausrüstungsgegenständen ein einheitliches Ganzes (bilde), so dass seine Erhaltung im öffentlichen Interesse " sei.[38]

Die Frage nach der Erforderlichkeit eines menschlichen Schöpfungs- oder Einflussaktes ist demnach kaum eindeutig zu beantworten. Hier erscheint es am sinnvollsten, jeweils im Einzelfall abzuwägen, bzw. zu entscheiden.

### 2.3.5. Wert und Alter der Güter

Schließlich werden Grenzen des Schutzes von Kulturgütern oftmals durch deren Alter oder wirtschaftlichen Wert bestimmt. Zum Beispiel finden sich im Anhang zur Richtlinie 93/7/EWG sowohl Alters- als auch Wertgrenzen zur Bestimmung der meisten geschützten Kulturgüter. Die Anknüpfung an wirtschaftliche Werte lässt sich wohl leider kaum ganz vermeiden. Sie ist jedoch nicht als Abgrenzungsmethode zu bevorzugen, denn der hohe Preis eines Kulturguts kann höchstens als Indiz für eine kulturelle Bedeutung gewertet werden. Wertgrenzen werden in der Regel als Bagatellgrenzen genutzt, um im Rahmen von allgemein

---

37 A.A. Müller-Katzenburg, S. 142, welche die Ansicht vertritt, es würde sich hierbei regelmäßig um präparierte, folglich von Menschen bearbeitete Sachen handeln, also nicht um reine Naturobjekte. Siehe die zutreffende Kritik an dieser Ansicht bei: Spaun, S. 51.

38 Zitiert nach Spaun, S. 50, siehe dazu vor allem Weber ÖJZ, 1992, 673 ff. Später musste die Leiche jedoch Italien übergeben werden, da sich noch erneuter Vermessung der Fundstelle herausstellte, dass sie auf italienischem Boden gefunden worden war.

gehaltenen Kulturgutdefinitionen nicht besonders wertvolle Güter vom Schutz auszugrenzen. Solche Bagatellgrenzen werden oftmals verstärkt vom Kunsthandel gefordert, denn mit den Gütern unterhalb dieser Grenzen kann bedenkenlos gehandelt werden.[39] In der Literatur wird jedoch die Anknüpfung an den Wert eines Gutes, mangels sicherer Aussagekraft zu dessen Bedeutung eher abgelehnt.[40]

Ähnlich verhält es sich auch mit dem Alter. Ein hohes Alter allein macht nicht aus einem gewöhnlichen Objekt ein Kulturgut, umgekehrt können zeitgenössische Güter durchaus als schützenswerte Kulturgüter einzustufen sein. Dennoch finden sich immer wieder Altersgrenzen in Schutzbestimmungsvorschriften.

## 2.4. Begründungsversuche für den Schutz bestimmter Kulturgüter

Grundsätzlich stellt sich noch die Frage, auf welcher Grundlage man überhaupt einem Staat ein Restitutionsrecht bezüglich eines bestimmten Kulturgutes zusprechen kann. Dies ist auch die Frage nach der inhaltlichen Begründung der verschiedenen Regelungen. Bei der Untersuchung dieser Fragen lassen sich vor allem drei Ansätze definieren, die mögliche Grundlagen für ein Rückführungsrecht eines Staates an einem Kulturgut beschreiben.[41]

### 2.4.1. Kulturelle Identität

Für den ersten Ansatz ist die kulturelle Bedeutung eines Objekts für den Belegenheitsstaat maßgeblich. Die Restitution wird in diesem Zusammenhang mit dem Schutz der kulturellen Identität eines Volkes begründet. „Kulturgüter sind Symbole für die kulturelle Leistungsfähigkeit eines Volkes, mit deren Hilfe seine Angehörigen sich und ihren Herrschaftsraum von anderen Völkern abgrenzen.[42]“ Aus diesem Grund werden Kulturgüterschutzgesetze erarbeitet. Das kulturelle Erbe ist eines der höchsten Güter einer Nation und daher hat diese ein Recht auf den Erhalt und Zusammenhalt der Bestandteile dieses Erbes. Wird dies nicht gewährleistet und das kulturelle Erbe dezimiert, verliert ein Volk seine Traditionen, seine Wurzeln und letztlich seine Identität. Diesem kulturnationalistischen Ansatz zufolge besteht ein Recht auf Restitution der Objekte, die dieses kulturelle Erbe ausmachen. Erforderlich ist der Nachweis einer engen Beziehung

---

39 So z.B. im Rahmen der Erarbeitung vom deutschen KGÜAG immer wieder vom Münzhandel in Bezug auf Münzen gefordert.

40 Von Schorlemer, S. 73 ff; Müller-Katzenburg, S. 140; zum wirtschaftlichen und kulturellen Wert von Kulturgut siehe auch unten 2.4.3.

41 Vgl. Erläuterungen von Turner, S. 159 f.

42 Hipp, S. 14 f. mit Verweis auf Sparr, S. 15; Jayme, S. 24,

zwischen dem Objekt und der kulturellen Identität der betroffenen Nation. Bemerkenswert ist, dass dieser Ansatz den wirtschaftlichen Wert der Kulturgüter gänzlich außer Acht lässt.[43]

### 2.4.2. Der Erhaltungsgedanke

Der zweite Ansatz sieht in der Verwirklichung des Erhaltungs- oder Denkmalschutzgedankens[44] die Rechtfertigung eines Rückführungsrechts. Hierbei handelt es sich im Gegensatz zum vorherigen Kriterium der Wahrung der kulturellen Identität um ein verhältnismäßig objektives Kriterium. So hat der Denkmalschutz zwei Aspekte: die Substanzerhaltung und die Kontexterhaltung der Kulturgüter, wobei natürlicherweise der Substanzerhaltung im allgemein ein gewisser Vorrang eingeräumt wird. Beide Aspekte können eine gewichtige Rolle im Zusammenhang mit der Restitutionsproblematik spielen.

Direkt substanzerhaltend kann eine Restitution wirken, sofern ein Kulturgut zerstückelt wurde und durch die Restitution die einzelnen Teile wieder zusammengeführt werden können. Hierbei ist die Grenze zwischen Substanz und Kontext nicht immer klar erkennbar. Geht es zum Beispiel um die Rückgabe von Fresken aus einem sakralen Bauwerk stellt sich die Frage, ob diese als eine Einheit mit dem Bauwerk verbunden sind – dann würde eine Restitution die Substanzerhaltung sichern – oder aber als eigenständiges Kulturgut anzusehen sind, die in ihren Kontext zurückgeführt werden könnten. Ein interessantes Beispiel zu diesem Problem bietet der Casenoves Fall. In diesem Fall waren aus einer in Privateigentum stehenden Kapelle in Casenoves in den französischen Pyrenäen katalanische Fresken aus dem 11. Jahrhundert mittels modernster Techniken ohne die Erlaubnis der Miteigentümer entfernt und ins Ausland geschmuggelt worden. Viele Jahre später tauchten diese Fresken in einem Museum in Genf wieder auf und wurden von den Erben der Miteigentümer vor einem französischen Gericht herausverlangt. Hier stellte sich im Rahmen der Bestimmung der Zuständigkeit die Frage, ob die Fresken, die ursprünglich „untrennbar" mit der Kapelle verbunden waren, durch die Entfernung zu beweglichen Sachen geworden sein könnten. In diesem Fall wären laut eines französisch-schweizerischen Staatenvertrags die schweizerischen Gerichte als Gerichte am Belegenheitsort

---

[43] Laut *Fraoua* spielt der ästhetische Wert eines Kulturgutes bei diesem Ansatz ebenfalls keinerlei Rolle, s. Le traffic illicite, S. 191. Sicherlich ist die ästhetische Komponente eines Kulturgutes hier nicht das maßgebliche Kriterium, aber gänzlich außer Acht gelassen wird sie wohl auch nicht. Der ästhetische Wert eines Kulturgutes, sofern sich ein solcher überhaupt abstrakt bestimmen lässt, wird zweifelsohne in die Bewertung der Bedeutung des Kulturgutes für die Gemeinschaft einfließen, selbst wenn dies nur auf intuitive und unwillkürliche Art und Weise geschieht. Dennoch ist *Fraoua* hier insofern zuzustimmen, als dieser Ansatz den ästhetischen Wert des Kulturgutes nicht in den Vordergrund stellt.

[44] S. Turner, S. 160 f.

der betroffenen Sache zuständig gewesen. Hier fingierten aber die ersten beiden Instanzen in Frankreich die andauernde Immobilität der Fresken mit dem Argument, diese gehörten untrennbar zur Kapelle. Hintergrund des Konfliktes war, dass nach französischem Recht kein gutgläubiger Erwerb an den Fresken möglich gewesen wäre und das Museum sie hätte herausgeben müssen. Die Cour de Cassation hob jedoch die Urteile schließlich auf, weil die Fresken durch Abnahme zu beweglichen Sachen geworden seien und daher die französischen Gerichte nicht zuständig seien.[45]

Ansonsten erscheint es am sinnvollsten, im Einzelfall zu entscheiden, ob für die Substanz des betroffenen Kulturgutes die Restitution oder das Belassen auf dem „fremden" Territorium unschädlicher ist. In diesem Zusammenhang schlägt *Siehr* einen „kulturgüterrechtlichen ordre public" vor, der ein Zurückbehaltungsrecht des ersuchten Staates bedingen würde, welches so lange gilt, wie der ersuchende Staat die Erhaltung des Kulturgutes nicht garantieren kann.

Bei der Kontexterhaltung stellt sich das Problem der Definition, bzw. Eingrenzung des Kontextes. Hier werden verschiedene Ansichten vertreten. Einige Kunsthistoriker sehen bereits im Schaffensort des Malers beispielsweise den erhaltungswürdigen Kontext eines Werkes. Würde man dieser Ansicht folgen, würde jedoch jeglicher Kulturaustausch zwischen den verschiedenen kulturellen Kreisen unterbunden. Der Verbleib aller beweglichen Kulturgüter in ihrem Entstehungsgebiet ist sicherlich unter keinen Umständen wünschenswert. Tatsächlich fällt an dieser Stelle auf, dass die Frage nach dem zu schützenden Kontext des Kulturgutes, der Frage nach dem berechtigten Staat sehr nahe kommt. Nähere Erläuterungen dieses ebenfalls sehr komplexen Problemkreises folgen.[46] Soviel sei aber zur Kontextbestimmung bereits vorweggenommen: von der Literatur wird der Kreis in der Regel enger gezogen. Zum Beispiel kann ein „organischer Zusammenhang" zwischen dem Kulturgut und dem Ort an den es zurückgeführt werden soll gefordert werden. Ein solcher „lien" kann sowohl mit dem Entstehungsort bestehen, als auch mit einem Ort an dem das Kulturgut zu weiteren bedeutenden Kulturleistungen geführt hat.[47] Diese Ansicht berücksichtigt in interessanter Weise die bestehenden Möglichkeiten eines Kulturguts, sich an einem ganz anderen als seinem Ursprungsort zu einem Kulturgut von herausragender Bedeutung zu entwickeln und mit der Kultur des neuen Standorts zu verschmelzen. Auch hier ist aber letztlich der Einzelfall zu untersuchen.

Eine letzte Facette des Denkmalschutzes mit Hilfe von Restitution betrifft illegale Raubgrabungen, die wohl die größte Gefährdung von sowohl Kultursub-

---

[45] Cour d'appel de Montpellier, Rec. Dalloz Sirey 1985, 208 und Cour de Cassation, Rec. Dalloz Sirey 1988, 325 f., zitiert nach Reichelt, IPRax 1986, 73, 74.

[46] Siehe unten 2.5.

[47] Engstler, S. 17; Nahlik, S. 157.

stanz als auch Kulturkontext darstellen. Hier kann eine Restitution nicht auf direktem Wege die Substanz oder Kontexterhaltung sichern, da der archäologische Kontext für immer verloren ist, wenn das Objekt aus ihm entfernt wurde. Aber mittelbar kann der Denkmalschutzgedanke auch hier dank systematischer Restitution von Kulturgütern verwirklicht werden. Allerdings führt der Weg über eine Moralisierung des Kunsthandels. Denn durch eine systematische Restitutionspflicht von illegal ausgegrabenen Kulturgütern sinkt das Interesse an solchen Gütern auf dem Kunstmarkt zwangsläufig, was sich wiederum negativ auf die Attraktivität der illegalen Ausgrabungen an sich auswirkt. Im Ergebnis kommt die Rückführungspflicht daher schließlich dem Denkmalschutz zugute.

### 2.4.3. Der Wert eines Kulturgutes

Schließlich ist das wohl meistgenutzte Kriterium zur Abgrenzung restitutionspflichtiger Güter ihr Wert. Laut *Turner* kann es hier um den wirtschaftlichen wie auch den kulturellen Wert gehen.[48] Schwierig gestaltet sich die saubere Trennung dieser beiden Elemente, da sich beide in gewisser Weise bedingen. Der kulturelle Wert wird in aller Regel das Interesse des Marktes an dem Objekt beeinflussen, was wiederum dessen wirtschaftlichen Wert mitbestimmt. Der kulturelle Wert eines Objekts kann sich aus vielerlei Kriterien ergeben. Als solche können in Frage kommen: das Alter eines Objektes (z. B. bei Ausgrabungsstücken), dessen ästhetische Qualitäten, die besondere handwerkliche Leistung die es verkörpert (wie z. B. das handgeschriebene Evangeliar Heinrich des Löwen oder die erste Gutemberg-Bibel), die besondere Darstellung eines bestimmten geschichtlich oder kulturell prägenden Momentes (man denke z. B. an die „Liberté sur les barricades“ von Delacroix oder an „Guernica“ von Picasso), die wissenschaftliche Bedeutung (einer Sammlung seltener Schmetterlinge zum Beispiel) oder aber einfach seine Seltenheit. Unter dem wirtschaftlichen Wert ist schlicht der Preis eines Objektes zu verstehen, wobei dessen Höhe sich zum einen an den oben genannten Kriterien orientiert und zum anderen an dem Interesse der Öffentlichkeit an dem Objekt (welches bei kulturell wertvollen Objekten besonders ausgeprägt sein dürfte).

Im Wert eines Kulturgutes für einen Staat ist auch oftmals ein touristischer Aspekt zu berücksichtigen. Ein interessantes Kulturgut zieht in der Regel das Interesse inländischer und ausländischer Touristen auf sich. In der heutigen Zeit, in der die Bedeutung des Tourismus ständig weiter steigt, kann daher ein Interesse erweckendes Kulturgut durchaus auch wirtschaftlichen Aufschwung für die Region bedeuten, in die es zurückgegeben wird und dann bewundert werden kann.[49] So zog beispielsweise der oben erwähnte Gletscherleichnam „Ötzi“ in der

---

48 Turner, S. 162 f.

49 S. zu diesem Gedanken auch Strauch, S. 25.

ersten Zeit nach Eröffnung des ihn beherbergenden Südtiroler Archäologiemuseum in Bozen ca. 1.800 Besucher pro Tag an.[50]

Wichtig ist schließlich noch in diesem Zusammenhang die Feststellung, dass wirtschaftlicher und kultureller Wert eines Objektes gewissen zeitlichen Schwankungen unterliegen, da die Wahrnehmung und Würdigung kultureller Erzeugnisse je nach Zeitalter und Gesellschaft stark variieren kann.

Im Laufe dieser Arbeit wird bedauerlicherweise auffallen, dass kaum ein Regelungswerk auf der kulturellen Identität oder Erwägungen des Denkmalschutzes basiert. Es wäre sehr wünschenswert, diesen Faktoren mehr Bedeutung zuzumessen, denn eigentlich sind sie es, die den Kern aller Kulturgüterschutzgedanken verkörpern und nicht der Wert eines Kulturgutes, der meist als ausschlaggebender Faktor für dessen Rückgabe herangezogen wird.

## 2.5. Nationale Zuordnung von Kulturgütern

Die letzte logische Frage ist die nach der Zuordnung der Kulturgüter zu einem bestimmten Staat. Wie wird der Ursprungstaat der Kulturgüter bestimmt? Welches Kulturgut gehört wohin? Dies ist im Rahmen dieser komplexen Fragen zur Rahmensetzung des Kulturgüterschutzes wohl die schwierigste, denn hier gilt es, zwischen den verschiedenen Interessen und Bezügen von unterschiedlichen Staaten abzuwägen und schließlich zu entscheiden. Hilfreich ist, dass sich diese Frage wohl nicht allzu oft stellen dürfte. Im Regelfall wird es unstrittig sein, welcher Staat ein bestimmtes Kulturgut zu seinem kulturellen Erbe zählen darf, da die meisten Kulturgüter wohl nur eine Nation so geprägt haben, dass sie Teil derer kulturellen Identität geworden sind. Rein akademisch ist der Fall jedoch auch nicht. Es ist durchaus denkbar, dass einzelne Kulturgüter zu mehreren Staaten einen sehr engen Bezug haben, zum Beispiel weil diese Staaten demselben Kulturkreis angehören oder weil das Kulturgut viel gereist ist und an mehreren Orten prägende Wirkung entfalten konnte.

Ein anschauliches Beispiel bietet die Picasso-Sammlung von Heinz Berggruen: Picasso war Spanier, hat aber den Hauptteil seiner Lebens- und Schaffenszeit in Frankreich verbracht. Andererseits hat Heinz Berggruen seine Mitte des 20. Jahrhunderts zusammengetragene Picasso-Sammlung zunächst eine gewisse Zeit in New York präsentiert, um sie schließlich nach Deutschland zu bringen und dort dauerhaft auszustellen. Er selbst wurde auch in Deutschland sesshaft. Diese Sammlung könnte also theoretisch dem spanischen, dem französischen, ja sogar eventuell dem amerikanischen oder eben schließlich dem deutschen Staat zuzuordnen sein. Berggruen „schenkte“ seine Sammlung im Jahre 2000 der Stif-

---

[50] FAZ vom 30.3.1998.

tung Preußischer Kulturbesitz[51], so dass man diese wohl heute eher als deutsches Kulturgut bezeichnen würde. Aber es sind durchaus gewichtige Argumente anführbar, die für eine andere Zuordnung sprechen könnten.

Ein weiterer interessanter Fall in diesem Zusammenhang ist der bekannte Fall Pagenstecher-von Lutterotti. Lucy Irma Pagenstecher hatte ihre Sammlung französischer Impressionisten mit in ihre Ehe nach Oberitalien gebracht. Als ihr Ehemann starb, wollte sie zurück zu ihrer Schwester nach Großbritannien ziehen und beantragte bei der zuständigen italienischen Behörde eine Erlaubnis zur Ausfuhr ihrer Gemäldesammlung. Diese Genehmigung wurde ihr versagt, ihre Sammlung zu wertvollem Kulturgut erklärt und Italien drohte von seinem Vorkaufsrecht Gebrauch zu machen. Diese Verwaltungsverfügungen focht Lucy Irma Pagenstecher-von Lutterotti erfolglos bei Gericht an.[52] Sie konnte ihr Eigentum an den Gemälden nur durch einen unwiderruflichen Exportverzicht aufrechterhalten.

Die Entscheidung der italienischen Gerichte wurde heftig kritisiert. Der nähere Bezug zu Italien war hier nur durch die zeitweise Belegenheit der Sammlung in Italien gegeben. Ein starker Bezug hätte auch zu Frankreich durch die Nationalität der Künstler, bzw. zu Großbritannien durch die Staatsbürgerschaft der Eigentümerin angenommen werden können.[53] Die umstrittene Entscheidung führte im Übrigen dazu, dass Frau Pagenstecher-von Lutterotti ihre Umzugspläne aufgab und in Italien – bei ihrer Sammlung – blieb.

Es wird in der Regel eine besondere Beziehung des Staates zu dem betroffenen Objekt gefordert.[54] Diese kann an einer Vielzahl von Kriterien gemessen werden.[55] Genannt seien hier nur beispielhaft die Nationalität des Schöpfers, der Ort der Erschaffung, der Belegenheitsort über eine gewisse Zeitspanne, oder aber ein „lien contractuel." Jedes dieser Kriterien ist durch eine besondere Bedeutung gekennzeichnet, kann aber gleichzeitig auch nur einen einzelnen Aspekt der Gesamtheit der Komponenten widerspiegeln, die dem Objekt eine kulturelle Bedeutung verleihen. Daher erweist sich die Abgrenzung und Abwägung der

---

51 Für den als symbolisch eingeschätzten Preis von 126 Millionen Euro bei einem aktuellen Schätzwert von ca. 750 Millionen Euro.

52 Consiglio di Stato 24.1.1989 I, 41; Consiglio di Stato 23.9.1991 I 1293.

53 Vgl. KUR 1999, 234; Siehr, ZVglRWiss 95 (1996) 183; ders., in NJW 1993, 2208; Hipp, S. 16.

54 Vgl. Nahlik, RdC 120 (1967-I), 61 (157); Jayme, FS Lalive, S. 719 f., 731; Fraoua, Le traffic, S. 168 f.; Maurer, S. 35 f.; Turner, S. 52 f., 185 f.

55 Siehe dazu Jayme, Kunstwerke und Nation, ders., in: Neue Anknüpfungsmaximen für den Kulturgüterschutz, Seidl-Hohenveldern, RGDIP, 1993, 395 ff. zum „lien idéologique", siehe auch die Kriterien von Siehr, in: KUR 1999, 225 (229); Maurer, S. 35 f.; Nahlik, S. 157 „lien organique"; Fraoua, Le traffic, S. 168 „lien contactuel, territorial ou national"; Carducci, S. 300 „appartenance culturelle"; Müller-Katzenburg, S. 149 f.; von Schorlemer, S. 59 f. S. auch zum „genuine link" Turner m.w.N. S. 52 ff.

einzelnen Kriterien gegeneinander als sehr schwierig. Im Konfliktfall wird in der Regel das Kriterium als entscheidend angesehen, welches die engste Verbindung des Kulturguts zu einer Nation aufweist.[56] Auch die Beurteilung dieser Frage erweist sich jedoch als sehr problematisch.

Um die Wirkkraft der internationalen Abkommen auf dem Gebiet des Kulturgüterschutzes sicherzustellen, muss selbstverständlich in deren Rahmen diese komplexe Frage vereinfacht und einer klaren Lösung zugeführt werden. Dazu wurde in vielen Regelungswerken der Weg der einfachen und einheitlichen Anknüpfung an den illegalen Export gewählt.[57] Diese Wahl vereinfacht erheblich die Zuordnung eines bestimmten Gutes. Theoretisch ist natürlich auch trotz dieser Vereinfachung im Sinne der Rechtssicherheit immer noch ein Konflikt zwischen zwei Staaten möglich, die ein und dasselbe Kulturgut unter ihre nationalen Schutzregelungen gefasst hatten, in der Praxis dürfte dieser Fall jedoch eher selten vorkommen.

## 2.6. Zusammenfassung

Zusammenfassend kann festgestellt werden, dass die verschiedenen Fragen, die sich im Rahmen der Bezeichnung und Ausarbeitung des Schutzobjektes stellen, alle von großer Komplexität geprägt sind und nicht allgemeingültig zu beantworten sind. Für jeden Gesetzgeber stellen die Fragen der Definition des Kulturgutbegriffs und der Grundlage des Schutzes immer wieder besondere Herausforderungen bereit.

Im Ergebnis kann man festhalten, dass es keinen einheitlich benutzten Kulturgutbegriff gibt, und dass eine abschließende Definition angesichts der vielfältigen Natur des zu definierenden Begriffs nicht möglich ist. Die Einstufung eines existierenden Gutes als Kulturgut erfolgt niemals *ex rerum natura*, sondern immer nach den ausgewählten Kriterien der mit der Beantwortung dieser Frage betrauten Autorität. So darf man bei der Analyse der unterschiedlichen Ansätze auch nicht aus den Augen verlieren, dass die einzelnen Kulturgutdefinitionen immer nur für das jeweilige Gesetz gelten und niemals darüber hinaus Geltung beanspruchen können. Dies wird oft in der Literatur begrüßt,[58] denn so bleibt dem Kulturgutbegriff eine gewisse Dynamik erhalten. Er muss in gewisser Weise immer neu erfunden werden, was seiner stark veränderlichen Natur auch durchaus entspricht.

---

[56] S. Müller-Katzenburg, S. 154; Hipp, S. 16.

[57] S. Carducci, S. 300 „rattachement simple et unitaire"; S. 305 f.

[58] Reichelt, S. 36, Jäger, S. 9; von Schorlemer, S. 46; Fechner, S. 17; Müller-Katzenburg, S. 139; Spaun, S. 31.

# Teil 2: Rückführungsansprüche aus UNESCO-Konvention, UNIDROIT-Konvention und Richtlinie

## I. UNESCO-Konvention

### 1. Entstehung der UNESCO Konvention

Das UNESCO Übereinkommen von 1970 ist das Resultat einer 50jährigen Entwicklungsarbeit und ein Musterbeispiel für die Schwierigkeit internationaler Zusammenarbeit auf dem Gebiet des Kulturgüterschutzes. Tatsächlich kann man an der Entstehungsgeschichte der UNESCO Konvention die Komplexität der Materie, die kollidierenden Interessen, sowie die Schwierigkeit der Erarbeitung des Kompromisses deutlich ablesen. Schließlich offenbaren sich auch im Ausgang der Diskussionen die Machtgewichtungen in der internationalen Entscheidungsfindung auf diesem Gebiet.

#### 1.1. Vorarbeiten des OIM in den 30er Jahren

Bereits in den frühen 30er Jahren erarbeitete das „Office International des Musées“ (OIM) – eine Unterabteilung der „Commission[59] internationale de la coopération intellectuelle“ – einen ersten Konventionsentwurf zum Schutz von Kulturgut und legte ihn 1933 den Mitgliedstaaten des Völkerbundes vor. Der Titel dieses Entwurfs beschreibt am besten seine Aufgabe: „Convention on the repatriation of objects of artistic, historical or scientific interest, which have been lost, stolen or unlawfully alienated or exported“.

Die ursprüngliche Zielsetzung der UNESCO Bestrebung zum Kulturgüterschutz war demnach primär die der Rückführung gestohlener oder illegal exportierter Kulturgüter, ein Kerngedanke, der im Laufe der Entwicklungen immer stärker in den Hintergrund getreten ist. In diesem ursprünglichen Entwurf wurde nicht zwischen Kulturgütern in staatlichem und Kulturgütern in privatem Eigentum unterschieden.

Schnell zeichnete sich die Unmöglichkeit der Durchsetzung dieser umfassenden Regelung ab. Sie wurde daher 1936 von einem zweiten Entwurf ersetzt, dem

---

[59] (Später „Institut“) am 7. September 1921 gegründete Vorläuferorganisation der UNESCO.

Entwurf für die „Convention for the Protection of National Historic Artistic Treasures." In diesem Entwurf wurde die Rückführungsproblematik zwar aus dem Titel genommen, aber nicht weiter zurückgestellt. Tatsächlich wurde dem Staat im Fall von öffentlichem Eigentum ein Rückführungsrecht in Form eines Lösungsrechts gewährt. Zusätzlich wurde den einzelnen Staaten die Möglichkeit eingeräumt, auf Wunsch die Verpflichtungen aus der Konvention auch auf private Kulturgüter auszudehnen.

Dieser zweite Entwurf scheiterte allerdings nach drei Jahren intensiver Verhandlungen zum einen am Widerstand der USA, des Vereinigten Königreichs und der Niederlande, zum anderen nicht zuletzt auch am Ausbruch des 2. Weltkrieges, der die Beratungen jäh unterbrach.[60]

## 1.2. Der erste Vorentwurf – 1969

Wieder aufgenommen wurde die Arbeit zum Kulturgüterschutz in Friedenszeiten wegen des weiter bestehenden Widerstrebens der Importstaaten erst in den späten 60er Jahren von der 1945 gegründeten UNESCO. Zu den Zielen der UNESCO zählt gem. Art. 1 Abs. 1 S. 2 c) ihrer Satzung auch „die Sicherung der Erhaltung und des Schutzes der Kulturgüter der Welt." Um dieses Ziel zu erreichen, beschloss die UNESCO 1962 die Arbeit an einer internationalen Konvention zum Kulturgüterschutz aufzunehmen. Den beteiligten Staaten war bewusst, dass die Erarbeitung einer solchen Konvention einige Jahre benötigen würde. Daher verabschiedeten sie im November 1964 zunächst eine Empfehlung, um bereits die geänderte Haltung gegenüber der Problematik des Kulturgüterschutzes zu signalisieren.[61] Die *Recommandation on the means of prohibting and preventing the illicit export, import and transfer of ownership of cultural property*[62] kann als eine Art Richtlinie angesehen werden, welche die Grundideen der Konvention von 1970 vorformuliert, ohne ihnen einen rechtlich bindenden Rahmen zu geben. In den Folgejahren erarbeitete das Sekretariat der UNESCO einen ersten Vorentwurf zur Konvention.[63] Dieser beruhte zwar im weiteren Sinne auf dem letzten Entwurf des OIM, formulierte aber die Regelungen im Hinblick auf den damals erfahrenen Widerstand der Importländer neu.

Zwei Grundprinzipien charakterisieren diesen Vorentwurf. Zum einen sieht sie strenge Import- und Exportkontrollen vor, zum anderen eine resolute Rück-

---

[60] Zu dieser Zeit und den Entwürfen: Prott/O'Keefe, Vol. III, S. 709; Turner, S. 143.

[61] S. Prott, S. 714 ff., Fraoua, Commentaires S. 2 f.

[62] Text unter: http://portal.unesco.org/en/ev.php-URL_ID=13083&URL_DO=DO_TOPIC&URL_SECTION=201.html.

[63] Unesco Doc. SHC/MD/3 Annex.; Fraoua, Commentaire, S. 18 f.

führungspolitik zur Eindämmung des illegalen Handels mit gestohlenen und illegal exportierten Kulturgütern. Dazu formulierte er eine weite Definition von Kulturgut in Form einer offen gehaltenen Kategorienaufzählung. Die Kulturgüter eines jeden Landes sollten gem. Art. 5 inventarisiert werden. Dieser Vorentwurf sah in Art. 7 die Einführung eines Exportzertifikats mit Authentizitätstest für Kulturgüter vor, um den illegalen Export zu verhindern und den illegalen Import zu verbieten. Sollte dennoch ein illegaler Import gelingen, stünde dem Ursprungsstaat ein Rückführungsrecht zu (Art. 7). Ferner sollten Kunsthändler ein Register halten, in dem Herkunft, Name und Adresse von Zulieferer und Käufer des Kulturguts vermerkt werden sollten (Art. 7). Zur Bekämpfung des illegalen Handels war zusätzlich für den ursprünglichen Eigentümer (ob Privatperson oder Staat) ein Rückführungsanspruch von illegal exportiertem, gestohlenem oder verlorenem Kulturgut vorgesehen. Bei gutgläubigem Erwerb allerdings musste eine Entschädigung gezahlt werden (Art. 10). Zur Finanzierung der Durchführung dieser Maßnahmen (z.B der Entschädigungszahlungen) sollte von den Mitgliedstaaten ein Fond gebildet werden. (Art. 12) Schließlich schloss Art. 15 des Vorentwurfs noch ausdrücklich die Möglichkeit von einzelnen Vorbehalten aus. Im Jahre 1969 wurde dieser Entwurf den Mitgliedstaaten zur Diskussion vorgelegt.

### 1.3. Der zweite Vorentwurf – 1970

Trotz der zahlreichen Änderungsanträge der einzelnen Staaten, hielt das Sekretariat an den meisten Bestimmungen und Kernelementen des ersten Entwurfes fest.[64] So wurden unter anderem trotz schärfster Kritik die weite Kulturgutdefinition, das Exportzertifikat und die private Rückführungsklage beibehalten. Hingegen fielen zum Beispiel die Forderung nach einem Authentizitätstest im Exportzertifikat und der gemeinsame Fond zur Finanzierung der Entschädigungen einer Kompromissfindung zum Opfer. Auch im Übrigen wurde der Entwurf nur in einigen wenigen Einzelheiten den Forderungen der Staaten angepasst. Der so überarbeitete Entwurf wurde dann im April 1970 einem „Special Commitee of Gouvernmental Experts“ übergeben, der ihn jedoch tief greifend umgestaltete[65].

---

[64] Revised Draft, in Unesco Doc. SHC/MD/5 Annex; Fraoua, Commentaire, S. 24 f.

[65] S. Unesco General Conference Doc. 16 C/17 vom 13.7.1970, Annex I; abgedruckt in: ILM 9 (1970) 1031 ff.; Fraoua, Commentaire, S. 35 f.; Prott/O'Keefe, Vol. III, S. 727–728.

## 1.4. Die Endfassung der Konvention – 1970

### 1.4.1. Wesentliche Änderungen im Vergleich zum zweiten Entwurf

Im Laufe dieser letzten Überarbeitung wurde vor allem eine Entschärfung der Bestimmungen der Entwürfe vorgenommen. Der daraus hervorgegangene dritte Entwurf stellt einen Kompromiss dar, der auf größtmögliche Akzeptanz vor allem von Seiten derjenigen Importstaaten angelegt ist, die sich bis dahin so erfolgreich gegen eine internationale Konvention auf dem Gebiet des Kulturgüterschutzes gewehrt hatten. Vor allem aber erfolgte eine Anpassung an die Vorstellungen der USA, auf deren Beteiligung so dringend gehofft wurde.[66]

Bereits in der Definition der schützenswerten Kulturgüter wird der neue Ansatz sichtbar. Dort wurde das Kriterium der *„specifical designation of importance"* eingeführt, mit dem eine potentielle Einschränkung des Anwendungsspielraums einhergeht. In zahlreichen Bestimmungen wurden Zusätze wie *„consistent with national legislation"* oder *„as appropriate for each country"* eingefügt, um den Staaten bei der Umsetzung möglichst viel Flexibilität und Freiraum zu gewähren. Darüber hinaus wurden die vorgesehenen strengen Importkontrollen weitestgehend wieder aufgehoben. Verboten ist nunmehr lediglich der Import von aus Museen oder öffentlichen Institutionen gestohlenen Kulturgütern. Lediglich an solchen Gütern besteht ein Rückführungsanspruch des Ursprungstaates. (Art. 7) Das Rückführungsrecht an sonstigen illegal importierten und gestohlenen Kulturgütern wurde beseitigt. Private Ansprüche wurden ausgeschlossen.

Von den strengen Maßnahmen zur Bekämpfung des illegalen Handels verbleibt lediglich noch eine Art Empfehlung in Art. 13 und diese wird vorsichtig auch nur als *„consistent with national legislation"* ausgesprochen. Schließlich wurde Art. 15, der Vorbehalte ausschloss, aufgehoben, was dazu führte, dass einzelne Staaten wie zum Beispiel die USA Vorbehalte und einseitige Auslegungserklärungen in ihre Ratifikation einbezogen.[67]

---

[66] Raschèr, S. 51; Prott/O'Keefe, Vol. III, S. 727–728.

[67] *„United States reserves the right to determine whether or not to impose export controls over cultural property".*

*The United States understands the provisions of the Convention to be neither self-executing nor retroactive. The United States understands Article 3 not to modify property interests in cultural property under the laws of the States parties. The United States understands Article 7 (a) to apply to institutions whose acquisition policy is subject to national control under existing domestic legislation and not to require the enactment of new legislation to establish national control over other institutions. The United States understands that Article 7(b) is without prejudice to other remedies, civil or penal, available under the laws of the States parties for the recovery of stolen cultural property to the rightful owner without payment of compensation. The United States is further prepared to take the additional steps contemplated by Article 7(b) (ii) for the return of covered stolen cultural property without payment of compensation, except*

### 1.4.2. Ausgestaltung der UNESCO Konvention

Das Übereinkommen besteht aus einer Präambel und 26 Artikeln. Der Präambel können die Grundgedanken entnommen werden, die den Ursprung und die Entwicklung des Übereinkommens bestimmt haben. Sie bietet eine wichtige Interpretationshilfe.

Der Hauptkörper der Konvention lässt sich nur schwer in zusammenhängende Abschnitte gliedern. Seine Struktur ist insgesamt sehr unschlüssig, was wohl vor allem daran liegen mag, dass der Aufbau des ersten Entwurfs beibehalten wurde, tatsächlich sich jedoch der Inhalt der jeweiligen Artikel zum Teil so wesentlich gewandelt hat, dass nunmehr dem Aufbau kein klares Gerüst mehr zu entnehmen ist.

### 1.4.3. Inhalt der Konvention im Überblick

Trotz allem stellt die UNESCO-Konvention einen Meilenstein in der Geschichte des Kulturgüterschutzes dar.

In der Konvention verwirklicht sich der erste Ansatz zur Regulierung des Imports und Exports von Kulturgütern.

Auf internationaler Ebene erkennt sie erstmalig das Problem der illegalen Ein- und Ausfuhr von Kulturgütern als Kernproblem des Kulturgüterschutzes an und formuliert – wenn auch sehr unverbindlich – den Willen der Vertragsstaaten, dem entgegenzuwirken.

---

*to the extent required by the Constitution of the United States, for those states parties that agree to do the same for the United States institutions. The United States understands the words ‚as appropriate for each country' in Article 10 (a) as permitting each state party to determine the extent of regulation, if any, of antique dealers and declares that in the United States that determination would be made by the appropriate authorities of state and municipal governments. The United States understands Article 13(d) as applying to objects removed from the country of origin after the entry into force of this Convention for the states concerned, and, as stated by the Chairman of the Special Committee of Governmental Experts that prepared the text, and reported in paragraph 28 of the Report of that Committee, the means of recovery of cultural property under subparagraph (d) are the judicial actions referred to in subparagraph (c) of Article 13, and that such actions are controlled by the law of the requested State, the requesting State having to submit necessary proofs)".* Zu den Vorbehalten der anderen Vertragsstaaten:
http://portal.unesco.org/en/ev.php-URL_ID=13039&URL_DO=DO_TOPIC&URL_SECTION=201.html#RESERVES.

In Art. 2 Abs. 2 heißt es:

*„To this end, the States Parties undertake to oppose such practices with the means at their disposal, and particularly by removing their causes, putting a stop to current practices, and by helping to make the necessary reparations."*

Zu diesem Zwecke ordnet sie – neben dem oben erwähnten Importverbot und Rückführungsanspruch an aus Museen gestohlenen Kulturgütern – die Einführung von Exportzertifikaten für geschützte Kulturgüter an und spricht für Museen ein Ankaufsverbot von illegal exportierten Kulturgütern aus.

Das Übereinkommen ordnet ferner die Einrichtung zentraler Stellen zur Registrierung und Schutz von nationalem kulturellem Erbe an und öffnet den Weg für internationale Kooperationen bei Gefahr der kulturellen Ausbeutung eines Landes. Schließlich führt es eine Registerführungspflicht für An- und Verkäufe von Kunsthändlern ein: gewollt ist eine generelle Transparenz im Kunsthandel, um dem illegalen Kunsthandel entgegenzuwirken.

### 1.4.4. Geltungsbereich und Umsetzungsformen der Konvention

Die Konvention entfaltet – wie alle mittlerweile in Kraft getretenen internationalen Übereinkünfte zum Kulturgüterschutz – keine Rückwirkung.[68] Zu groß ist verständlicherweise die Angst der Importstaaten vor Vorgängen der Vergangenheit.

Räumlich ist die Konvention bereits in 117 Staaten geltendes Recht[69], wobei sie ein nicht self-executing, also nicht direkt anwendbarer Staatenvertrag ist. Ihre Wirkung hängt vielmehr von den einzelnen Mitgliedstaaten ab, die gesetzgeberisch tätig werden müssen, um die Konkretisierung und Rezeption der Konvention durch eine Umsetzung auf nationaler Ebene zu ermöglichen. Unter den Unterzeichnerstaaten sind auch Italien seit 1978, die USA seit 1983, Frankreich seit 1997, das Vereinigte Königreich seit 2002, die Schweiz seit 2003 und schließlich Deutschland seit 2007.

Die recht junge deutsche Umsetzung der UNESCO Konvention im Gesetz zur Ausführung des UNESCO-Übereinkommens vom 14. November 1970 über Maßnahmen zum Verbot und zur Verhütung der rechtswidrigen Einfuhr, Ausfuhr und Übereignung von Kulturgut (kurz KGÜAG) wird im dritten Teil dieser Arbeit besprochen werden.

---

[68] Knott, S. 153.

[69] Die aktuelle Liste der Vertragsstaaten findet sich unter: http://portal.unesco.org/la/convention.asp?KO=13039&language=E.

Wegen der eben erwähnten so offenen Formulierung der Konvention und der Möglichkeit einseitiger Vorbehalte, unterscheiden sich die Umsetzungen in den Vertragsstaaten sehr stark. Die Bandbreite der Umsetzungsformen der UNESCO-Konvention reicht von dem Erlass detaillierter Ausführungsgesetze, wie zum Beispiel in Kanada, Australien und der Schweiz, über die einfache Aufnahme des Konventionstextes in ein Gesetz ohne jegliche Anpassung, wie zum Beispiel in Frankreich, bis hin zur schlichten Beitrittserklärung ohne weiteren Gesetzeserlass, wie in England. England hat lediglich drei Vorbehalte der Konvention gegenüber geäußert.[70]

Vor allem unterscheiden sich die Umsetzungsgesetze in den einzelnen Ländern inhaltlich erheblich. Der kanadische *Cultural Property Export and Import Act* von 1985 zum Beispiel ist wohl die großzügigste Umsetzung, die den Schutz von Kulturgut viel weiter ausgedehnt hat, als die Konvention es verlangte. Die USA hingegen haben mit ihrem *Convention on Cultural Property Implementation Act* von 1987 und vielen Vorbehalten und Einschränkungen wohl die kraftloseste Übertragung ins nationale Recht vorgenommen.

## 1.5. Zusammenfassende Einschätzung zur Entwicklung

Zusammenfassend kann man sagen, dass das grundsätzliche Ziel der Konvention, nämlich die Bekämpfung des illegalen Handels mit Kulturgütern, sich im Verlauf der oben gezeichneten Entwicklung seit den 30er Jahren nur sehr wenig verändert hat. So ist auch der Titel der Konvention seit dem ersten UNESCO Entwurf immer noch unverändert. Nur versteckt sich mittlerweile dahinter weniger als ursprünglich beabsichtigt, denn die Bestimmtheit zur Verfolgung des eben genannten Ziels, sowie die dazu eingesetzten Mittel wurden in der Entwicklung vom ersten bis zum letzten Entwurf erheblich entschärft und eingeschränkt.

Wie die Vorentwürfe für strenge Import- und Exportkontrollen, sowie für eine starke Rückführungspolitik standen, so steht die Endfassung der Konvention für den eben nicht besonders ehrgeizigen, dafür aber realistischen Kompromiss zwischen Import- und Exportstaateninteressen. Nur eine verhältnismäßig eng gefasste Konvention konnte letztlich breite Akzeptanz finden.

---

70 *United Kingdom of Great Britain and Northern Ireland (see letter LA/Depositary/2002/31): „(a) the United Kingdom interprets the term ‚cultural property' as confined to those objects listed in the Annex to Council Regulation (EEC) N° 3911/1992 of 9 December 1992, as amended, on the export of cultural goods and in the Annex to Council Directive 1993 / EEC of 15 March 1993, as amended, on the return of cultural objects unlawfully removed from the territory of a Member State; (b) As between EC member states, the United Kingdom shall apply the relevant EC legislation to the extent that that legislation covers matters to which the Convention applies; and (c) The United Kingdom interprets Article 7(b)(ii) to the effect that it may continue to apply its existing rules on limitation to claims made under this Article for the recovery and return of cultural objects."*

## 2. Der Rückführungsanspruch aus Artikel 7b lit. ii der UNESCO Konvention

Artikel 7b der UNESCO Konvention formuliert den ersten Rückführungsanspruch in der Geschichte des Kulturgüterschutzes in Friedenszeiten.

### 2.1. Anspruchsvoraussetzungen

#### 2.1.1. Cultural Property

Erste Voraussetzung für das Bestehen dieses Anspruchs ist, dass es sich bei dem fraglichen Objekt um „*cultural property*“ im Sinne der Konvention handelt. Die klare Bestimmung der Schutzobjekte hat zweifelsohne entscheidenden Einfluss auf die Schutzfähigkeit eines solchen Übereinkommens. Die Bedeutung der Begriffsbestimmung darf daher nicht unterschätzt werden. Der Begriff des Kulturgutes wird in Art. 1 definiert.

„*For the purposes of this Convention, the term ‚cultural property‘ means property which, on religious or secular grounds, is specifically designated by each State as being of importance for archaeology, prehistory, history, literature, art or science and which belongs to the following categories:*

*a. Rare collections and specimens of fauna, flora, minerals and anatomy, and objects of palaeontological interest;*
*b. property relating to history, including the history of science and technology and military and social history, to the life of national leaders, thinkers, scientists and artists and to events of national importance;*
*c. products of archaeological excavations (including regular and clandestine) or of archaeological discoveries;*
*d. elements of artistic or historical monuments or archaeological sites which have been dismembered;*
*e. antiquities more than one hundred years old, such as inscriptions, coins and engraved seals;*
*f. objects of ethnological interest;*
*g. property of artistic interest, such as:*

  *i. pictures, paintings and drawings produced entirely by hand on any support and in any material (excluding industrial designs and manufactured articles decorated by hand);*
  *ii. original works of statuary art and sculpture in any material;*
  *iii. original engravings, prints and lithographs;*
  *iv. original artistic assemblages and montages in any material;*

*h. rare manuscripts and incunabula, old books, documents and publications of special interest (historical, artistic, scientific, literary, etc.) singly or in collections;*

*i. postage, revenue and similar stamps, singly or in collections;*
*j. archives, including sound, photographic and cinematographic archives;*
*k. articles of furniture more than one hundred years old and old musical instruments."*

Diese Definition ist in formaler Hinsicht eine Kombination aus Enumerations- und Kategorisierungsprinzip. Zum einen muss ein Objekt von dem jeweiligen Staat spezifisch bestimmt werden *„as being of importance for archaeology, prehistory, history, literature, art or science"*, zum anderen muss es einer der in Art. 1 aufgezählten 11 Kategorien angehören.

Nicht genauer bestimmt ist, was mit dem Begriff der spezifischen Designation gemeint ist. Hier könnte die Eintragung in eine Liste erforderlich sein, die die jeweils vom Staat für schützenswert erklärten Güter aufführt. Denkbar wäre aber auch die Aufstellung bestimmter Objektkategorien.[71] Die Entscheidung diesbezüglich liegt letztlich bei den ratifizierenden Staaten. Diese geben den Rahmen der Definition von Kulturgut vor und können autonom nach eigenen Kriterien entscheiden, welche Güter sie als Kulturgüter schützen wollen. Insofern beruht die Konvention auf dem Gedanken des „kulturellen Nationalismus."[72] Diese Schutzbereichsbestimmung der einzelnen Staaten wird lediglich durch die für alle Vertragsstaaten geltenden Kategorien in Art. 1 eingeschränkt. Die Kategorienaufzählung ist erschöpfend. Sie bildet das Korrektiv zum Prinzip der nationalen Qualifikation und zeigt auf, was im Sinne der UNESCO Konvention als kulturell bedeutsam gilt.[73]

Diese Aufstellung wurde viel kritisiert: sie sei zu unklar[74], zu weitgehend[75], ließe wichtige Objekte außer vor.[76] Insgesamt wurde der Schutzbereich der UNESCO Konvention aber überwiegend als zu weitgehend empfunden und daher in vielen Umsetzungsgesetzen wieder eingeschränkt. Für die Bundesrepublik Deutschland war dies sogar lange Zeit ein Grund, den Beitritt auszuschließen.[77] Hier muss man jedoch entgegnen, dass oftmals außer Acht gelassen wurde, dass der konkrete Schutzbereich der Konvention, nämlich der Kreis der Kulturgüter, für

---

71 Turner, S. 166.

72 S. Rudolf, FS Doehring S. 863 ff.; von Schorlemer, S. 563; Dolzer, S. 15. Im Gegenteil zum „kulturellem Internationalismus" wie im Haager Abkommen von 1954 zum Beispiel – nach diesem Prinzip gibt es ein gemeinsames kulturelles Erbe der Menschheit, s. Rudolf, FS Doehring S. 861.

73 Carducci, S. 219.

74 Turner, S. 167.

75 S. Dicke, S. 21.

76 Prunty, Georgetown Law Journal 72 (1984) 1155, 1163 rügt das Fehlen von Fotografien; Müller-Katzenburg, S. 139, hingegen vermisst Wandteppiche.

77 S. Prott, ZVglRWiss 95 (1996), 188, 201, die auf den Bericht der Bundesrepublik Deutschland an die UNESCO verweist.

die auch eine Rückführungspflicht besteht, durch Art. 7 UNESCO Konvention noch erheblich eingeschränkt wird, wie wir später sehen werden. Art. 1 stellt nur eine Positionierung der UNESCO Konvention zum Terminus Kulturgut dar, die den allgemeinen Schutzrahmen abstecken soll.

Auffällig ist noch das Fehlen des Erfordernisses einer besonderen Beziehung der Objekte zum Herkunftsstaat als Voraussetzung ihrer Zugehörigkeit zum nationalen Erbe, sowie das mangelnde Gewicht denkmalschutzrechtlicher Kriterien in der Definition. Eine Einbindung der Beziehung eines Objektes zur Kultur eines besonderen Staates in die Definition von Kulturgut hätte dieser eine solidere Basis gegeben und wäre an dieser Stelle wünschenswert gewesen.

Immerhin formuliert die UNESCO Konvention in Art. 4 eine gesonderte Definition des kulturellen Erbes und bietet somit eine Grundlage der Zugehörigkeit der Objekte zu einem bestimmten Staat.[78]

## 2.1.2. Museum or public institution

Um rückgabetauglich zu sein, müssen die als schützenswert definierten Kulturgüter gem. Art. 7b aus einer bestimmten Art Institution stammen, nämlich „*from a museum or a religious or secular public monument or similar institution in another State Party to this Convention*".

Diese Vorschrift ist sehr unterschiedlich verstanden worden. Die Art der Einrichtung, die gemeint ist, wird entweder mit Hilfe der Eigentumsverhältnisse bestimmt oder nach der öffentlichen Zweckbestimmung. Für das Erfordernis des öffentlichen Eigentums spräche zum einen auf den ersten Blick die Wortwahl *museum* und *public monument,* zum anderen die Tatsache dass die Konvention sich vorrangig um öffentlich-rechtliche Belange kümmert und Fragen des privaten Eigentums außen vor lässt.[79] Dennoch würde man dieser grundsätzlichen Einstellung der Konvention auch gerecht, wenn man lediglich eine öffentliche Zweckbestimmung der Institution verlangen würde. Vorauszusetzen wäre dann neben dem öffentlichen Zweck, die öffentliche Zugänglichkeit der Einrichtung. Tatsächlich lässt sich aus dem Text von Art. 3 nur schwer ableiten, dass in diesem Fall ausschließlich Bestände in öffentlichem Eigentum geschützt sein sollen.[80] Der Begriff *museum* wird vielmehr allein ohne qualifizierenden Zusatz verwendet. Und die Bezeichnung *public monument* impliziert nicht unbedingt öffentliches Eigentum, aber gewiss die bereits erwähnte öffentliche Zugänglichkeit.[81]

---

78 S. unten 2.1.4.

79 Knott, S. 152.

80 So auch Walter, S. 51.

81 Fraoua, S. 74; Raschèr, S. 58.

Hier kann man als Auslegungshilfe auch die UNIDROIT Konvention über gestohlene oder unerlaubt ausgeführte Kulturgüter heranziehen, denn die beiden Konventionen gelten als komplementär, auch im Hinblick auf die verwendeten Begriffe.[82] Tatsächlich wurde die UNIDROIT Konvention im Auftrag der UNESCO als Erweiterung und Ergänzung der Konvention von 1970 erarbeitet. Art. 3 der UNIDROIT Konvention definiert den Begriff der *öffentlichen Sammlung* und bestimmt, dass eben auch solche Sammlungen, die in privatem Eigentum stehen, aber der Öffentlichkeit zugänglich sind, darunter zu fassen sind. Daher sind wohl im Sinne eines möglichst weiten Schutzbereichs unter den Kategorien „*museum*", „*public monument*" und „*similar institution*" dem Allgemeininteresse dienende, öffentlich zugängliche Institutionen zu verstehen, seien sie in privatem oder öffentlichem Eigentum. Somit sind grundsätzlich nicht nur auch private Museen geschützt, sondern sogar private Leihgaben an öffentliche Museen.

Das Kulturgut muss allerdings nachweislich dem Inventar der betroffenen Institution angehören. Im Text heißt es: „*provided that such property is documented as appertaining to the inventory of that institution.*" Dies hat vor allem zwei Konsequenzen: zum einen sind private Leihgaben demnach nur dann geschützt, wenn es sich um Dauerleihgaben handelt, und nicht, wenn es bloß kurzfristige Leihgaben sind (zum Beispiel für die Dauer einer Sonderausstellung). Zum anderen sind demnach Objekte, die aus Raubgrabungen oder unangemeldeten Funden stammen, von einer Rückführung ausgeschlossen.[83]

### 2.1.3. Stolen

Das Kulturgut muss ferner gem. Art. 7b aus dieser Institution gestohlen worden sein. Der Begriff des Diebstahls ist nach allgemeiner Auffassung aus der Sicht des Staates zu beurteilen, in dem der Diebstahl stattgefunden hat, also dem Ursprungstaat.[84]

Der Diebstahl muss wie auch der illegale Import zeitlich nach dem Inkrafttreten der Konvention in beiden betroffenen Staaten liegen.

Erstaunlich ist, dass die Konvention hier an das Eigentum anknüpft, nicht an den illegalen Export oder Import wie in den weiteren Bestimmungen und in den Entwürfen. An dieser Stelle haben auch viele Umsetzungsgesetze eine solche Anknüpfung an den illegalen Import oder Export vorgezogen. So ist zum Beispiel weder im kanadischen *Cultural Property Import and Export Act*, noch im

---

[82] Prott, ZVglRWiss 95 (1996), 188, 191.

[83] Turner, S. 222.

[84] Fraoua, S. 74.

deutschen KGÜAG der Diebstahl Anknüpfungspunkt. In diesen Gesetzen wird der Rückführungsanspruch ausschließlich an die illegale Verbringung des Kulturguts gebunden (s. Sect. 37 CPIEA; § 6 Abs. 2 KGÜAG).

### 2.1.4. Country of origin

Der Anspruch auf Restitution ist ein Anspruch des „*country of origin,*" der laut Art. 7b lit ii. in einem diplomatischen Verfahren geltend gemacht werden muss. Sonstige öffentliche Institutionen oder Private können daher nicht nach Art. 7 vorgehen.

Problematisch diskutiert wird hierbei vor allem, was genau mit dem Begriff *country of origin* gemeint ist. Zum einen wird behauptet, dass sich hinter diesem Begriff das Erfordernis einer besonderen Beziehung zwischen dem betroffenen Kulturgut und dem Staat, bzw. der Nation verbirgt. Diese Meinung formuliert die Voraussetzung der Zugehörigkeit dieses Kulturgutes zum *cultural heritage* des anspruchsstellenden Staates. Zum anderen wird angenommen, mit *country of origin* sei schlicht der Staat gemeint, aus dem das Kulturgut illegal ausgeführt oder aus dem es gestohlen wurde.

Die erste Meinung sieht sich legitimiert durch Art. 4 der Konvention, dessen Bedeutung innerhalb derselben sehr undeutlich und aufs heftigste umstritten ist und dem auf diesem Wege eine klare Funktion zugesprochen würde. Art. 4 definiert den Begriff *cultural heritage* – in der deutschen Fassung „kulturelles Erbe." Dies erfolgt durch die Bestimmung von Bezugspunkten von Kulturgütern zu einem jeweiligen Staat. Kulturgüter können demnach durch nationalen, territorialen oder vertraglichen Bezug zum kulturellen Erbe eines Landes gehören. Umgekehrt würde demzufolge dasjenige Land zum *country of origin*, zu welchem das Objekt einen solchen besonderen Bezug hat.

Probleme ergeben sich, wenn – wie es häufig der Fall ist – ein Kulturgut zu mehreren Ländern in Beziehung steht. Diese Situation wird von Art. 4 leider nicht eindeutig gelöst. Vielmehr sind nach Art. 4, wegen der Vielfalt der möglichen Bezugspunkte die er bestimmt, auch eine Vielzahl von Zuordnungen möglich. Gehört zum Beispiel ein spätes Manuskript von Thomas Mann zum deutschen oder zum amerikanischen kulturellen Erbe? Thomas Mann war deutscher Staatsbürger, wurde später aber Amerikaner. Er schrieb sowohl in Deutschland als auch in den USA und seine Bücher prägten beide Nationen. Art. 4 vermag in dieser Situation keine Hilfe zu leisten. Oder betrachten wir den Fall der „*Mona Lisa*". Dieses Gemälde wurde von einem Italiener – Leonardo Da Vinci – in Italien erschaffen, von François 1er legal erworben und in den Louvre gebracht. Schließlich wurde das Kunstwerk 1911 von dem patriotisch motivierten Vincenzo Perugia aus dem Louvre gestohlen und zurück nach Italien gebracht, wo er das Bild den Uffizien übergab, bzw. in seinen Augen „zurück" gab. Welches

Land ist *country of origin*? Gem. Art. 4a 1. Alt. war tatsächlich zunächst Italien *country of origin*, aber nach dem „*legal purchase with the consent of the competent authorities*“ wurde das Gemälde unzweifelhaft gem. Art. 4d 2. Alt. zum kulturellen Erbe Frankreichs. Nach dem Diebstahl jedoch erfüllte sich Art. 4b, da das Kulturgut wieder auf italienischen Boden kam. Konnte Italien wieder *country of origin* geworden sein? Nein: natürlich musste der italienische Staat die Gioconda nach dem Diebstahl auch wieder an Frankreich herausgeben.

Hier offenbart sich die große Schwäche von Art. 4. Er stellt seine Tatbestandsalternativen in keinerlei Beziehung zueinander. Daher bleibt unklar, welches Kriterium vorrangig gelten soll, bzw. wie im Konfliktfall zu entscheiden ist. Die Konvention ermächtigt auch kein Gericht oder andere Stelle zur Lösung solcher Konflikte. Die UNESCO bietet in Art. 17 lediglich ihre guten Dienste zur Schlichtung im Konfliktfall an.

Nach hier vertretener Ansicht benennt Art. 4 keine weitere Voraussetzung für die Anwendbarkeit der Konvention. So ergibt sich aus der Formulierung von Art. 4, dass in diesem Artikel zwar eine Zuweisung von Kulturgut an einen bestimmten Staat gewollt ist, nicht aber zum Zweck einer Definition des *country of origin* im Sinne des Art. 7b. Vielmehr ist in den weiteren Vorschriften der Konvention nach der Funktion von Art. 4 zu suchen. Es geht aus den Bestimmungen hervor, dass das *cultural heritage* eine Quintessenz von Kulturgütern darstellt, die für die kulturelle Identität einer Nation wesentlich sind. Das *cultural heritage* ist sozusagen der schützenswerteste Teil der *cultural properties*, die ein Land für sich beansprucht. Der Konvention geht es zum einen um die gegenseitige Anerkennung der Bedeutung dieses kulturellen Kerns und andererseits um das Ergreifen besonderer Maßnahmen bei Gefahr für diese Substanz. Art. 9 zum Beispiel bezieht sich ausschließlich auf das *cultural heritage* und formuliert die Verpflichtung der Vertragsstaaten zur Zusammenarbeit, wenn das *cultural heritage* eines Staates spezifisch gefährdet ist.[85]

Insofern ist an dieser Stelle mit *country of origin* nicht mehr und nicht weniger gemeint als der Staat, aus dem das Kulturgut illegal ausgeführt oder gestohlen wurde, nachdem dieser es als wichtiges Kulturgut im Sinne von Art. 1 UNESCO Konvention designiert hatte.

Letztlich bleibt es jedoch den einzelnen Staaten überlassen, diese Frage für sich zu beantworten.

---

[85] So ist auch die missverstandene Stellungnahme des überarbeitenden Komitees zu verstehen, das Art. 4 so kommentierte: „*Its main purpose is to determine what property formed part of the cultural heritage of each state, thus making it possible to lay down in the subsequent articles the corresponding obligations of the States.*“ UNESCO Doc. 16C/17, Annex II at 4 (1970), zitiert von Gordon, Harvard Int. Law. Journ. 1971, 537, 546.

Tatsächlich sind im Hinblick auf diese Problematik die Bewertungen sehr unterschiedlich ausgefallen. Im schweizerischen KGTG zum Beispiel muss gem. Art. 9 Abs. 1 S. 2 bei einem Rückführungsbegehren der *klagende Staat insbesondere nachweisen, dass das betroffenen Kulturgut von wesentlicher Bedeutung für sein kulturelles Erbe ist.* Nur bei Bestehen eines besonderen Bezugs im Sinne von Art. 4 der UNESCO-Konvention kann ein Kulturgut im Rahmen der UNESCO Bestimmungen zurückgefordert werden.

Anders in Kanada wo Sec. 37 des *Cultural Property Export and Import Act,* in dem der Rückführungsanspruch behandelt wird, das Konzept des *cultural heritage* aus Art. 4 der Konvention nicht aufgreift. Auch das australische Recht verlangt keinen besonderen Zusammenhang zwischen dem Kulturgut und der Nation, die es zurückverlangt. Vielmehr gewährt das *Protection of Movable Cultural Heritage Act* von 1986 sogar ein Rückführungsrecht an jedem Kulturgut, welches aus einem anderen Land exportiert wurde, obwohl der Export des Gutes dort durch ein Kulturgutschutzgesetz verboten war.[86] Hier wurde der Anwendungsbereich demnach sogar erweitert. Selbst in den USA wird zur Geltendmachung des Rückführungsanspruchs keine besondere Verbindung im Sinne des Art. 4 UNESCO-Konvention verlangt.[87] Ursprungstaat ist auch danach der Staat, aus dem das Gut illegal ausgeführt wurde.

### 2.1.5. Request

Dieser Ursprungstaat muss eine Rückführungsanfrage beim Einfuhrstaat stellen. Der Einfuhrstaat kann (und muss) nicht von alleine tätig werden und eine Rückgabe bewerkstelligen. Wie die Anfrage zu stellen ist, d.h. in welcher Form und mit welchem Adressaten, ist in den nationalen Ausführungsgesetzen zu regeln. Vorgesehen ist aber der diplomatische Weg. Die Konvention sieht keine zeitliche Begrenzung für die Anfragemöglichkeit vor. Der Herausgabeanspruch gilt daher allgemein als unverjährbar.[88]

Von dieser einzigartig starken Grundidee der Konvention sind viele Staaten in ihren Ausführungsgesetzen abgewichen und haben eine Verjährbarkeit des Rückführungsanspruchs angenommen. Zum Beispiel galt einer der drei oben erwähnten englischen Vorbehalte der Verjährungsregelung. In England verjähren daher Rückführungsansprüche aus der UNESCO-Konvention nach den allgemeinen

---

86 Gem. Sect. 14 Abs. 1.

87 Gem. Sect. 302 § 6 iVm Sect. 308 und Sect. 310a des Convention on Cultural Property Implementation Act.

88 Knott, S. 153; a.A. Mußgnug, Das Kunstwerk 15, 25; Freytag, in Fechner/Oppermann, S. 180; Müller-Katzenburg, S. 92.; a.A. auch Walter, der auf Völkerrechtliche Verjährungsfristen zurückgreifen möchte.

Regeln. Auch in der Schweiz hat man sich für eine Verjährbarkeit des Anspruchs entschieden. Art. 9 Abs. 4 des schweizerischen KGTG spricht eine relative Verjährungsfrist von einem Jahr ab Kenntnis der Behörden vom Belegenheitsort des Guts aus, sowie eine absolute Verjährungsfrist von 30 Jahren ab rechtswidriger Ausfuhr.

## 2.2. Rechtsfolge

### 2.2.1. Recover and return

Im Folgenden wird die Rechtsfolgenseite des Rückführungsanspruchs dargelegt. Liegen alle Voraussetzungen des Art. 7b vor, so ist es die Pflicht des angerufenen Staates *„to recover and return the cultural property."*

„*Recovery*" – in der französischen Fassung „*saisie*" – bedeutet, dass sich der Einfuhrstaat durch hoheitliches Handeln zunächst den Besitz am Objekt verschaffen muss, zum Beispiel durch eine Beschlagnahme. Als rechtliche Grundlage für ein solches Vorgehen wurde das Importverbot für die aus „*public monuments*" gestohlenen Kulturgüter in Art. 7 b lit. i vorgesehen.[89] Wie die Staaten jedoch genau vorgehen sollen, beschreibt die Konvention nicht. Die Wahl der geeigneten Mittel bleibt ihnen überlassen[90], ihre Pflicht ist „*to take the appropriate steps.*"

So sieht zum Beispiel der australische *Protection of Movable Cultural Heritage Act*[91] beim Import von illegal aus einem anderen Staat exportierten Kulturgut ein Recht zur Beschlagnahme vor, welches besteht, sobald der Ursprungsstaat ein Rückführungsbegehren äußert.

Tatsächlich geht es in der Konvention auch maßgeblich um die Rückführung, den „*return*" des Gutes. Gemeint ist die Rückführung in das Territorium des Ausfuhrstaates. Der erste Entwurf des Sekretariats sah die Pflicht der Staaten vor: *„to make provisions in their respective national laws for the possibility of dispossessing, for reasons of public utility, bona fide possessors of illicily imported cultural property (...)"*[92] Diese hilfreiche Regelung wurde ersatzlos gestrichen. Man hat sich auch hier dafür entschieden, es den Mitgliedstaaten zu überlassen, in ihren Ausführungsgesetzen die Rückführungsmodalitäten zu konkretisieren.[93] Die Konvention regelt eben nicht ausdrücklich, was mit dem Eigentum an dem

---

89 Fraoua, S. 74; Turner, S. 222 ff.

90 Prott/O'Keefe, Vol. III, S. 750.

91 www.deh.gov.au/heritage/movable/movelaw.html.

92 Prott/O'Keefe, Vol. III, S. 750.

93 Fraoua, S. 75, 77.

Kulturgut zu geschehen hat. In der Literatur wird daher zum Teil angenommen, den gutgläubigen Erwerber treffe keine Verpflichtung, das Eigentum aufzugeben.[94] Es schließen sich dann jedoch Fragen zum Sinn dieses Eigentums für den Erwerber und zur Bestimmung der *just compensation* an.

Es kann ebenso angenommen werden, dass die Konvention in ihrer öffentlich-rechtlichen Prägung von Enteignung ausgeht. Sehr verbreitet ist daher die Meinung, der Belegenheitsstaat sei verpflichtet, dem privaten Eigentümer nach den Regelungen seines nationalen Rechts dessen Eigentumsposition zu entziehen.[95] Dann würde auch die Entschädigung durch den Verlust der Eigentumsposition bestimmt.

Nur in der australischen Umsetzung findet sich hierzu eine eindeutige Regelung. Nach der oben erwähnten Beschlagnahme, wird dem von der Beschlagnahme Betroffenen ein Klagerecht gegen diese eingeräumt.[96] Macht er dieses nicht geltend oder scheitert seine Klage, so fällt das Eigentum an dem beschlagnahmten Gut dem australischen Staat zu.[97] Dieser kann es dann an den ersuchenden Staat zurückführen.[98] So hatte zum Beispiel im Jahre 2003 der chinesische Staat an Australien eine Anfrage zur Rückführung chinesischer Fossilien gerichtet. Im selben Jahr konnte eine große Menge der besagten Fossilien (darunter auch 30 Dinosaurier-Eier) beschlagnahmt werden. Das Eigentum an diesen fiel dem australischen Staat zu, als der unrechtmäßige Besitzer auf sein Klagerecht verzichtete. Das Eigentum an den Gütern wurde bei der Rückgabe an China zurück übertragen.

In den meisten Ausführungsgesetzen ist diese Problematik jedoch nicht so klar geregelt. Weder in der US-amerikanischen, noch in der kanadischen, noch in der schweizerischen Umsetzung findet sich eine Stellungnahme zur Eigentumsfrage. Die Staaten haben es hier nicht verstanden, ihren Regelungsfreiraum sinnvoll zu nutzen und eindeutig auszufüllen.

Ebendiese Regelungslücke bildet eine der Hauptschwächen der UNESCO Konvention. Dies hat auch die UNESCO einsehen müssen und deshalb im Jahre 1984 den Entschluss gefasst, UNIDROIT den Auftrag zur Erarbeitung einer weiteren Konvention zum Schutz von Kulturgut zu erteilen, welche eine ausführliche Regelung der privatrechtlichen Aspekte einer Rückführung beinhalten sollte.

---

94 Siehr, RdC, S. 210.

95 Freytag, S. 181; Turner S. 222 f.

96 Sect. 37 Protection of Movable Cultural Heritage Act.

97 Sect. 37, 38 Protection of Movable Cultural Heritage Act.

98 Sect. 38 Protection of Movable Cultural Heritage Act.

Eindeutig geht nur aus der Formulierung *„The States Parties to this Convention undertake to take the appropriate steps to recover and return"* – Formulierung der Konvention von 1970 – hervor, dass der ersuchte Staat selbst gegen den „unrechtmäßigen" Besitzer vorgehen muss. Zum Beispiel strengte Kanada eine Klage gegen die New Yorker Kunsthändler *Heller & Zango* an, die 1981 Nok-Skulpturen aus Nigeria illegal nach Kanada importiert hatten.[99]

Ein passives Abwarten des Ausgangs einer Klage des Ursprungslandes vor den Gerichten des Einfuhrstaats, wie im Falle des italienischen Staates bei der Klage *Republic of Ecuador v. Danusso*[100] 1975, genügt nicht.[101] In diesem Fall hatte Ecuador vor den italienischen Zivilgerichten auf Herausgabe von 12.000 ecuadorianischen archäologischen Objekten geklagt. Als Italien der Konvention beitrat, richtete Ecuador eine Anfrage auf Rückführung im Sinne von Art. 7 an den Staat in der Hoffnung, den langwierigen Zivilprozess um diese Güter umgehen zu können, um auf diplomatischem Wege eine Rückführung schneller zu erreichen. Der italienische Staat jedoch hielt es für zweckmäßig, den Ausgang der Klage abzuwarten. Italien handelte zu diesem Zeitpunkt und in dieser konkreten Situation richtig, denn es war erst nach Klageerhebung, also auch nach dem hier relevanten illegalen Ex- und Import, der Konvention beigetreten. Somit war die Konvention auf diesen Fall gar nicht unmittelbar anwendbar. Dennoch wurde später in diesem Fall fälschlicherweise oft die Legitimation zum bloßen Abwarten des Ausgangs einer Klage vor den Gerichten des Einfuhrstaates gesehen.

So findet sich zum Beispiel im Schweizer KGTG keine Bestimmung zu den Maßnahmen, die der Staat bei einem Rückführungsbegehren ergreifen soll. Es wird lediglich festgelegt, dass beim illegalen Import eines Kulturguts in die Schweiz der betroffene Staat den Besitzer des Guts verklagen kann.[102] Als illegal importiert gelten nur Kulturgüter zu deren Schutz zusätzliche Vereinbarungen zwischen der Schweiz und den einzelnen Ländern getroffen wurden.[103] Auf die Rückführung von gestohlenen Kulturgütern geht das KGTG gar nicht ein. Das Schweizer Zivilrecht wurde hier für genügend erachtet.[104] Gemäß Art. 934 iVm

---

[99] R. v. Heller (1983) 27 Alberta. L. R. (2d) 346 – dismissal – then appeal decision (1984) 51 Alberta. L. R. 73. – dismissal upheld; Grund für das Scheitern der Klage waren „zeitliche" Probleme, da der illegale Export aus Nigeria vor dem Inkrafttreten der Konvention lag (um 1949). Da aber der illegale Import nach Kanada nach dem Inkrafttreten lag, wurde über den zeitlichen Anwendungsbereich der Konvention heftig gestritten. s. Prott/O'Keefe, Vol. III, S. 778 ff.

[100] District Court of Turin, 4410/79; Court of Appeal of Turin, 593/82, s. Frigo, S. 315 f.

[101] Prott/O'Keefe, Vol. III, S. 750.

[102] Art. 9 Abs. 1 KGTG.

[103] Art. 7 KGTG.

[104] S. Botschaft über das UNESCO Übereinkommen und das KGTG und erläuternder Bericht zum KGTG.

Art. 728 ZGB kann Eigentum an gestohlenen Sachen 5 Jahre lang – in manchen Fällen nur gegen Entschädigung – herausverlangt werden. Diese Frist wurde für Kulturgut durch das KGTG auf 30 Jahre erhöht. So muss der bestohlene Staat zur Rückführung seines Kulturguts Klage vor den schweizerischen Zivilgerichten erheben. Ein diplomatisches Verfahren zur Erleichterung der Rückführung ist nicht vorgesehen. Nur das angerufene schweizerische Zivilgericht kommt mit dem Rückführungsbegehren in Berührung. Man könnte meinen, in dieser Umsetzung sei in gewisser Weise die Tragweite der Formulierung *„take appropriate steps to return"* verkannt worden, die für die Verpflichtung zu aktiven Bemühungen steht. Ziel der Konvention ist es, die Rückführung der betroffenen Güter durch staatliche diplomatische Intervention zu erleichtern bzw. zu beschleunigen und einer Klage vor den nationalen Gerichten zu entziehen. Aber die Beschränkung des KGTG auf illegal eingeführte Kulturgüter ist nicht notwendigerweise auch eine Einschränkung des von der Konvention beabsichtigten Schutzes. Oftmals folgt die illegale Einfuhr einem Diebstahl bzw. wohl zumindest einer illegalen Ausfuhr aus einem anderen Staat. Daher kann man auch das KGTG als weitgehender betrachten als die Konvention, die erst bei Diebstahl und nicht bei illegalem Export eine Restitutionspflicht etabliert. In jedem Fall findet sich hier in der Umsetzung eine gewichtige Abweichung von der Konvention.

Die Effektivität des KGTG auch im Hinblick auf diese Abweichung wird ohnehin von der Summe und dem Inhalt der bilateralen Verträge zwischen der Schweiz und betroffenen Staaten abhängen, ohne die das KGTG überhaupt keinen Schutz bietet.

### 2.2.2. Just compensation

Weiterhin verlangt die Konvention im Rahmen der Rückgabe, dass der ersuchte Staat eine *„just compensation"* an den *„innocent purchaser or to a person who has valid title"* zahlt.

Hieraus ergeben sich zwei weitere Probleme: zum einen, wie eine *„just compensation"* beziffert werden soll, zum anderen wem genau eine solche zu zahlen ist.

Wenden wir uns zunächst der Höhe der compensation zu. Denkbar sind zwei Berechnungsgrundlagen für eine Entschädigung: zum einen der Wert des Objekts zur Zeit des gutgläubigen Erwerbs (im Endeffekt also der Kaufpreis), zum anderen der Wert des Objekts zur Zeit der Geltendmachung des Rückführungsbegehren. Der Wert des Objektes zu den beiden unterschiedlichen Zeitpunkten kann unter Umständen gewaltig differieren, da Preise von Kunstwerken erheblichen Schwankungen unterliegen und ihr Wert sich je nach Zeitablauf erheblich nach oben verändert haben kann. Von einer Bestimmung nach dem „aktuellen" Wert des Kulturguts ist eher Abstand zu nehmen. Aufgrund der Unberechenbarkeit des Kunstmarktes und enormen Wertsteigerungspotenzialen bei Kulturgütern würde ein solcher Ansatz zu Spekulationen ermutigen und so dem Zweck der Konvention zuwider laufen. Es würde in manchen Fällen erheblich die Zahlung der Entschädigung und so auch die Rückführung erschweren. Der gutgläubige Erwerber soll entschädigt werden, aber keinen Profit machen. Daher scheint der Kaufpreis eine geeignete Berechnungsgrundlage für eine Entschädigung zu bilden. Denkbar ist die Berücksichtigung der Inflationsrate und der vom *innocent purchaser* getätigten Aufwendungen. Auch in den Entwürfen hieß es an dieser Stelle *„fair compensation corresponding to the purchase price.“* [105] Dieser Bezug zum Kaufpreis wurde allerdings kommentarlos aufgehoben.

So fällt denn auch die Bewertung dieser Frage in den Ausführungsgesetzen unterschiedlich aus. Das schweizerische KGTG entschied sich dafür, die Entschädigung *„am Kaufpreis und an den notwendigen und nützlichen Aufwendungen zur Bewahrung und Erhaltung des Kulturguts“* zu orientieren (Art. 9 Abs. 4 KGTG)[106]. Der kanadische *Cultural Property Export and Import Act* hingegen lässt gemäß Section 37, § 6 die Zahlung und Höhe einer Entschädigung an den *innocent purchaser* ganz im Ermessen des Gerichts.

## 2.2.3. Innocent purchaser

Aber wie genau ist im Rahmen der Konvention der *innocent purchaser* definiert? Auch an dieser Stelle hat die undeutliche Sprache der Konvention zu unterschiedlichen Interpretationen geführt. Vorweg muss man sagen, dass in den Entwürfen an dieser Stelle von dem *„bona fide purchaser“* die Rede war. Warum dieser Terminus auf die undurchsichtigere Formulierung *„innocent purchaser“* abgeändert wurde, bleibt unklar. Wahrscheinlich sollte einem ungleichen Verständnis dieses in vielen Rechtsordnungen bereits gebrauchten und sicherlich unterschiedlich geprägten Terminus vorgebeugt werden. Nur wurde an dessen Stelle ein noch viel ungenauerer Begriff eingesetzt. Dennoch sind Befürchtungen, wonach die Vertragsstaaten gemäß Art. 7b ii ihr innerstaatliches Recht auch insofern ändern müssten, dass dem gutgläubigen Erwerber eines Kulturguts selbst dann eine angemessene Entschädigung zu zahlen ist, wenn er gar kein Eigentum an der Sache erlangt hat,[107] ungerechtfertigt. Im Hinblick auf die unglücklich gewählte Formulierung *„ that the requesting State shall pay just compensation to an innocent purchaser* or *to a person who has valid title to that property“,* ist ein solcher Rückschluss zwar nahe liegend, würde aber das Ziel der Konvention – die Wiedererlangung wertvollen Kulturguts zu erleichtern – regel-

---

[105] UNESCO Doc. SHC/MD/3, Annex 4, Art. 10 (d).

[106] Dies entspricht dem schweizerischen Lösungsrecht.

[107] So Knott, S. 152, 154 f.

recht ins Gegenteil verkehren.[108] Die Formulierung bezieht sich wohl vielmehr auf die verschiedenen Arten eines Rechtserwerbs vom Nichtberechtigten. Aber auch hier können die Vertragsstaaten in ihren Umsetzungsgesetzen ihrer eigenen Auffassung frei folgen. So sehen die USA zum Beispiel auch eine Entschädigung für den gutgläubigen Käufer vor, der keinen *valid title* erwerben konnte. Auch diesem ist gemäß Section 310 c) der Kaufpreis zu erstatten.

### 2.3. Kosten

Abschließend zu Art. 7 muss man noch anführen, dass gemäß Art. 7b a.E. der ersuchende Staat auf seine Kosten die erforderlichen Beweise für seine Forderung darzulegen hat und überhaupt sämtliche Kosten der Rückführung trägt.

## 3. Die Rückführungsansprüche aus Art. 13 UNESCO Konvention

Erwähnenswert im Rahmen der Untersuchungen zur Rückführung von Kulturgut ist noch Art. 13. Dieser behandelt in seinen Unterabschnitten c) und d) eine Rückführung in zwei weiteren Fällen, und zwar bei Diebstahl oder Verlust (Art. 13 c), was der Rückführung aus Art. 7 folgt, sowie bei illegalem Export (Art. 13 d), was im Rahmen der UNESCO Konvention von viel größerer Bedeutung ist. Beide Regelungen wollen wir nun kurz näher betrachten.

### 3.1. Art. 13c

In Art. 13c wird eine Pflicht der Vertragsstaaten festgeschrieben, Klagen von Seiten privater Eigentümer zuzulassen. *„The States Parties to this Convention also undertake, consistent with the laws of each State (...) c) to admit actions for recovery of lost or stolen items of cultural property brought by or on behalf of the rightful owners.“*

Tatsächlich sollte trotz der grundsätzlichen Ausrichtung der Konvention auf ein Staat-zu-Staat Verhältnis in Bezug auf die Rückführung von Kulturgütern, mit Hilfe dieser Vorschrift sichergestellt werden, dass Privaten nicht aus prozessrechtlichen Gründen der Zugang zur Justiz verweigert würde. Der Eigentümer eines verlorenen oder gestohlenen Kulturguts kann laut Art. 13c selbst im eigenen Namen tätig werden, alternativ kann aber auch jemand anderes (z. B. auch der Ursprungsstaat) in seinem Namen handeln.

Leider wurde, wie bereits im ersten Teil erwähnt, der unklare Zusatz *„ consistent with the laws of each State“* eingefügt. Somit ist aus Art. 13c mehr eine Art

---

108 Turner, S. 223; Müller-Katzenburg, S. 93; Gordon, S. 550.

Empfehlung als die geplante rechtliche Verpflichtung geworden. Ein eigenständiger Anspruch auf Rückführung an den privaten Eigentümer lässt sich jedenfalls aus Art. 13c nicht ableiten, allenfalls eine Art Justizgewährleistungsanspruch.

## 3.2. Art. 13d

Art 13 d ist – wie bereits erwähnt – von weiter gehender grundsätzlicher Bedeutung. *„The States Parties to this Convention also undertake, consistent with the laws of each State: (…) d) to recognize the indefeasible right of each State Party to this Convention to classify and declare certain cultural property as inalienable which should therefore ipso facto not be exported, and to facilitate recovery of such property by the State concerned in cases where it has been exported."*

In seinem Ansatz ist Art. 13d für die UNESCO Konvention von sehr innovativem Charakter. Tatsächlich knüpft hier die Konvention eine Rückführungspflicht bezüglich der Kulturgüter, die vom Ursprungsstaat nach der Tradition der *res extra commercium* für unveräußerlichen erklärt wurden, an den illegalen Export solcher Kulturgüter. Der illegale Export von Kulturgütern konnte sonst an keiner anderen Stelle mit einer Rückführungspflicht verbunden werden. Dennoch bleibt die Leistungsfähigkeit dieses interessanten Vorstoßes der UNESCO Konvention in Richtung Anerkennung ausländischer Exportverbote aus mehreren Gründen nur sehr gering und wird wohl kaum praktische Bedeutung entfalten können. Zum einen beschränkt sich Art. 13d auf den Schutz von *ex lege originis* unveräußerlichen Kulturgütern. Der originäre Anwendungsbereich dieser Klausel ist also bereits sehr eingeschränkt.

Allerdings könnte dieser sich im Vergleich zu dem Anwendungsbereich von Art. 7 möglicherweise sogar als breiter erweisen. Art. 7 scheint zwar zunächst mehr Kulturgüter zu umfassen, da keine Bedingungen hinsichtlich des Eigentums gestellt werden. Im Ergebnis wirkt er jedoch restriktiver, da nur die Objekte Schutz genießen, die zum einen aus einem Museum oder einer privaten oder öffentlichen Institution gestohlen wurden und zum anderen im Inventar dieser Institution aufgezeichnet sind. Besonders dieses letzte Erfordernis dürfte den Anwendungsbereich stark einschränken, da vor allem in Museen in Exportstaaten aufgrund der schwachen finanziellen Verhältnisse oft detaillierte Inventarlisten fehlen.

Bedauerlicherweise wird in Art. 13d jedoch keine direkte Pflicht zur Restitution begründet. Vielmehr wird lediglich eine Pflicht zur „Erleichterung" der Wiedererlangung durch den betroffenen Staat festgeschrieben. Zudem besteht auch diese für den ersuchten Staat auch nur im Rahmen der Möglichkeiten seiner innerstaatlichen Rechtsordnung. Schließlich wurden teilweise durch die Umsetzungsgesetze dem ohnehin schon sehr schwachen Art. 13d noch weitere Grenzen gesetzt. So betrifft beispielsweise eines der von den USA formulierten „understandings“ den Anwendungsbereich von Art. 13d. Dort werden die Mittel zur Restitution von illegal exportiertem Kulturgut auf die Maßnahmen aus Art. 13 c reduziert: *„(...) the means of recovery of cultural property under subparagraph (d) are the judicial actions referred to in subparagraph (c) of Article 13 (...)“.* Das läuft darauf hinaus, dass die Restitution von unveräußerlichen Kulturgütern, die sich auf deren illegalen Export beziehen sollte, letztlich nur dann zugelassen wird, wenn die betroffenen Objekte gestohlen oder verloren wurden. Damit wurde – in Bezug auf die Vereinigten Staaten – dem ohnehin schon zögerlichen Art. 13d jegliche Bedeutung entzogen.

Im Rahmen der hier aufgezeigten Grenzen, bleibt demnach dem Art. 13d nur ein ganz schwacher Anwendungsbereich. Letztlich bleibt es bei dem Versuch eines ersten Schrittes in Richtung einer Anerkennung ausländischer Exportverbote und Begründung von Restitutionspflichten aufgrund illegalen Exportes. Und dennoch könnte man diesem Ansatz trotz seiner Schwäche eine richtungweisende Funktion zuschreiben. Er zeugt von dem bereits bei der Erarbeitung der UNESCO Konvention vorhandenen Willen, auch an den illegalen Export von Kulturgut eine Restitutionspflicht zu knüpfen. Wir werden im Folgenden sehen, wie dieser Wille in späteren Restitutionsinstrumenten umgesetzt werden konnte.

## 4. Bewertung

Die Bewertung der Konvention und ihrer Wirkung fällt zwiespältig aus.

Inhaltlich ist die Konvention etwas zu schwach konzipiert worden. Ihr Anwendungsbereich ist äußerst eng, die Pflichten, die sie den Vertragsstaaten auferlegt, sehr begrenzt. Dies fällt umso mehr auf, als die Entwürfe ganz andere Schutzmöglichkeiten eröffneten. Durch die in der letzten Überarbeitung an brisanten Stellen eingefügten salvatorischen Klauseln ist die Konvention auch in ihrer Formulierung so dehnbar gestaltet worden, dass den einzelnen Staaten bei der Umsetzung ein enormer Spielraum bleibt. Dies mag von der UNESCO so gewollt gewesen sein, denn die Konvention wurde bewusst „flexibel“ formuliert.[109] Aber so entbrannten im Laufe der Zeit zu fast jedem Artikel der Konvention heftigste Streitigkeiten in Bezug auf Bedeutung, Umfang und Reichweite. Diese nährten zum einen die Angst der Importländer vor einer Ratifizierung und führten zum anderen zu einer besonderen Rechtsunsicherheit auf diesem Gebiet.

---

[109] Vgl. auch Fazit einer UNESCO Fachtagung 1983: *„The Convention, which is not retroactive in nature, was sufficiently flexible in that it conceded very large discretion to the States in many articles.“* UNESCO-Doc. 22 C/93 S. 7, zitiert von Raschèr, S. 61 Fn. 176; s. auch Art. 31 des Wiener Übereinkommens vom 23. Mai 1969 über das Recht der Verträge *„In Bezug auf auslegende Erklärungen bildet der Wortlaut sowie die unter Berücksichtigung von Ziel und Zweck der Konvention zukommende gewöhnliche Bedeutung einer Bestimmung die Grenze.“*

Daher blieb der Konvention ein entscheidender äußerer Erfolg letztlich versagt.[110] Beispiele ihrer direkten Anwendung in einer Kulturgutrestitution sind nicht so häufig, wie die UNESCO es sich wünschen würde.[111]

Trotz allem spielt die UNESCO Konvention von 1970 für den Kulturgüterverkehr eine bedeutende Rolle. Dies hat weniger mit ihrer unmittelbar verbindlichen Regelungskraft als mit ihrer Indizwirkung zu tun.

Vergessen wir nicht, dass sie nur Grundprinzipien zum Schutz von Kulturgütern innerhalb der Staatengemeinschaft, sowie Mindestvorschriften über legislative und administrative Maßnahmen formuliert, die von den Vertragsstaaten zu ergreifen sind, um den illegalen Handel einzudämmen.

Ihr richtungweisender Einfluss auf die Rechtsentwicklung im Kulturgüterverkehr ist somit unverkennbar. Besonders deutlich wird das an den Erwerbsregeln der Museen und Kunsthandelsverbände und an den Gerichtsentscheidungen, in denen ausdrücklich auf die Ziele der Konvention Bezug genommen wird. In mehreren Fällen haben Gerichte selbst der Staaten, die die Konvention gar nicht ratifiziert haben, bei ihrer Entscheidungsfindung die UNESCO Konvention als eine Art Orientierungshilfe im Kulturgüterverkehr zur Hilfe herangezogen.

Interessant ist in diesem Zusammenhang der Fall *Kingdom of Spain v. Christie's,* in dem sich die englischen Gerichte trotz mangelnder unmittelbarer Anwendbarkeit der Konvention in ihrer Argumentation ausdrücklich auf deren *„general tenor“* bezogen haben und sich von der *„policy“* der Konvention haben leiten lassen.[112] In diesem Fall ging es um Goya's Porträt der Marquesa di Santa Cruz, welches nach dem Verkauf durch die Eigentümerin 1983 mittels gefälschter Exportdokumente ins Ausland geschmuggelt und dort zum Verkauf angeboten worden war. In Zürich wurde das Gemälde über einen Londoner Kunsthändler für 1 Million US-Dollar weiterverkauft. Weitere Transaktionen scheiterten zunächst daran, dass der Spanische Staat die Museen, denen das Bild für 12 Millionen US-Dollar angeboten wurde, entsprechend vom illegalen Export informierte und diese dann einen Erwerb ablehnten. Als das Bild dann 1986 bei Christie's für angeblich 20 Millionen US-Dollar versteigert werden sollte, erhob die spanische Regierung in London Klage gegen Christie's und die Auftraggeberin der Versteigerung. Dabei machte sie keinerlei Rechtstitel hinsichtlich des Kunstwerks geltend, sondern beantragte lediglich die Feststellung durch das Gericht, dass die vorgelegten Exportdokumente gefälscht seien und der Export gegen spanisches Recht verstoßen habe. Eine solche Feststellung war für

---

110 Turner, S. 145, Prott, ZVglRWiss 95 (1996), 188 f.

111 Turner, S. 146, Prott, ZVglRWiss 95 (1996), 192, 200 f.; Siehr, RdC, S. 211.

112 Chancery Division des englischen High Court in Kingdom of Spain v. Christies und United States District Court for the 7th Circuit in Cyprus v. Goldberg. 917 F 2.d 278, 295 ff. (7th Circuit 1990).

Spanien insofern von Interesse, als der *Code of Practice* der englischen Kunst- und Antiquitätenhändler den Handel mit illegal verbrachten Gütern verbietet, bzw. im Falle eines gutgläubigen Erwerbs die Rückgabe an das Herkunftsland gegen Entschädigung verlangt (Art. 2b und 4). Dieser *Code* war auch von dem Auktionshaus Christe's unterzeichnet worden. In Anbetracht dieser Tatsache und mit Hilfe der „general rules" der UNESCO Konvention sowie *„der ganzen Erfindungskraft, die einem Common Law Richter zu Gebote steht*,"[113] gab Sir Browne Wilkinson dem Feststellungsantrag Spaniens statt. Damit wurde das Bild für den Kunsthandel unverkäuflich. So schickte die Eigentümerin das Gemälde schließlich gegen eine Entschädigung von 6 Millionen US-Dollar nach Spanien zurück.[114] Dort kann es heute im Prado bewundert werden.

Ein weiterer Fall der mittelbaren Wirkung der Konvention, international wahrscheinlich der wohl bekannteste, ist die „Nigeria-Entscheidung" des BGH aus dem Jahre 1972. In diesem Fall hatte der BGH einen Versicherungsrechtsstreit zu entscheiden, in dem der Kläger die Auszahlung einer Transportversicherungsprämie für den Verlust von 6 nigerianischen Bronzefiguren verlangte. Er hatte für den Seetransport von 3 Kisten mit afrikanischen Kunstgegenständen von Port Harcourt/Nigeria nach Hamburg eine Versicherung abgeschlossen. Zwei der Kisten versanken beim Transport auf hoher See. Die beklagte Versicherungsgesellschaft berief sich auf die Nichtigkeit des Versicherungsvertrages gemäß § 138 BGB, da der versicherte Transport gegen ein nigerianisches Ausfuhrverbot verstieß. Der BGH folgte dieser Ansicht. Um die Sittenwidrigkeit illegalen Kulturgüterexports zu begründen, berief er sich ausdrücklich auf die Prinzipien der Konvention als Ausdruck für die in Bezug auf den Kulturgüterverkehr herrschenden Grundüberzeugungen innerhalb der Völkergemeinschaft und dies, obwohl Deutschland damals nicht zu den Vertragstaaten der UNESCO Konvention zählte.

Ähnlich verhielt sich das Tribunale di Torino bei der bereits erwähnten Herausgabeklage *Ekuadors gegen Danusso* in seiner Argumentation. Obwohl die Konvention zu dieser Zeit noch nicht in Italien ratifiziert war, orientierte sich das Gericht an ihren Leitlinien als den für den Kulturgüterverkehr maßgeblichen *„principi generali di ordine pubblico internazionale"*, um eine Rückführung der illegal exportierten Objekte zu erreichen.[115]

Abschließend kann man daher sagen, dass trotz der fehlenden Strenge der rechtlichen Regelungen der UNESCO Konvention, die Berücksichtigung ihrer Prinzipien und ausländischer Exportverbote zum Beispiel über Generalklauseln im inländischen Recht – worin viele die Anerkennung einer Art internationalen

113 Jayme, Kunstwerk, 15.

114 Greenfield, S. 246.

115 Trib. Torino, 18 Riv. dir. int. priv. proc. 1982, 625, 634; s. Müller-Katzenburg, S. 183 f.

„ordre public“ im Interesse der Erhaltung von nationalen Kulturgütern sehen – für sich einen beachtlichen Fortschritt bilden und ein bleibendes Verdienst der UNESCO Konvention sind.[116]

# II. UNIDROIT Übereinkommen

## 1. Genese der UNIDROIT Konvention

Die UNIDROIT Konvention entstand mit dem Ziel, im Lichte der Erfahrungen mit der UNESCO Konvention von 1970, den internationalen Kulturgüterschutz zu optimieren.

Um den Weg, den UNIDROIT in diesem Sinne eingeschlagen hat, besser verstehen zu können, muss man vorweg den Grundproblemen, die zu ihrer Entstehung geführt und diese bedingt haben, sowie der Ausgangslage ihrer Entstehung, kurz genauere Aufmerksamkeit schenken.

### 1.1. Kernkonflikte

Man kann drei Kardinalkonflikte unterscheiden, welche die Schwierigkeiten um eine Eindämmung des illegalen Kulturgüterhandels bestimmen.

#### 1.1.1. Abgrenzung eines Schutzbereichs

Der ersten und offensichtlichsten Schwierigkeit sind wir bereits im ersten Teil dieser Arbeit begegnet. Dennoch soll sie hier wegen ihrer Bedeutung bei der Entwicklung der UNIDROIT Konvention erneut angesprochen sein: die abstrakte Definition des Kulturgutes. Man stößt sich bereits auf nationaler Ebene an ihr und das Ausmaß der Schwierigkeit potenziert sich, wenn man eine Lösung auf internationaler Ebene anstrebt. Will man für Kulturgut einen besonderen Schutz aufbauen, so muss man vorher klar definiert haben, was unter Kulturgut zu verstehen ist. Die Definition des Schutzobjektes bedingt gleichzeitig auch die Grenzen des Anwendungsbereichs einer internationalen Konvention auf diesem Gebiet.[117] Daher offenbaren sich bereits bei dieser Frage die widerstreitenden Interessen der beteiligten Länder und der betroffenen „Lobbies.“ Eine absolute

---

[116] Rudolf, FS Doehring S. 870.

[117] Kindermann, Emory Int'l L. Rev. 1993, 465; Schneider, Rapport Explicatif de la Convention UNIDROIT, Unif. L. Rev. 2001, 497.

und allumfassende Definition des Terminus Kulturgut wird, wie wir bereits gesehen haben, keiner Vorschrift gelingen, denn unterschiedliche Nationen und unterschiedliche Kulturen projizieren unterschiedliche Leitgedanken und Vorstellungen in einen solchen sensiblen Begriff. Zusätzlich wandeln diese sich im Laufe der Entwicklung der Gesellschaften. Der Begriff des Kulturguts wird daher allgemein als ein „in Zeit und Raum dynamischer Begriff" gesehen.[118] Daher muss man eine auf die jeweiligen Ziele der einzelnen Abkommen oder Konventionen abgestimmte Definition, vor allem im Sinne einer Schutzbereichsabgrenzung, entwickeln.[119] Je genauer die Definition des Gegenstandes der Konvention gelingt, desto größere Rechtssicherheit wird diese mit sich bringen. In diesem Sinne wurde auch eine Lösung im Rahmen der UNIDROIT Konvention erarbeitet, deren genauen Inhalt wir später noch näher betrachten werden.

### 1.1.2. Sachenrechtliche Unterschiede

Der zweite und vielleicht bedeutendste Konflikt ist juristischer Natur und betrifft die Unterschiede in den nationalen Sachenrechtsbestimmungen, insbesondere im Hinblick auf den gutgläubigen Erwerb vom Nichtberechtigten.

Die Bandbreite der nationalen Ansätze in dieser Hinsicht reicht vom absoluten Schutz des ursprünglichen Eigentümers bis hin zum absoluten Schutz des gutgläubigen Erwerbers.[120] In diesem Zusammenhang wird oftmals fälschlicherweise von einem Konflikt zwischen *Common Law* und *Civil Law* gesprochen, denn große Unterschiede bestehen bereits zwischen den verschiedenen Rechtsordnungen innerhalb dieser beiden Systeme.[121] In Deutschland ist der gutgläubige Erwerb vom Nichtberechtigten an beweglichen Sachen gemäß §§ 932 ff. BGB möglich, sofern es sich nicht um eine abhanden gekommene Sache handelt (§ 935 BGB). In solchen Fällen kann das Eigentum nur noch durch Ersitzung (§ 937 f. BGB) oder in einer öffentlichen Versteigerung (§ 935 Abs. 2 BGB) erworben werden. Im französischen Recht kann der ursprüngliche Eigentümer ein ihm gestohlenes Gut innerhalb von 3 Jahren ab dem Zeitpunkt des Diebstahls zurückverlangen (Art. 2279 CC). Das belgische, das niederländische und das schweizerische Recht folgen ebenfalls diesem Modell, mit jeweils unter-

---

[118] Reichelt, Neues zum Schutz von Kulturgut, 62.

[119] Lalive, SZIER 1997-I, 25; ders., in: Unif. L. Rev. 1996, 44; Kindermann, Emory Int'l L. Rev. 1993, 505; Schneider, Rapport Explicatif de la Convention UNIDROIT, Unif. L. Rev. 2001, 497.

[120] Rechtsvergleichender Überblick bei Droz, Rev. crit. dr. int. priv. 86 (1997) 242; Kindermann, Emory Int'l L. Rev. 1993, 485 ff.; Raschèr, S. 24 ff.; detaillierte Analyse bei Prott/O'Keefe, Vol. III, S. 397 ff.

[121] So zutreffend Lalive, SZIER 1997-1, 44.

schiedlichen Rückforderungsfristen.[122] Allerdings entsteht in diesen Rechtsordnungen in manchen Fällen ein Lösungsrecht des gutgläubigen Erwerbers.[123] Im italienischen Recht erwirbt ein gutgläubiger Käufer auch an gestohlenen Gütern beim Kauf sofort wirksam Eigentum (Art. 1153 Cod.Civ.).[124] Im Gegensatz zu dieser einseitigen Interessengewichtung zugunsten des Neuerwerbers und des Verkehrsschutzes steht das ebenso einseitig schützende „Nemo dat Prinzip“,[125] dem viele *common law* Rechtsordnungen folgen.[126] Nach diesem Prinzip kann keiner mehr Rechte übertragen, als er selbst innehat. Hierdurch wird der ursprüngliche Eigentümer bevorzugt. Er kann die Sache, die nach wie vor in seinem Eigentum steht, von einem gutgläubigen Erwerber jederzeit – mit nur einigen wenigen Ausnahmen – zurückfordern.[127] Dieser Anspruch unterliegt zwar meist einer Verjährungsfrist,[128] doch da diese vorwiegend nicht absolut, sondern relativ, das heißt zum Beispiel ab dem Zeitpunkt der Kenntnis der Identität des Besitzers der Sache berechnet wird, gilt der Schutz de facto ohne zeitliche Begrenzung.[129]

Diese Unterschiede in den Rechtsordnungen wurden seit eh und je vom illegalen Kunsthandel genutzt, um illegal erworbene Kunstgegenstände wieder legal dem Markt zuzuführen. Hierbei wirkt sich das Problem vor allem auf gestohlene Kulturgüter aus.[130] Ein interessantes Beispiel hierzu bietet der Fall *Winkworth vs. Christie Manson and Woods Ltd.*[131] Dem englischen Kläger wurden aus seiner in

---

[122] Art. 2279 Code Civil Belge; Art. 2014 des Niederländischen ZGB.

[123] Wenn er das Gut auf einem Markt, auf einer öffentlichen Versteigerung oder bei einem Händler von Objekten gleicher Art erstanden hat (Art. 2280 CC; Art. 934 ZGB).

[124] Es sei denn es handelt sich um eine res extra commercium.

[125] *Nemo dat quod non habet.*

[126] Siehe im Vereinigten Königreich Sales of Goods Act, Sect. 21 (1) (979): „*where goods are sold by a person who is not their owner, the buyer acquires no better title to the goods, than the seller had* ...“ und US-Uniform Commercial Code Sect. 2-403 (1) (1990): „*A purchaser of goods acquires all title his transferor had or had power to transfer except that a purchaser of a limited interest acquires rights only to the extent of the interest purchased*“.

[127] 6 Ausnahmen zu diesem Grundsatzes bestehen im Englischen Recht: „title by estoppel, market overt, sale under voidable title, mercantile agency, seller in possession, buyer in possession“ (s. Sect. 21–25 Sales of Goods Act – 1979); siehe zu diesen und zu den wenigen Ausnahmen in den USA: Prott/O'Keefe, Vol. III, S. 397 ff.

[128] Siehe im Vereinigten Königreich Limitation Act 1980 – Sec. 2: Verjährungsfrist von 6 Jahren; in den USA je nach Bundesstaat Verjährungsfrist zwischen 2 und 10 Jahren.

[129] Hintergrund ist, dass die *common law* Staaten keine dingliche, sondern nur eine deliktsrechtliche Herausgabeklage gestohlener Sachen kennen (*replevin*-Klage). Die unerlaubte Handlung liegt dann in der Verweigerung der Herausgabe an den rechtmäßigen Eigentümer. Erst ab diesem Zeitpunkt der deliktischen Anknüpfung kann auch die Verjährungsfrist anfangen zu laufen.

[130] Schneider, Rapport Explicatif de la Convention UNIDROIT, Unif. L. Rev. 2001, 477.

[131] *Winkworth v. Christie's, Mason and Woods Ltd. And Another* (1980), All E.R. 1121 (Ch.D.); (1980) 2 W.L.R. 937.

London angesiedelten Sammlung einige japanische Werke entwendet und nach Italien verbracht, wo sie an einen italienischen Marchese weiterverkauft wurden, der nicht wusste, dass es sich bei den Werken um Diebesgut handelte. Einige Zeit später lieferte der Marchese die Werke zur Auktion bei Christie's in London ein, wovon der ursprüngliche Eigentümer Kenntnis erlangte und Klage auf Herausgabe einreichte. Das englische Gericht erklärte gemäß der einschlägigen *lex rei sitae*[132] das italienische Recht auf den Rechtserwerb für anwendbar, nach dem der gutgläubige Marchese wirksam Eigentum an den Gütern erwerben konnte. Das englische Recht hätte in diesem Fall den ursprünglichen Eigentümer des gestohlenen Gutes geschützt. So konnte hier daher nur der Export nach Italien den wirksamen Rechtserwerb ermöglichen.

An diesem Beispiel erkennt man deutlich, wie die unterschiedliche Ausgestaltung der nationalen Sachenrechtsvorschriften mit Hilfe der *lex rei sitae* ausgenutzt werden kann. Im Lichte dessen leuchtet ein, dass sich Länder mit starkem Gutglaubensschutz – allen voran Italien – zu beliebten Umschlagplätzen gestohlener Kunstgegenstände entwickelt haben. Hier musste daher eine internationale Konvention, die effektiv dem illegalen Handel entgegenwirken will, als erstes ansetzen. Frühere Versuche einer Rechtsvereinheitlichung waren immer daran gescheitert, dass sie im Endeffekt auf eine Entscheidung für das eine oder andere System zusteuerten. Und solch bedeutende Eingriffe in die Kernelemente des nationalen Rechts waren die betroffenen Staaten nicht bereit zu akzeptieren. UNIDROIT beschloss, einen neuen Weg zu gehen und zur Lösung einen sinnvollen Kompromiss im Sinne eines für alle Seiten akzeptablen Interessenausgleichs zu finden. Das ist das eigentliche Ziel der UNIDROIT Konvention.[133]

### 1.1.3. Konflikt zwischen Import- und Exportstaaten

Mit diesem Ziel nahm die UNIDROIT Konvention auch den dritten Konflikt in den Blick. Bei diesem treffen die Interessen traditionell wirtschaftlich schwächerer Exportstaaten auf diejenigen wirtschaftlich stärkerer Importstaaten.

Die Exportstaaten sehen – vor allem seit den Zeiten der Kolonialisierung und der mit ihr einhergehenden Plünderungen – in kulturellen Gütern eine Widerspiegelung ihrer nationalen Identität, was diese in ihren Augen untrennbar mit dem nationalen Boden verbindet. Diese Staaten werden durch den rapide anschwellenden illegalen Kunsthandel mit einem dramatischen Schwund ihres kulturellen

---

[132] Siehe zum Beispiel Art. 43 EGBGB. Nach der *lex rei sitae* ist bei der Eigentumsübertragung an beweglichen Sachen jeweils das Recht des Staates anzuwenden, in dem die Sache zum Zeitpunkt der versuchten Eigentumsübertragung befindet.

[133] Lalive, Unif. L. Rev. 1996, 47; ders. in SZIER 1997, 19.

Erbes konfrontiert und bemühen sich daher umso energischer um den Schutz ihrer nationalen Identität.[134]

Die Importstaaten hingegen sehen Kulturgüter eher im Allgemeinen als „Erbe der gesamten Menschheit“ und empfinden sie nicht als unbedingt an eine Nation gebunden. Aus der Sicht dieser Staaten hemmen internationale Regelungen auf dem Gebiet des Kulturgüterschutzes nur den zum kulturellen Austausch notwendigen freien Fluss von Kulturgütern.[135]

Dieser Konflikt wirkt sich auf alle Bereiche des Kulturgüterschutzes insofern aus, als er die Positionen der Staaten in der Diskussion um eine Kompromissfindung bestimmt. Besonders augenfällig wird diese Gegenüberstellung jedoch im Rahmen der Behandlung des illegalen Exports von Kulturgut. Denn dort stellt sich die Frage der Anwend- und Durchsetzbarkeit von Exportverboten in anderen Staaten. In diesem Zusammenhang stehen sich grundsätzlich unvereinbare Positionen gegenüber. Einerseits empfinden es die Exportstaaten traditionell als eine Pflicht der Importstaaten, ihre illegal exportierten Kulturgüter an sie zurückzuführen. Andererseits sträuben sich die Importstaaten aus Angst vor Souveränitätsverlusten beharrlich dagegen, ausländischen Exportverboten ein Minimum an Wirkung zu verleihen.[136]

Auch hier lässt sich eine Lösung nur in Form eines akzeptablen Interessenausgleichs finden und einen solchen strebt die UNIDROIT Konvention an.[137]

### 1.1.4. Abschließende Erwägungen zu den Kernkonflikten

Durch das Gewicht dieser Konflikte, ihre Vielschichtigkeit und Auswirkungen wird eine Lösungsfindung auf internationaler Ebene besonders erschwert. Eine Behandlung dieser Schlüsselprobleme ist dennoch unvermeidbar, da sie maßgeblich den illegalen Handel mit Kulturgut bedingen.

Aber bevor man den konkreten Inhalt der Konvention näher beleuchtet, ist es notwendig, kurz auf ihre Entstehungsgeschichte einzugehen.

---

[134] Kindermann, Emory Int'l L. Rev. 1993, 464 f. m.w.N.

[135] Kindermann, Emory Int'l L. Rev. 1993, 463 f.

[136] Lalive, Unif. L. Rev. 1996, 54 f.; ders. in: SZIER 1997, 43 ff.; s. auch: Droz, Rev. crit. dr. int. priv. 86 (1997) 243 mit Fallbeispielen; Prott, Unif. L. Rev. 1996, 63; Schneider, Rapport Explicatif de la Convention UNIDROIT, Unif. L. Rev. 2001, 477 f.

[137] Lalive, Unif. L. Rev. 1996, 54 f.; ders. in: SZIER 1997, 45; Kindermann, Emory Int'l L. Rev. 1993, 465; s. auch: Droz, Rev. crit. dr. int. priv. 86 (1997) 248.

## 1.2. Entwicklung des Übereinkommens

### 1.2.1. Ausgangslage: Mängel der UNESCO Konvention

Tatsächlich ist es unmöglich, von der UNIDROIT Konvention zu sprechen, ohne die ihr vorausgegangene und oben besprochene UNESCO Konvention betreffend die Mittel zur Bekämpfung des illegalen Imports, Exports und Eigentumsübergang an Kulturgütern von 1970 zu erwähnen. Trotz einiger interessanter Ansätze blieb ihr, wie bereits erwähnt, leider ein entscheidender äußerer Erfolg letztlich versagt.[138] Als Stein des Anstoßes wird üblicherweise Art. 7 der Konvention genannt, der als Kernvorschrift die Rückführung von Kulturgut an den Ursprungsstaat regelt. In Wirklichkeit aber beruht die unbefriedigende Akzeptanz vielmehr auf einigen grundlegenden, der gesamten Konvention anhaftenden Schwächen, die sich allerdings alle in Art. 7 widerspiegeln. Als Hauptursachen sind vor allem drei Mängel zu nennen: die unklaren, mehrdeutigen und oftmals substanzleeren Formulierungen der Konvention, das Fehlen klarer Strukturen – vor allem in der Handhabung der privatrechtlichen Aspekte der Rückführungen – und die letztlich überwiegende Unterordnung gegenüber den nationalen Bestimmungen der einzelnen Mitgliedstaaten.[139]

### 1.2.2. Auftrag der UNESCO an UNIDROIT

Im Lichte dieser Problematik beschloss die UNESCO, die Konvention von 1970, vor allem im Hinblick auf privatrechtliche Strukturen, zu ergänzen. Damit wurde 1984 das Internationale Institut für die Vereinheitlichung des Privatrechts (UNIDROIT) beauftragt.[140] Hilfreich erschien dabei, dass UNIDROIT seinerseits bereits über wertvolle rechtsvergleichende Erfahrung auf diesem Gebiet verfügte, die es während der Ausarbeitung eines Entwurfs für ein Vereinheitlichungsgesetz zum gutgläubigen Erwerb beweglicher Sachen – dem so genannten LUAB – sammeln konnte.[141]

UNIDROIT sah zwei Möglichkeiten, wie der internationale Kulturgüterschutz neu geregelt werden könnte: durch ein zivilistisches Zusatzprotokoll zu Art. 7 der UNESCO Konvention, welches im Wesentlichen die Vorarbeiten des

---

[138] Turner, S. 145; Prott, ZVglRWiss 95 (1996) 188 f., 190 f.

[139] Bzgl. dieser Mängel siehe oben Ausführungen zur UNESCO Konvention.

[140] Reichelt, in Dolzer/Jayme/Mußgnug, S. 69.

[141] Projet de loi uniforme d'UNIDROIT sur la protection de l'acquéreur de bonne foi d'objets mobiliers corporels (LUAB 1968), UNIDROIT 1968, Etude XLV-Doc.37 und Projet de loi uniforme d'UNIDROIT sur l'acquisition de bonne foi d'objets mobiliers corporels de 1974 (LUAB 1974), UNIDROIT 1974, Etude XLV-Doc.55 = Unif. L. Rev. 79–83, mit erläuterndem Bericht von Sauveplanne 84 f.

UNIDROIT zum *bona fide* Erwerb für Kulturgüter adaptieren sollte, oder durch ein „*instrument séparé*", also ein auf die Probleme von Kulturgut als Sache *sui generis* speziell abgestimmtes Abkommen.[142] Zunächst wurde die Idee eines privatrechtlichen Zusatzprotokolls zu Art. 7 der UNESCO Konvention aufgegriffen, nicht zuletzt auch um den seit Jahren brach liegenden Arbeiten zum LUAB auf diesem Wege wieder neues Leben einzuhauchen.

Die 1986 von UNIDROIT vorgelegte 1. Studie über den Schutz des gutgläubigen Erwerbs von Kulturgut zeigte jedoch, dass eine wirklich sinnvolle Vereinheitlichung des gutgläubigen Erwerbs vom Nichtberechtigten nicht nur kaum möglich, sondern auch nicht wünschenswert sei.[143] Daraufhin wurde eine 2. Studie über die rechtlichen Kriterien des Eigentumsübergangs an beweglichen Sachen in Auftrag gegeben. Die dazu 1988 von UNIDROIT vorgelegten Ergebnisse[144] brachten die Erkenntnis, dass auch die rechtlichen Kriterien des Eigentumsübergangs an beweglichen Sachen nicht sinnvoll im Hinblick auf einen effektiven Kulturgüterschutz zu vereinheitlichen und adaptieren seien und der Versuch einer Anpassung ohnehin auf Ratifikationsschwierigkeiten stoßen würde.[145]

Somit wurde der Gedanke eines privatrechtlichen Annexprotokolls zu Art. 7 der UNESCO Konvention zur Regelung des bona-fide Erwerbs wieder aufgegeben und UNIDROIT entschied sich dafür, ein „*instrument séparé*" zu erarbeiten, um die aufgezeigten privatrechtlichen Schwierigkeiten indirekt durch die Regelung der Sachinhalte und die Behandlung ihrer Rechtsfolgen zu lösen.

### 1.2.3. Geburt der UNIDROIT Konvention

Von 1988 bis 1990 erarbeitete und verabschiedete ein von UNIDROIT eingesetzter Expertenausschuss, der mit größtmöglicher Rücksicht auf die heterogenen rechtlichen und politischen Aspekte des Internationalen Kulturgüterschutzes in den verschiedenen Rechtsordnungen zusammengesetzt wurde[146], in

---

142 S. Reichelt, IPRax 1986, 73 (74), dies., in Dolzer/Jayme/Mußgnug, S. 70.

143 Reichelt, La protection internationale des biens culturels, UNIDROIT (Rom) 1986, C.D. 65 – Doc 11 = Unif. L. Rev. (1985 – I), 42–152; dies., in Neues Recht zum Schutze von Kulturgut, S. 59.

144 Reichelt, La protection internationale des biens culturels, UNIDROIT (Rom) 1988, C.D. 67 – Doc 8 = Unif. L. Rev. (1988 – I), 52–132.

145 Reichelt, La protection internationale des biens culturels, UNIDROIT (Rom) 1986, C.D. 65 – Doc 11 = Unif. L. Rev. (1985 – I), 42–152; dies., in Neues Recht zum Schutze von Kulturgut, S. 59.

146 Reichelt, in Dolzer/Jayme/Mußgnug, S. 67; dies., in Neues Recht zum Schutze von Kulturgut, S. 57.

drei Sitzungen[147] einen Vorentwurf für ein Übereinkommen über gestohlene oder rechtswidrig ausgeführte Kulturgüter.[148] Dieser wurde dann einem Komitee von Regierungssachverständigen vorgelegt, welches in vier Sitzungen[149] über den Entwurf beriet, diesen überarbeitete und umgestaltete. Am 8. Oktober 1993 verabschiedete die Regierungsexpertenkommission einen 2. Konventionsentwurf.[150] Dieser bildete die Grundlage für die Beratungen der diplomatischen Abschlusskonferenz, die 1995 in Rom stattfand. Dort kam es zur Finalisierung des UNIDROIT-Konventionstextes. Dieser blieb gemäß Art. 11 Abs. 1 bis zum 30. Juni 1996 zur Unterzeichnung offen, eine Zeitspanne, die 22 Staaten nutzten, um der Konvention umgehend beizutreten.[151] Am 1. Juli 1998 trat die Konvention in Kraft.

## 1.3. Ausgestaltung der UNIDROIT Konvention

### 1.3.1. Struktur

Die Konvention ist sehr klar strukturiert. Auf eine Präambel folgen 5 Kapitel, die insgesamt 21 Artikel umfassen. Das erste Kapitel ist dem sachlichen Anwendungsbereich der Konvention gewidmet, das zweite der Restitution gestohlener Kulturgüter, das dritte der Rückführung illegal exportierter Kulturgüter, während das vierte verfahrensrechtliche Fragen behandelt. Das fünfte schließlich beinhaltet die Schlussbestimmungen.

In diesem Aufbau findet sich bereits die erste besondere Stärke dieses Übereinkommens. Die Regelungen sollen klar und eindeutig sein und ihre Wirkung erkennbar durch eine übersichtliche und schlüssige Struktur untermauert werden.[152]

Die Verfasser haben sich auch für die konsequente Trennung von gestohlenem und illegal exportiertem Kulturgut entschieden, um den inhaltlichen Unterschieden dieser Tatbestände, sowie ihrer unterschiedlichen Rechtsnatur und schließ-

---

147 Im Dezember 1988, im April 1989 und im Januar 1990; s. Reichelt, in Dolzer/Jayme/Mußgnug, S. 67.

148 UNIDROIT 1990, Etude LXX-Doc.19, abgedr. in Prott, Commentary, S. 97 f. zur Zusammensetzung des Ausschusses s. dort S. 12.

149 Mai 1991, Januar 1992, Februar 993 und September 1993 – s. Prott, Unif.L.Rev. 1996-I, S. 61.

150 Draft UNIDROIT Convention on the international return of stolen or illegally exported cultural objects, abgedr. in Prott, Commentary, S. 101 f.

151 Bolivien, Burkina Faso, Elfenbeinküste, Finnland, Frankreich (ad referendum), Georgien, Guinea, Italien, Kambodscha, Kroatien, Litauen, Niederlande, Paraguay, Portugal, Rumänien, Pakistan, Peru, Russland, Schweiz, Senegal, Ungarn, Zambia.

152 Lalive, SZIER 1997, 28; Kindermann, Emory Int'l L. Rev. 1993, 504, 508.

lich auch den oben bereits angesprochenen unterschiedlichen Konflikten, die den Tatbeständen jeweils anhaften, gerecht zu werden und gezielt auf eine effektivere Behandlung der einzelnen Tatbestände hinzusteuern.[153] Um die Dualität der behandelten Gegenstände der Konvention zu unterstreichen, wurden auch unterschiedliche Bezeichnungen für sie gewählt:[154] *„restitution"* bei gestohlenem Kulturgut und *„return"* bei illegal exportiertem Kulturgut. Diese terminologische Trennung wurde – mit einigen wenigen Ausnahmen – konsequent in der Konvention umgesetzt.

Man muss jedoch unterstreichen, dass – auch wenn die Konvention zwei getrennte Rückführungsformen zum Gegenstand hat – sie dennoch als Ganzes gesehen werden muss und auch nur als Ganzes angenommen oder verworfen werden kann. Der Vorschlag einer *„opting out"* Klausel, die eine Wahlmöglichkeit zwischen dem Kapitel II und dem Kapitel III eröffnet hätte, wurde abgelehnt.[155] Auch Vorbehaltserklärungen sind gemäß Art. 18 nur zulässig, wenn die Konvention solche ausdrücklich erlaubt.

## 1.3.2. Anwendungsbereich

### 1.3.2.1. *Claims of international character*

Die Konvention ist gemäß Art. 1 Abs. 1 nur auf Ansprüche mit internationalem Charakter anwendbar. Mit dieser Formulierung soll klargestellt werden, dass die Konvention bei rein innerstaatlichen Sachverhalten keine Anwendung findet.[156] Offen lässt diese Formulierung jedoch, ob die Konvention in Fällen wie dem oben bereits dargestellten Fall *Winkworth vs. Christie's* anwendbar ist. Problematisch ist in diesem Fall, dass Klage schließlich in dem Staat erhoben wird in dem das Objekt gestohlen wurde. Einige Regierungsexperten sprachen sich gegen die Anwendbarkeit der Konvention in einem solchen Fall aus, da damit die Klage keinen internationalen Charakter mehr habe. Aber die besseren Gründe sprechen für eine Anwendbarkeit der Konvention sobald internationale Transaktionen den Fall bestimmen. Sonst würde durch die Konvention selbst eine Schutzlücke generiert, die effizient vom illegalen Kunsthandel zum „Reinwaschen" von Kulturgütern genutzt werden könnte. Genau solche Lücken zu schließen ist aber das Ziel von UNIDROIT.[157] So spricht sich denn auch der *Rapport Explicatif* zur Konvention für ihre Anwendbarkeit in ähnlich gelager-

---

153 So auch Droz, Rev. crit. dr. int. priv. 86 (1997) 243, 247, vgl. Lalive, Unif. L. Rev. 1996-I, 49.

154 Schneider, Rapport explicatif du secrétariat d'Unidroit, Unif. L. Rev. 2001, 489.

155 Lalive, Unif. L. Rev. 1996-I, 49.

156 Prott, Commentary, S. 22.

157 Prott, Commentary, S. 22.; Droz, Rev. crit. dr. int. priv. 86 (1997) 249; Lalive, Unif. L. Rev. 1996, 57; Kindermann, Emory Int'l L. Rev.1993, 504 f.

ten Fällen aus.[158] Tatsächlich wäre die Festlegung von *Reichelt* auf „grenzüberschreitende Sachverhalte“ hier wohl die genauere Formulierung gewesen.[159]

#### 1.3.2.2. Zeitlicher Anwendungsbereich

Die UNIDROIT Konvention entfaltet keine Rückwirkung. Sie gilt *ex nunc,* also nach Inkrafttreten in den jeweils betroffenen Staaten (Art. 10).

Bei gestohlenem Kulturgut bedeutet dies, dass die Konvention in dem Staat in dem Rückführungsklage erhoben wird, bereits zum Zeitpunkt des Diebstahls in Kraft gewesen sein muss, das Kulturgut aus einem Staat gestohlen wurde, nachdem die Konvention in Bezug auf diesen Staat in Kraft getreten war oder dass sich das Kulturgut zur Zeit der Klageerhebung in einem Staat befindet, in dem die Konvention anwendbares Recht ist (Art. 10 Abs. 1).

Zur Anwendbarkeit der Konvention bei illegal exportierten Kulturgütern ist der Zeitpunkt des illegalen Exports maßgeblich. Die Konvention muss sowohl im ersuchenden, als auch im ersuchten Staat zur Zeit der illegalen Ausfuhr des Kulturguts in Kraft gewesen sein, um im Hinblick auf die Rückführung dieses Kulturgutes anwendbar zu sein (Art. 10 Abs. 2).

### 1.3.3. Rechtsnatur

Erwähnenswert ist noch die Rechtsnatur der Konvention. Sie ist – im Gegensatz zum Beispiel zur UNESCO Konvention – ein Staatenvertrag der *self-executing* ist und somit keiner Umsetzung in das nationale Recht bedarf (Art. 12). Ihre Bestimmungen ersetzen im Verhältnis der Vertragsstaaten untereinander das einschlägige innerstaatliche materielle Recht. Völkerrechtliche Verträge, die Bestimmungen zum Kulturgüterschutz enthalten, bleiben von der Konvention allerdings unberührt (Art. 13 Abs. 1). Auch EU-Vorschriften zum Kulturgüterschutz können gemäß Art. 13 Abs. 3 vorrangig gelten, sofern dieses Vorrangigkeitsverhältnis in den einschlägigen Bestimmungen ausdrücklich erklärt wird.

## 1.4. Wirkungsbereich der Konvention – Stand der Ratifizierung

Die UNIDROIT Konvention ist bis zum heutigen Tag in 29 Staaten[160] geltendes Recht. Darunter befinden sich nur 11 der 22 ursprünglichen Unterzeichnerstaaten. Bis heute hat kein großer Importstaat die Konvention ratifiziert. In der

---

[158] Schneider, Rapport explicatif du secrétariat d'Unidroit, Unif. L. Rev. 2001, 495.

[159] Reichelt, in: Neues Recht zum Schutz von Kulturgut, S. 61.

[160] Afghanistan, Argentinien, Aserbaidschan, Bolivien, Brasilien, Kambodscha, China, Kroatien, Zypern Ekuador, El Salvador, Finnland, Gabun, Griechenland, Guatemala, Ungarn, Iran, Italien, Litauen, Neuseeland, Nigeria, Norwegen, Paraguay, Peru, Portugal, Rumänien,

Schweiz wurde erst vor kurzem die UNESCO Konvention in Form des im Juni 2005 in Kraft getretenen KGTG umgesetzt; mit der UNIDROIT Ratifizierung soll nach Regierungsangaben noch gewartet werden. Im französischen Parlament wurde bis 2002 aktiv an einer Ratifizierung gearbeitet. Im Januar 2002 wurden jedoch diese Bestrebungen plötzlich abgebrochen und auf unbestimmte Zeit ausgesetzt. In Deutschland wurde der Plan der Ratifizierung der UNIDROIT Konvention im Koalitionsvertrag der rot-grünen Regierungskoalition (2002–2005) festgeschrieben. Nach Angaben des Auswärtigen Amtes wurden jedoch in dieser Zeit keinerlei Schritte in Richtung Ratifizierung unternommen. Die folgende Regierung hat sich gegen eine Ratifizierung der UNIDROIT Konvention ausgesprochen.[161] Auch in den USA und in England wurde eine Ratifizierung vorerst abgelehnt. Die Zurückhaltung der Importstaaten ist mit ihrer Furcht im Hinblick auf die Konsequenzen einer Ratifizierung zu erklären. Denn die Konvention geht trotz ihrer kompromissbedingten Schwächen einen sehr weiten Schritt in die Richtung eines effektiven Kulturgüterschutzes.

## 2. Der Rückführungsanspruch von gestohlenem Kulturgut

Wenden wir uns nun dem eigentlichen Text der UNIDROIT Konvention zu und betrachten den Anspruch auf Rückgabe gestohlener Kulturgüter. Dieser wird in Kapitel II der Konvention – der aus den Artikeln 3 und 4 besteht – geregelt.

Mit bemerkenswerter Prägnanz und Entschlossenheit ordnet Art. 3 Abs. 1 an: „*The possessor of a stolen cultural object shall return it.*“

Dieses Prinzip der automatischen Restitution nach der „*nemo dat*“-Regel hat schon in einem frühen Stadium der Konventionsvorbereitungen breite Zustimmung gefunden.[162] Diese Regelung erschien als einziger realistischer Lösungsweg zur effektiven Bekämpfung des illegalen Kulturgüterhandels. Nur eine solche radikale Restitutionspflicht verspricht, *de facto* potentielle Käufer zu Vorsicht zu erziehen.[163] Für die Rechtsordnungen, die vorrangig den Handel und damit den

---

Slowakei, Slowenien und Spanien. (Stand Juni 2009). Aktuelle Liste der Vertragsstaaten unter : http://www.unidroit.org/english/implement/i-95.pdf.

[161] Siehe Motive des Gesetzgebers zum Entwurf eines Gesetzes zur Ausfühung des UNESCO-Übereinkommens vom 14.11.1970 über Maßnahmen zum Verbot und zur Verhütung der rechtswidrigen Einfuhr, Ausfuhr und Übereignung von Kulturgut (KGÜAG), BT-Drs. 155/06.

[162] Schneider, Rapport explicatif du secrétariat d'Unidroit, Unif. L. Rev. 2001, 503; Prott, Commentary, S. 29 f.

[163] UNIDROIT Doc. 18 – Summary report on the 3rd session of the Unidroit study group § 37; Schneider, Rapport explicatif du secrétariat d'Unidroit, Unif. L. Rev. 2001, 503; Prott, Commentary, S. 29 f.; Lalive, Unif. L. Rev. 1996-I, 50.

gutgläubigen Erwerber schützen, stellt die Einfügung dieses Prinzips eine bedeutsame Neuerung dar.

## 2.1. Anspruchsvoraussetzungen

### 2.1.1. Cultural Object

Erste Voraussetzung für das Bestehen dieses Rückführungsanspruchs ist, dass es sich bei dem betroffenen Kulturgut um ein „*cultural object*" im Sinne der Artt. 1 & 2 der Konvention handelt. Die Definition der geschützten Objekte ist – wie wir bereits gesehen haben – immer eine besonders sensible Angelegenheit. Auch die Definition in der UNIDROIT Konvention hat sich im Laufe der Entwicklung des Textes erheblich gewandelt und zugespitzt. Im Ergebnis wird sie dennoch von vielen Staaten immer noch als zu weitgehend empfunden.[164]

Art. 2 besagt: „*Cultural objects are those which are of importance for archaeology, prehistory, history, literature, art or science and belong to one of the categories listed in the Annex to this Convention.*"

Im Ergebnis entspricht die Kulturgutdefinition der UNIDROIT Konvention weitgehend derjenigen der UNESCO Konvention. Durch diese Korrelation der beiden Konventionen erhofften die Verfasser auch eine breitere Akzeptanz der UNIDROIT Konvention.[165] Ein wichtiger Unterschied besteht jedoch: die Objekte müssen nicht mehr von den Staaten speziell als nationales Erbe bezeichnet werden, um Schutz zu genießen. Diese Erweiterung der Definition basiert auf durchaus sinnvollen Erwägungen. Zum einen hat sich die Designation einzelner Kulturgüter zur Schutzgewährleistung im Lichte der Erfahrungen, die mit der UNESCO Konvention gesammelt wurden, als nicht unbedingt zweckmäßig erwiesen. In Staaten wie zum Beispiel den USA oder England, in denen solche Klassifizierungen nicht (wie beispielsweise in Frankreich) bereits seit langem üblich waren, wurde faktisch durch dieses System nur eine ganz geringe Anzahl an Kulturgütern geschützt. So haben sich durch das Designationserfordernis uneinheitliche und insbesondere im Hinblick auf Privateigentümer lückenhafte Schutzbereiche herausgebildet. Zum anderen wäre diese Beschränkung des Schutzes auf einseitig vom Staat zu nationalem kulturellem Erbe deklarierte Objekte auch nicht mehr mit dem Ziel der UNIDROIT Konvention, nämlich der Erweiterung des Schutzes privater Eigentümer, vereinbar gewesen.[166]

---

164 Siehe Prott, Commentary, 27 m.w.N.

165 Schneider, Rapport explicatif du secrétariat d'Unidroit, Unif. L. Rev. 2001, 499; Lalive, SZIER 1997, 31.

166 Schneider, Rapport explicatif du secrétariat d'Unidroit, Unif. L. Rev. 2001, 501; Droz, Rev. crit. dr. int. priv. 86 (1997) 250; Turner, S. 168.

Daher rührt auch der in der letzten Abstimmung zum Konventionstext beschlossene[167] bemerkenswerte Verzicht auf die Erforderlichkeit einer „besonderen“ oder „herausragenden“ Bedeutung des Gutes,[168] trotz der Forderung mancher Länder nach einer dahingehenden Einschränkung.[169] Die Konvention ordnet lediglich an, das Gut solle „von Wichtigkeit“ („of importance“) sein.

Hierbei muss man jedoch festhalten, dass der weite Kulturgutbegriff, wie er in Art. 2 beschrieben ist, uneingeschränkt nur für gestohlene Kulturgüter gilt – demnach für den Teil der Konvention, der sich auch Interessen von Privateigentümern zuwendet. Für illegal exportiertes Kulturgut stellt Art. 5 zusätzlich zu erfüllende Kriterien auf. Dies beruht auf der Tatsache, dass der Diebstahl eines Kulturgutes – im Gegensatz zu seinem illegalen Export – als universell zu ahnender Rechtsverstoß anerkannt ist. Daher war ein Konsens über einen weiten Schutzbereich im Rahmen von Diebesgutrückführungen leichter zu erzielen. Die Rückführung illegal exportierter Kulturgüter hingegen zwingt im Ergebnis die Staaten zur Anwendung und Durchsetzung fremder Exportvorschriften. Daher war die Bereitschaft der meisten Länder deutlich geringer, dahingehend einen ausgedehnten Schutz zuzulassen.[170]

Abschließend kann man festhalten, dass diese Definition nur „*for the purposes of this convention*“ gilt. Vor diesem Hintergrund lässt sich sagen, dass ein überzeugender und für alle akzeptabler Kompromiss im Sinne einer differenzierten Schutzbereichsabgrenzung gefunden wurde.

### 2.1.2. Stolen

Das betroffene Kulturgut muss gestohlen worden sein. Die Konventionsverfasser haben sich gegen eine Definition des Diebstahls an dieser Stelle entschieden, um den Gerichten des ersuchten Staates die Entscheidung zu überlassen, eigenes Recht oder das fremde Recht, das es nach den eigenen Vorschriften des IPR als maßgeblich ansieht, insofern anzuwenden.[171] Der ursprüngliche Eigentümer hat lediglich den Nachweis zu erbringen, dass ihm das Kulturgut gestohlen wurde.[172]

---

167 Reichelt, Neues Recht zum Schutz von Kulturgut, 1997, 63.

168 Schneider, Rapport explicatif du secrétariat d'Unidroit, Unif. L. Rev. 2001, 499; Droz, Rev. crit. dr. int. priv. 86 (1997) 250; Prott, Unif. L. Rev. 1996, 62; Turner, S. 168.

169 Lalive, SZIER 19977, 30, der als Beispiele Deutschland und Schweden zitiert.

170 Schneider, Rapport explicatif du secrétariat d'Unidroit, Unif. L. Rev. 2001, 499; Prott, Commentary, S. 28; UNIDROIT Doc. 48 – Committee of Governmental Experts-Report of the fourth session, (29.9.–8.10.1993) §§ 52, 100–102, 105–108.

171 Prott, Commentary, S. 31; Lalive, SZIER 1997, 32 f.

172 Schneider, Rapport explicatif du secrétariat d'Unidroit, Unif. L. Rev. 2001, 503.

Fraglich ist, ob die Konvention auch auf Fälle anwendbar ist, in denen ein Kulturgut in einem Nicht-Vertragsstaat gestohlen wird, während es sich zum Beispiel dort in einer Ausstellung befindet. Gemäß Art. 10 Abs. 1 muss der Diebstahl auch nicht zwingend in einem Vertragsstaat stattgefunden haben. Vielmehr reicht es zur Anwendbarkeit der Konvention, wenn das gestohlene Gut sich in einem Vertragsstaat befindet, nachdem die Konvention in diesem Staat in Kraft getreten ist. Umgekehrt reicht es auch zur Anwendbarkeit aus, dass das Gut in einem Vertragsstaat gestohlen wurde. Das betroffene Gut muss dann nicht in einem Vertragsstaat belegen sein.[173] Problematisch kann dann allerdings die Durchsetzung werden.

Schließlich stellt sich noch die Frage nach der Anwendbarkeit der Konvention auf Fälle, in denen das Kulturgut in einem Vertragsstaat gestohlen wird, aber in demselben Vertragsstaat gutgläubig erworben und dann erst ausgeführt wird. Ein ursprünglicher Privateigentümer kann in einer solchen Situation kein Rückgabebegehren auf die Konvention stützen. Wenn ein gutgläubiger Erwerb in dem Land stattfindet, in dem das Gut gestohlen wurde, so ist dies ein rein innerstaatlicher Fall, auf den die Konvention nicht anwendbar ist, da sie sich nur auf Fälle internationalen Charakters bezieht. Erst beim Export bekommt der Fall einen internationalen Bezug, dann gilt das Gut in Augen der Konvention aber bereits nicht mehr als gestohlen.[174] Hier könnten dann lediglich die Vorschriften zur illegalen Ausfuhr Anwendung finden.

### 2.1.3. Archäologische Funde (Art. 3 Abs. 2)

Im Laufe der Erarbeitung der Konvention stellte sich den Verfassern ein weiteres Problem, nämlich das der gravierenden Plünderung archäologischer Stätten. Mit ihr geht ein unersetzbarer Verlust von historischen und wissenschaftlichen Informationen einher. Eine Lösung dieser Problematik schien besonders dringlich, da bis dahin noch kein internationales Instrument sich dieses Problemkreises angenommen hatte. Insbesondere die UNESCO Konvention von 1970 hatte aus illegalen Ausgrabungen stammende archäologische Güter aus ihrem Anwendungsbereich gänzlich ausgeschlossen.[175] Während der Erarbeitung des Regierungsexpertenentwurfs wurde daher beschlossen, dieses Problem einer Lösung zuzuführen. Infolgedessen wurden dieses Ziel und das ihm beigemessene Gewicht in der Präambel festgeschrieben.[176] Unklar blieb zunächst noch, ob man

---

[173] Droz, Rev. crit. dr. int. priv. 86 (1997) 271 f. mit einleuchtenden Beispielfällen.

[174] Siehr, Unif.L.Rev. 1998, 675.

[175] Durch das Erfordernis der Inventarisierung der geschützten Güter in Art. 7.

[176] „(...) *Deeply concerned by the illicit trade in cultural objects and the irreparable damage frequently caused by it, both to these objects themselves and to the cultural heritage of national,*

archäologische Objekte aus illegalen Ausgrabungen den Vorschriften zum Schutz gestohlener Kulturgüter oder denen zu illegal exportierten Gütern unterstellen sollte.[177] Man entschied sich für deren ausdrückliche Aufnahme in den Schutzbereich gestohlener Kulturgüter, während der Schutzbereich illegal exportierter Kulturgüter so gehalten wurde, dass er auch Objekte aus illegalen Ausgrabungen umfassen könnte.[178]

Folglich wurde in Art. 3 Abs. 3 festgelegt, dass rechtswidrig ausgegrabenes oder rechtmäßig ausgegrabenes, jedoch rechtswidrig einbehaltenes Kulturgut als gestohlen gilt. Ergänzt wurde dies allerdings durch die Einschränkung: „*when consistent with the laws of the State where the excavation took place*".[179] Dies sollte jedoch regelmäßig der Fall sein, da Art. 3 Abs. 2 im Grunde dem geltenden Recht in vielen betroffenen Staaten entspricht. In stark von archäologischen Plünderungen gezeichneten Ländern finden sich viele Regelungen, nach denen alle antiken Objekte, die sich im staatlichen Boden befinden, auch staatliches Eigentum sind,[180] von dem die Staaten allerdings oft erst nach illegaler Ausgrabung und illegalem Export erfahren.[181]

Mittels der doppelten Berücksichtigung durch die Konvention wird archäologischen Objekten faktisch ein sehr umfassender Schutz gewährt. Denn im Ergebnis bleibt es dem ersuchenden Staat überlassen, flexibel je nach den Gegebenheiten des Einzelfalles zu entscheiden, unter welchen Voraussetzungen er Klage einreichen will bzw. kann. Grundsätzlich bietet die Lösung über Art. 3 dank dessen Ausdrücklichkeit und Klarheit den zugänglicheren Schutz. Allerdings dürfte oftmals der Nachweis der Illegalität der Ausgrabung (also des Diebstahls in diesem Sinne) schwieriger zu erbringen sein als derjenige der illegalen Ausfuhr des Gutes (der zum Beispiel bereits über ein fehlendes Exportzertifikat gelingen

---

*tribal or indigenous or other communities, and also the heritage of all peoples, and in particular by the pillage of archaeological sites and the resulting loss of irreplaceable archaeological, historical and scientific information(...)*" Auszug aus der Präambel der UNIDROIT Konvention.

177 Schneider, Rapport explicatif du secrétariat d'Unidroit, Unif. L. Rev. 2001, 505; Lalive SZIER 1997, 33 f.

178 Prott, Unif. L. Rev. 1996, 65.

179 Lalive, Unif. L. Rev. 1996-I, 52, der diesen nicht ganz einleuchtenden Zusatz dem Willen der Verfasser zuschreibt, nicht „päpstlicher als der Pabst" sein zu wollen („plus royaliste que le roi").

180 So zum Beispiel Griechenland, Italien, Ägypten, Libyen, die Türkei, der Iran und zahlreiche lateinamerikanische Staaten (Droz Rev. crit. dr. int. priv. 86 (1997) 256); siehe hierzu auch: Schneider, Rapport explicatif du secrétariat d'Unidroit, Unif. L. Rev. 2001, 505 f.; Lalive, Unif. L. Rev. 1996-I, 53 mit Verweis auf Richard Crewdson's Ausführungen während einer Konferenz des Art Loss Register.

181 Lalive, SZIER 1997, 34: ders., in: Unif. L. Rev. 1996-I, 52; Droz, Rev. crit. dr. int. priv. 86 (1997) 256.

kann).[182] In einer solchen Situation steht dem ersuchenden Staat noch der zwar etwas steinigere, aber dennoch Erfolg versprechende Weg über den illegalen Export offen.

Im Ergebnis scheint diese umfassende Regelung im Lichte der erschreckenden Ausmaße des Problems durchaus angemessen. Sie verspricht auch eine konkrete Besserung der Lage, nicht zuletzt auch im Hinblick auf die von der UNIDROIT Konvention angestrebte Moralisierung des Kunsthandels durch resolute Bekämpfungsmaßnahmen.

### 2.1.4. Anspruchsinhaber und Anspruchschuldner

Der Rückgabeanspruch von gestohlenem Kulturgut kann direkt vom bestohlenen Eigentümer geltend gemacht werden, auch wenn dieser eine Privatperson ist. Darin findet sich vielleicht die bemerkenswerteste Neuerung, die die UNIDROIT Konvention mit sich bringt. Tatsächlich enthält keine der UNIDROIT vorangegangenen Rückführungsregelungen eine solche Aktivlegitimation für private Eigentümer. Bislang konnte im Rahmen von Rückführungsklagen nach der UNESCO Konvention oder der noch zu behandelnden EU-Richtlinie 93/7, bzw. deren Umsetzungsgesetzen, immer nur der Staat tätig werden – sei dies vor Gericht oder auf diplomatischem Weg. Die UNIDROIT Konvention hatte, wie wir bereits gesehen haben, unter anderem eine Verbesserung des Schutzes privater Eigentümer zum Ziel. Daher hat man sich konsequenterweise von vornherein dafür entschieden, dem betroffenen Privateigentümer ein eigenes Klagerecht einzuräumen. Allerdings gilt dies nur in Bezug auf gestohlenes Kulturgut. Die Rückführung illegal exportierter Kulturgüter bleibt eine rein staatliche Angelegenheit. Anspruchsschuldner ist der „*possessor,*“ also derjenige, der das Kulturgut in Besitz hat.

## 2.2. Anordnung der Rückgabe

Liegen die Voraussetzungen aus Art. 3 Abs. 1, 2 vor, so hat das zuständige Gericht die „*restitution*“ anzuordnen. Begünstigter der Rückgabe soll laut der Berichte des Expertenausschusses die „*dispossessed person*“ sein.[183] Dabei liegt es im Ermessen des zuständigen Gerichtes zu entscheiden, wer dies sein soll. Regel-

---

182 Schneider, Rapport explicatif du secrétariat d'Unidroit, Unif. L. Rev. 2001, 505; Prott, Unif.L.Rev. 1996, 65.

183 UNDROIT Doc. 39 – Committee of Governmental Experts – Report on the 3rd session 1993 – § 44; UNIDROIT Doc. 48 – Committee of Governmental Experts – Report on the 4th session 1993 – § 71; Prott, Commentary, S. 32; Schneider, Rapport explicatif du secrétariat d'Unidroit, Unif. L. Rev. 2001, 503.

mäßig wird es der ursprüngliche Eigentümer sein, denkbar ist aber auch die Rückgabe zum Beispiel an ein Museum, dem das Gut vor dem Diebstahl leihweise überlassen war, oder an einen Pfandgläubiger.[184]

## 2.3. Compensation

Die Rückgabe kann jedoch von der Zahlung einer angemessenen Entschädigung an den Rückgabeverpflichteten abhängig gemacht werden. Gemäß Art. 4 ist eine „*fair and reasonable compensation*" zu zahlen, sofern der *possessor* weder wusste noch hätte wissen müssen, dass das Gut gestohlen war und er beweisen kann, dass er beim Erwerb des Gutes mit der erforderlichen Sorgfalt („*due diligence*") gehandelt hat (Art. 4 Abs. 1).

### 2.3.1. Ziel der Vorschrift

Ursprünglich sollte dem rückgabeverpflichteten Besitzer kein Recht auf *compensation* eingeräumt werden.[185] Aber die automatische Verpflichtung zur Rückgabe gestohlener Kulturgüter auch für den gutgläubigen Erwerber stellte bereits an sich eine beachtliche Neuerung für viele Rechtsordnungen dar. Diese durchzusetzen ohne wenigstens dem gutgläubigen Erwerber einen Ausgleich zu bieten, wäre in manchen Staaten politisch und verfassungsrechtlich kaum denkbar gewesen.[186] Daher wurde als Kompromisslösung ein Entschädigungsrecht eingeführt, dieses aber auf die Situation beschränkt, in der der Erwerber seinen guten Glauben beweisen kann.[187] So hoffte man auch mit der in Aussicht gestellten entschädigungslosen Rückgabeverpflichtung bei mangelnder Sorgfalt, den Käufern einen Anreiz zu bieten, sich genauestens über Herkunft usw. der Objekte zu informieren und bei Fehlen der nötigen Informationen von einem Kauf abzusehen. Dies wiederum sollte die Händler und Auktionshäuser zur Preisgabe ihrer Informationen zwingen und auf lange Sicht eventuell sogar grundsätzlich von der Hehlerei abschrecken.[188] Mit dieser angestrebten Moralisierung des Kunsthandels durch strenge Rückgabevorschriften soll das Problem des illegalen Handels im Kern angegangen und bekämpft werden, so dass es auf lange Sicht nur noch zu wenigen Rückführungen kommen müsste.

---

[184] UNDROIT Doc. 39 – Committee of Governmental Experts – Report on the 3rd session 1993 – § 44; Prott, Commentary, S. 32; Schneider, Rapport explicatif du secrétariat d'Unidroit, Unif. L. Rev. 2001, 503; Lalive, SZIER 1997, 33.

[185] Viele Entwicklungsländer fürchteten um die Höhe solcher Entschädigungen, die sie faktisch doch an der Rückführung ihrer Kulturgüter hindern würde.

[186] Siehe zu dieser Diskussion Lalive, SZIER 1997, 35 f. Vgl. auch Prott, Unif. L. Rev. 1996, 68.

[187] Droz, Rev. crit. dr. int. priv. 86 (1997) 254.

[188] Lalive, SZIER 1997, 38, 40; Schneider, Unif. L. Rev. 2001, 517.

## 2.3.2. Voraussetzungen eines Anspruchs auf Entschädigung

Um einen Anspruch auf Entschädigung geltend zu machen, muss der Besitzer des Kulturgutes zwei Bedingungen erfüllen. Der Käufer muss beweisen, dass er einerseits nicht wusste, dass es sich beim Kulturgut um Diebesgut handelt und dass andererseits dieses Unwissen nicht auf einem Mangel an Sorgfalt auf seiner Seite beruhte.

Um Verwirrungen bzw. unterschiedlichen Interpretationen vorzubeugen, wurde vom Gebrauch der national sehr unterschiedlich geprägten Begriffe der *bona fide* oder des *gutgläubigen Erwerber* ganz abgesehen.[189] Stattdessen findet sich in der Konvention das Konzept der „*due diligence.*" Dieses Konzept soll in diesem Kontext autonom im Sinne der Konvention ausgelegt werden.[190] Um hier eine relativ einheitliche Auslegung dieses Begriffs zu gewährleisten, wurde in Art. 4 Abs. 4 eine Liste von Parametern aufgestellt, die einige Eckpunkte in Bezug auf die *due diligence* im Kontext der Konvention festlegen soll und diesen Terminus mehr erklärend als definierend umschreibt.[191]

So heisst es dort: „*regard shall be had to all the circumstances of the acquisition, including the character of the parties, the price paid, whether the possessor consulted any reasonably accessible register of stolen cultural objects, and any other relevant information and documentation which it could reasonably have obtained and whether the possessor consulted accessible agencies or took any other step that a reasonable person would have taken in the circumstances.*"[192]

Diese Aufzählung ist nicht abschließend, sie soll lediglich einige Richtwerte für die möglichst objektive Beurteilung der Frage nach dem Vorliegen der erforderlichen Sorgfalt etablieren.[193] Die Auslegung dieser Kriterien liegt im Ermessen des angerufenen Gerichts. Die Verfasser der Konvention wollten jedoch unterstreichen, dass die mangelnde Sorgfalt der Käufer beim Erwerb gestohlener Güter und deren Hinwegsehen über dubiose Herkunftsangaben durch die Händler ein Kernelement des illegalen Handels mit Kulturgütern darstellt, welches diesen maßgeblich vereinfacht. So sollen im Sinne der Konvention zur Beurteilung der Sorgfalt des Käufers strenge Maßstäbe angelegt werden.[194] Daher liegt auch die Beweislast für das Vorliegen der *due diligence* beim Kauf beim Besitzer.

---

189 Lalive, SZIER 1997, 35.

190 Schneider, Unif. L. Rev. 2001, 517.

191 Lalive, SZIER 1997, 37.

192 Vgl. Kommentierung der Kriterien bei Prott, Commentary S. 46 ff.

193 Prott, Commentary S. 51.

194 Vgl. hierzu Prott, Commentary S. 46 ff.

Für den Fall, dass der Besitzer das gestohlene Gut geerbt oder in sonstiger Weise unentgeltlich erlangt hat, gilt Art. 4 Abs. 5. Demnach muss sich in einem solchen Fall der Besitzer das Verhalten und Wissen von seinen Rechtsvorgängern zurechnen lassen. Durch Schenkungen an Private hoffen Sammler oft, die gestohlenen Güter wieder dem legalen Markt zuführen zu können.[195] Diese Vorschrift begegnet auch der Situation, in der ein Sammler ein Objekt erwirbt, dessen suspekte Herkunft erahnend und es dann zur Steuerersparnis an ein Museum schenkt. Durch das Annehmen solcher Spenden können Museen ihre Ankaufsvorschriften umgehen, die sie am Kauf Objekte zweifelhafter Herkunft hindern würde.[196] Die Konvention wollte auch diese Lücke schließen.

### 2.3.3. Höhe der Entschädigung

Liegen die Voraussetzungen für eine Entschädigung vor, stellt sich noch die Frage nach ihrer Höhe. Die Konvention bestimmt lediglich sie solle „*fair and reasonable*" sein. Entschädigt wird der Verlust des Besitzes oder des Eigentums am Kulturgut, je nachdem ob der *possessor* nach dem anwendbaren Recht wirksam Eigentume erwerben konnte oder nicht.[197]

Denkbar sind, wie oben erläutert, mehrere Berechnungsgrundlagen für eine Entschädigung: zum einen der Wert des Objekts zur Zeit des gutgläubigen Erwerbs (im Endeffekt der Kaufpreis), zum anderen der Marktwert des Objekts zur Zeit der Geltendmachung des Rückführungsbegehrens.

Diese beiden Optionen waren im Vorentwurf wörtlich genannt. Diese Formulierung wurde jedoch im weiteren Verlauf für „*equitable sum which should exeed neither the price paid nor the actual value*", später für „*equitable compensation*" und schließlich für „*fair and reasonable*" aufgegeben.[198] Man wollte es ganz im Ermessen des zuständigen Richters belassen, die Höhe der Entschädigung je nach den Umständen des Einzelfalles zu beziffern.[199]

Von einer Bestimmung nach dem „aktuellen" Wert des Kulturguts ist aber, wie oben bereits besprochen, aufgrund der möglichen Ermutigung zu Spekulationen abzuraten. Der gutgläubige Erwerber soll entschädigt werden, aber keinen Profit machen. Am besten geeignet scheint der Kaufpreis als Berechnungsgrundlage für die Entschädigung. Denkbar ist die Berücksichtigung der Inflationsrate und der vom *possessor* getätigten Aufwendungen.[200]

---

[195] Droz, Rev. crit. dr. int. priv. 86 (1997) 256; Schneider, Unif. L. Rev. 2001, 525.

[196] Droz, Rev. crit. dr. int. priv. 86 (1997) 256; Schneider, Unif. L. Rev. 2001, 525.

[197] Siehr, Unif. L. Rev. 1998, 676 f.; Schneider, Unif. L. Rev. 2001, 519.

[198] Zu den Befürchtungen der einzelnen Staaten in diesem Kontext s. Lalive, SZIER 1997, 36.

[199] Lalive, SZIER 1997, 36; Schneider, Unif. L. Rev. 2001, 519.

[200] Schneider, Unif. L. Rev. 2001, 519.

### 2.3.4. Wer zahlt die Entschädigung?

Die Entschädigung ist gemäß Art. 4 Abs. 1 Zug um Zug gegen die Rückgabe des Gutes zu entrichten.

Fraglich ist noch, wer die Entschädigung schuldet. Zunächst waren sich die Regierungsexperten einig, dass primär nicht der bestohlene Eigentümer diesbezüglich in Anspruch genommen werden sollte. Die Errichtung eines Fonds zu diesem Zweck wurde diskutiert, dieser Gedanke konnte sich jedoch nicht durchsetzen. Im Ergebnis wurde nach langen Verhandlungen schließlich beschlossen, dem gutgläubigen *possessor* ein absolutes Recht auf Entschädigung zuzusprechen. Zur Zahlung der Entschädigung soll in erster Linie derjenige verpflichtet werden, der dem gutgläubigen Erwerber das Eigentum verschafft hat, oder jeder frühere an dem Rechtserwerb des gestohlenen Gutes Beteiligte. Art. 4 Abs. 2 besagt: „*reasonable efforts shall be made to have the person who transferred the cultural object to the possessor, or any prior transferor, pay the compensation.*" Art. 4 Abs. 3 besagt, dass im Falle der Inanspruchnahme des Klägers bezüglich der Entschädigung, dessen Regressansprüche gegen die früheren „*transferors*" unberührt bleiben.[201] Indirekt geht aus diesen Formulierungen hervor, dass im Falle eines Scheiterns der *reasonable efforts*, letztlich doch der Kläger, also der ursprüngliche Eigentümer, zur Zahlung verpflichtet ist.

Angesichts der doch sehr vorsichtigen Verpflichtung zu „*reasonable efforts*", einen anderen Verantwortlichen in Anspruch zu nehmen, wird es wohl faktisch in den meisten Fällen zu einer Inanspruchnahme des Klägers kommen.[202] Dieser wird dann selbst versuchen müssen, Regress bei den Verantwortlichen zu nehmen.

Die Verteilung der weiteren Kosten des Verfahrens richtet sich nach dem Recht des Staates, in dem geklagt wurde.

### 2.3.5. Art. 9

Abschließend zur Entschädigung ist noch die Vorschrift des Art. 9 zu nennen. Gemäß Art. 9 Abs. 1 steht es jedem Staat frei, seine nationalen Bestimmungen im Hinblick auf eine Rückgabe anzuwenden, sofern diese für eine Rückführung günstiger sind als diejenigen der Konvention. Diese äußerst wichtige Vorschrift

---

[201] Der genaue Sinn dieser Vorschrift, außer der oben genannten impliziten Klarstellung der *in Anführungsstrichen* „subsidiären" Verpflichtung des Klägers, bleibt unklar, denn es ist nicht ersichtlich, wie die Zahlung der Entschädigung die Geltendmachung möglicher Regressansprüche des Klägers gegen den Dieb oder weitere Beteiligte verhindern sollte.

[202] Droz, Rev. crit. dr. int. priv. 86 (1997) 256.

wirkt sich bei gestohlenen Kulturgütern in erster Linie auf den Ebenen der *compensation* und der Verjährung – zu der wir gleich kommen werden – aus.

In Bezug auf die *compensation* bedeutet dies, dass wenn vom zuständigen Gericht des ersuchten Staates eine Rechtsordnung für maßgeblich befunden wird, in der keine Entschädigung des gutgläubigen Erwerbers vorgesehen ist, das Gericht dann entscheiden kann, dass bei der Rückführung keine Entschädigung geschuldet wird.[203] Ein Beispiel ist hier zur Veranschaulichung hilfreich: Stellen wir uns vor, ein Kulturgut wird in Italien gestohlen, in Deutschland an einen gutgläubigen Erwerber weiterverkauft und von diesem wiederum nach Italien in eine Auktion gegeben. Dort entdeckt es der ursprüngliche Eigentümer und klagt vor den italienischen Gerichten auf Rückgabe. Gemäß der Situs-Regel wird das italienische Gericht deutsches Recht auf den Rechtserwerb anwenden. Das deutsche Recht schützt keinen gutgläubigen Erwerb von gestohlenen Sachen, sodass nach deutschem Recht trotz der Gutgläubigkeit des Käufers keine Entschädigung geschuldet wird. Hier kann das italienische Gericht nach Art. 9 Abs. 1 entscheiden, dass das Gut an den italienischen ursprünglichen Eigentümer entschädigungslos zurückgegeben werden muss. Kehrt man diesen Fall um, und nimmt einen deutschen ursprünglichen Eigentümer, dessen gestohlenes Gut in Italien an einen gutgläubigen Käufer weiterveräußert wird, so kommt man zum entgegengesetzten Ergebnis, da im dann anwendbaren italienischen Recht ein gutgläubiger Erwerb von gestohlenem Kulturgut ohne weiteres möglich ist. Hier müsste dem gutgläubigen italienischen Käufer gemäß Art. 3,4 der UNIDROIT Konvention eine *compensation* gezahlt werden.

Die Bestimmung des Artikel 9 basiert auf dem Gedanken, dass die UNIDROIT Konvention lediglich ein Mindestmaß an gemeinsamen Vorschriften zum Schutz von Kulturgut aufstellen will, aber dabei die Staaten, die bereits günstigere Vorschriften im Sinne des Kulturgüterschutzes anwenden, nicht in ihrem Schutzbestreben einschränken soll.[204]

## 2.4. Verjährung

In Art. 3 sind die auf die Restitutionsklage anwendbaren Verjährungsfristen geregelt. Die Regelung der Verjährungsfristen hat sich als besonders heikel erwiesen, einerseits wegen der sehr unterschiedlichen Ansätze in den einzelnen Rechtsordnungen in dieser Hinsicht, andererseits wegen des Konflikts zwischen Import- und Exportländern (wobei die einen zum Schutz ihres kulturellen Erbes

---

203 Droz, Rev. crit. dr. int. priv. 86 (1997) 269 f.; Prott, Unif.L.Rev. 1996, 68.

204 Muss aber in einem anderen Land vollstreckt werden, kann dieses seinen ordre public der Vollstreckung ohne Entschädigung entgegensetzen (dahingehend wohl auch der Inhalt von Art. 9 II gemeint) so: Droz, Rev. crit. dr. int. priv. 86 (1997) 270.

sehr lange, die anderen aus Gründen des Verkehrsschutzes eher kurze Fristen anstrebten).[205]

Zu dieser Frage wurde ein in zweierlei Hinsicht sinnvoller Kompromiss gefunden: zum einen entschieden sich die Verfasser für eine unterschiedliche Regelung der Verjährungsfristen für gestohlene und illegal exportierte Güter, zum anderen wurde jeweils eine Kombination aus relativen und absoluten Verjährungsfristen erarbeitet.

In Bezug auf gestohlene Kulturgüter verjährt der Rückgabeanspruch gemäß Art. 3 grundsätzlich 3 Jahre nach dem Moment, in dem der Kläger Kenntnis des Belegenheitsort der Sache UND der Identität des *possessors* erlangt hat, bzw. 50 Jahre nach dem Diebstahl.

Diskutiert wurde auch, ob die Verjährungsfrist nicht erst ab der positiven Kenntnis des Ortes oder des Besitzers, sondern bereits ab dem „Kennenmüssen" dieser durch den Eigentümer beginnen sollte, bzw. ob man nicht dem ursprünglichen Eigentümer eine ähnliche Pflicht zur „*due diligence*" aufbürden sollte, wie sie nun auch den Käufer trifft.[206] Man wollte nach dem Vorbild der „*discovery rule*" neben dem Käufer auch den Eigentümer in die Pflicht nehmen zu handeln und Erforschungen anzustellen und seinen Schutz vermindern, wenn er sich nicht aktiv um die Wiederbeschaffung des Gutes bemühe und vielmehr „auf seinem Recht schliefe".[207] Letztlich entschied man sich jedoch gegen diese Regelung mit der Begründung, dass sie lediglich den ursprünglichen Eigentümer benachteiligen würde, ohne jedoch eine hemmende Wirkung auf den illegalen Handel ausüben zu können. Und auf letzteres komme es der Konvention vorrangig an.[208] Zudem wurde befürchtet, dass aufgrund der Unbestimmtheit der Begriffe in dieser Hinsicht der Schutz auf dieser Grundlage zu stark eingeschränkt werden könnte.[209]

Für Kulturgüter, die Bestandteil eines identifizierten Denkmals, einer archäologischer Stätte oder einer öffentlichen Sammlung – wie in Art. 3 Abs. 7 definiert – sind, gilt nur die relative Verjährungsfrist von 3 Jahren ab Kenntnis des Belegenheitsortes der Sache UND der Identität des „*possessor.*" (Art. 3 Abs. 4)

Den Vertragstaaten bleibt es gemäß Art. 3 Abs. 5 frei, unbeschadet der relativen Verjährung, in diesen Fällen eine absolute Verjährungsfrist von 75 Jahren ab Diebstahl einzuführen, die allerdings dann auch ihnen entgegengesetzt wird.

---

[205] Prott, Unif. L. Rev. 1996, 66.

[206] Vgl. Prott, Commentary, 37; Schneider Unif. L. Rev. 2001, 509.

[207] Zur „discovery rule", zum Ausdruck „*sleep on his rights*" sowie zu dieser Problematik vgl. Kinderman, Emory Int'l L. Rev. 1993, 481 f.

[208] Vgl. Schneider, Unif. L. Rev. 2001, 517.

[209] Prott, Commentary, 37; Schneider Unif. L. Rev. 2001, 509.

Wollen sie von diesem Recht Gebrauch machen, muss dies bei Ratifikation erklärt werden (Art. 3 Abs. 6).

Ferner unterliegen der Verjährungsfrist für Objekte aus öffentlichen Sammlungen auch Klagen auf Rückgabe von sakralen oder für eine Gemeinschaft bedeutungsvolle Kulturgüter, die einer Eingeborenengemeinschaft in einem Vertragsstaat gehören und von ihr als Teil eines traditionellen oder rituellen Brauchs verwendet werden (Art. 3 Abs. 8).

Insgesamt verstärken diese für den Kläger großzügigen Verjährungsfristen in Bezug auf gestohlenes Kulturgut den Schutz durch die Konvention. Aber der eben besprochene Art. 9 findet auch auf die Verjährungsvorschriften Anwendung. So können die Staaten in denen für die Restitution günstigere Verjährungsregeln gelten, diese auch anwenden.

## 3. Der Rückgabeanspruch von illegal ausgeführtem Kulturgut

Die Rückgabe von illegal exportiertem Kulturgut ist in Kapitel 3 (Artt. 5–7) der UNIDROIT Konvention geregelt.

### 3.1. Anspruchsvoraussetzungen

#### 3.1.1. Cultural Object

Erste Voraussetzung für das Vorliegen des Rückgabeanspruchs an illegal exportiertem Kulturgut ist, dass es sich bei dem betroffenen Objekt um ein „*cultural object*“ im Sinne des oben erläuterten Art. 2 handelt.

#### 3.1.2. Illegally exported from the territory of a requesting State

Dieses Kulturgut muss illegal aus dem Hoheitsgebiet eines Vertragsstaates exportiert worden sein.

Aufgrund des besonders innovativen Charakters der Regelungen dieses Kapitels, die im Ergebnis die Vertragsstaaten entgegen dem üblichen Grundsatz der Nichtanwendbarkeit fremden öffentlichen Rechts zur Anwendung ausländischen öffentlichen Rechts zwingen, wurden die gesamten Regelungen dieses Abschnittes mit besonderer Vorsicht erarbeitet. So wurde auch einer möglichst genauen Begriffsbestimmung in diesem Kontext von vornherein großes Gewicht beigemessen.[210] Insbesondere über den Begriff des illegalen Exports wurde ausführ-

---

[210] Schneider, Unif. L. Rev. 2001, 495 f.

lich debattiert.[211] Man entschied sich für folgende Definition: gemäß Art. 1 b gilt als illegal exportiert jedes Kulturgut „*removed from the territory of a Contracting State contrary to its law regulating the export of cultural objects for the purpose of protecting its cultural heritage.*“

Bemerkenswert ist dabei, dass der Export eines Kulturgutes nur dann als illegal im Sinne der Konvention anzusehen ist, wenn er gegen nationale Exportvorschriften verstößt, die zum Schutz des nationalen kulturellen Erbes dienen. An dieser Regelung wurde viel Kritik geübt. Zum einen weil sie den Schutzbereich erheblich einzuschränken scheint, da die Mehrzahl der Exportvorschriften eher der Zurückbehaltung als dem faktischen Schutz der Kulturgüter dient; Zum anderen wegen ihrer Undeutlichkeit, denn die Konvention enthält keine Definition des nationalen kulturellen Erbes, so dass unklar bleibt, worauf genau der Schutz abzielen soll. Befürchtet wurde hier, dass Kulturgüter, die nicht auf dem nationalen Boden oder durch einen Bürger des betroffenen Landes geschaffen wurden, vom Schutzbereich ausgeschlossen sein könnten.[212]

Diese Bedenken können nur teilweise überzeugen. Sicherlich wäre es in diesem Zusammenhang sinnvoll gewesen, den Begriff des nationalen kulturellen Erbes näher zu definieren. Mangels einer solchen Definition bleibt es aber nun den Gerichten überlassen, eine Auslegung des Begriffs vorzunehmen, um die einheitliche Anwendung der Vorschrift zu gewährleisten.

Was die Bedenken bzgl. der Zielsetzung der Exportvorschriften angeht, so kann der Wortlaut der Konvention auch dahingehend ausgelegt werden, dass die nationalen Exportvorschriften der Erhaltung des nationalen Erbes im weiteren Sinne dienen müssen, also nicht nur der Substanzerhaltung der einzelnen Güter, sondern auch der Sicherung ihrer Gesamtheit, ihres Zusammenhangs. Wird ein wichtiges Kulturgut exportiert, so verletzt dies das nationale kulturelle Erbe in seiner Vollständigkeit. Somit könnten durchaus auch solche Exportvorschriften berücksichtigt werden, welche die Zurückbehaltung der einzelnen Kulturgüter im Inland bezwecken. Der Begriff des Schutzes sollte daher hier – wie in der gesamten Konvention – eher weit ausgelegt werden.[213]

Auch bloß vorübergehend ausgeführte Kulturgüter können in den Schutzbereich der UNIDROIT Konvention fallen, sofern sie aufgrund einer die Ausfuhr von Kulturgut regelnden Rechtsvorschrift zum Schutz des kulturellen Vermögens eines Staates erteilten Genehmigung ausgeführt und entgegen der Bedingungen dieser Genehmigung nicht zurückgeführt wurden (vgl. Art. 5 Abs. 2). Diese Vor-

---

[211] Siehe beispielhaft die Aufzählung der vorgeschlagenen Formulierungen bei Prott, Commentary, S. 23.

[212] Merryman, Int. J.Cult.Prop. 5 (1996) 11 f.

[213] Prott, Commentary, S. 24.

schrift wurde in dem zweiten Entwurf eingeführt um sicherzustellen, dass Kulturgüter, die zu Ausstellungs-, Restaurierungs- oder Forschungszwecken temporär legal ausgeführt werden, auch wieder zurückgeführt werden müssen.

Interessant ist auch, dass an dieser Stelle eine Anknüpfung an ein generelles Importverbot von Kulturgütern ohne Ausfuhrgenehmigung erwogen wurde. Damit wäre das Erfordernis einer Ausfuhrgenehmigung für jedes Kulturgut einhergegangen, welches das Territorium des Ursprungsstaates verlässt, ungeachtet seiner Bedeutung für das nationale kulturelle Erbe, sowie die Pflicht der Einfuhrstaaten zur Kontrolle eines jeden eingeführten Kulturgutes. Dieser Vorschlag ließ sich jedoch nicht durchsetzen. Zu groß war die Angst vor dem immensen Verwaltungsaufwand, den eine solche Regelung bedeutet hätte und zu groß die Befürchtung, dass dieser kaum zu bewältigen sein würde, was letztlich ein Todesurteil für die Konvention wegen Unpraktikabilität hätte bedeuten können. So wurde dieser Ansatz wieder verworfen.

### 3.1.3. Interests that must be significantly impaired by removal

Wie bereits erwähnt, verpflichtet Art. 5 die Vertragsstaaten zur Durchsetzung fremder Exportvorschriften entgegen der traditionellen Regel des internationalen Privatrecht, welche eine dahingehende Pflicht ausschließt. Der massive Widerstand vieler Staaten gegen einen solchen Durchbruch zwang die Verfasser zu einer Einschränkung des Schutzbereiches an dieser Stelle. Auf der Suche nach einem akzeptablen Kompromiss wurde nach den Situationen gesucht, in denen ursprungsstaatliche Exportbeschränkungsmaßnahmen von Kulturgut einem internationalen Interesse dienen und daher eine Durchsetzung in fremden Rechtsordnungen verdienen könnten.[214] Hierbei kristallisierten sich 5 Konstellationen heraus, bezüglich derer ein Konsens gefunden werden konnte. Von diesen besonderen Situationen, in denen ein internationales Interesse an der Durchsetzung fremder Exportvorschriften festgestellt wurde ausgehend, wurde Art. 5 Abs. 3 formuliert, der eine zusätzliche Voraussetzung zur Rückführung illegal exportierten Kulturguts enthält.[215]

In Art. 5 Abs. 3 heißt es:

*„The court or other competent authority of the State addressed shall order the return of an illegally exported cultural object if the requesting State establishes that the removal of the object from its territory significantly impairs one or more of the following interests:*

[214] Merryman, Int. J.Cult.Prop. 5 (1996) 15; Prott, Commentary, S. 58.

[215] Schneider, Rapport explicatif du secrétariat d'Unidroit, Unif. L. Rev. 2001, 529.

*(a) the physical preservation of the object or of its context;*
*(b) the integrity of a complex object;*
*(c) the preservation of information of, for example, a scientific or historical character;*
*(d) the traditional or ritual use of the object by a tribal or indigenous community,*

*or establishes that the object is of significant cultural importance for the requesting State.*"

Es kann also nur zu einer Rückführung kommen, wenn der illegale Export des betroffenen Kulturguts eines der oben genannten Interessen wesentlich („significantly") beeinträchtigt. Die hier aufgestellten Kriterien sind Mindest- und Höchstkriterien zugleich: Mindestkriterien zur Sicherung des nationalen kulturellen Erbes durch internationale Zusammenarbeit und Höchstkriterien im Hinblick auf die möglichen Zugeständnisse zur Anerkennung ausländischen öffentlichen Rechtes und deren Konsequenzen.[216] Der Schutzbereich der Konvention wird in diesem Zusammenhang also auf bestimmte Kategorien von Kulturgütern beschränkt, die durch das Wesen der mit ihrem Verlust einhergehenden Interessenverletzung bzw. ihrer Bedeutung für das Ursprungsland bestimmt werden.

Es liegt beim ersuchenden Staat, die besondere Interessenverletzung zu „etablieren." Mit der Wahl dieses Terminus wurde ein weiterer Kompromiss geschlossen zwischen den Staaten, die eine automatische Rückführung anstrebten und eine „Erklärung" der Interessenverletzung für genügend befunden hätten und den Staaten, die den konkreten Nachweis einer Interessenverletzung und konsequenterweise die Verwendung des Terminus „prove"[217] forderten.[218] Gemeint ist mit „*establish*", dass der ersuchende Staat dem Gericht des ersuchten Staates alle nötigen zu seiner Verfügung stehenden Elemente vorlegen muss, um dem Gericht eine Bewertung der tatsächlichen Interessenverletzung durch den Export zu ermöglichen. Es liegt dann im Ermessen des Gerichts entsprechend den Gegebenheiten des einzelnen Falles zu entscheiden, ob die Sachlage den Erfordernissen des Art. 5 Abs. 3 entspricht oder nicht.[219]

Eines oder mehrere der in Abs. 3 aufgeführten Interessen müssen durch den illegalen Export wesentlich beeinträchtigt sein. Diese Interessen sind im Einzelnen:

---

216 Schneider, Rapport explicatif du secrétariat d'Unidroit, Unif. L. Rev. 2001, 529.

217 So die Wortwahl im 1. Entwurf – vgl. Merryman, Int. J.Cult.Prop. 5 (1996) 15; Prott, Commentary, S. 55.

218 Schneider, Rapport explicatif du secrétariat d'Unidroit, Unif. L. Rev. 2001, 529; Prott, Commentary, S. 56.

219 Schneider, Rapport explicatif du secrétariat d'Unidroit, Unif. L. Rev. 2001, 529; Prott, Commentary, S. 56.

### 3.1.3.1. *The physical preservation of the object or of its context*

Die materielle Erhaltung des Gutes oder seiner Umgebung ist beeinträchtigt, wenn einem Denkmal, einem Monument oder einer archäologischen Stätte physische Schäden zugefügt werden (auch durch illegale Ausgrabung oder Plünderung[220]) wie zum Beispiel Spatenschäden, Brüche, Risse im Material, oder wenn empfindliche Objekte Substanzschäden durch unprofessionelle Behandlung durch Plünderer, Besitzer oder Händler die in den illegalen Export verwickelt sind erleiden, wie zum Beispiel Risse in Gemälden, die von ihren Rahmen entfernt wurden oder Absplitterungen an Skulpturen in Folge inadäquater Verpackung.

### 3.1.3.2. *The integrity of a complex object*

Die Unversehrtheit eines komplexen Gutes wird bei der Zergliederung größerer Monumentskomplexe beeinträchtigt, wie zum Beispiel der Enthauptung von Skulpturen, der Entfernung der Fassade eines Tempels, der Zerteilung von Fresken, der Spaltung von Tryptichen oder der Demontage von Innenräumen historischer Gebäude.

### 3.1.3.3. *The preservation of information of, for example, a scientific or historical character*

Die Erhaltung von Informationen, zum Beispiel wissenschaftlicher oder historischer Art, wird bei deren Verlust aufgrund der Entfernung des Objektes aus seinem ursprünglichen Kontext oder irreversiblen Schäden an diesem Kontext aufgrund von Bodenerschütterungen durch Ausgrabungsgeräte oder illegale Ausgrabung, sowie bei Zergliederung von Sammlungen oder Verlust von Dokumentation durch Zerstörung von Inventaren usw. beeinträchtigt.

### 3.1.3.4. *The traditional or ritual use of the object by a tribal or indigenous community*

In den traditionellen oder rituellen Gebrauch des Gutes durch eine Eingeborenen- oder Stammesgemeinschaft wird durch Entfernung oder Beschädigung wichtiger Kulturgüter aus dem Kontroll- und Lebensbereich einer solchen Gemeinschaft eingegriffen, wie zum Beispiel bei der Entwendung der Textilien des Coroma-Stammes in Bolivien, in denen sich nach Glauben des Stammes die

---

[220] Prott, Commentary, S. 56.

Seelen der Ahnen verkörperten, bei denen sie immer wieder Rat und Hilfe suchten.[221]

### 3.1.3.5. Art. 9

Insgesamt ist diese Kriterienauflistung jedoch nicht abschließend, da gemäß Art. 9 jeder Staat günstigere Vorschriften zur Rückführung illegal exportierter Kulturgüter anwenden kann.[222] Dies wird zum Beispiel in Kanada und Australien der Fall sein, da diese beiden Staaten in ihren Umsetzungsgesetzen zur UNESCO Konvention von 1970 sich schon zur Rückführung jeglicher illegal exportierter Kulturgüter verpflichtet haben.

### 3.1.4. *Significant cultural importance for the requesting State*

Kontrovers diskutiert wird noch die Formulierung und „Formatierung" der letzten Klausel *„or establishes that the object is of significant cultural importance for the requesting State."* Im 1. Entwurf der Konvention war diese Klausel noch als fünfte der möglichen alternativen Interessenverletzung unter *(e)* aufgeführt. Auch wurde in dieser Fassung an dieser Stelle eine *„outstanding cultural importance"* und nicht bloß eine *„significant cultural importance"* gefordert. Fraglich ist, wie groß die Auswirkung dieser Änderungen auf die geplante restriktive Wirkung von Art. 5 Abs. 3 ist und wie genau diese letzte Klausel zu verstehen ist.

### 3.1.4.1. Umstrukturierung

In der Formulierung des 1. Entwurfes war klar, dass eine Rückgabepflicht besteht, wenn eine der fünf alternativen Interessengruppen verletzt ist. Durch das Absetzen der fünften Klausel im endgültigen Konventionstext wurde jedoch aus dieser eine eigenständige, zu den vier anderen alternative Klausel. Eine Rückgabepflicht besteht demnach, wenn *entweder* eines der vier Interessen verletzt ist *oder* aber das Objekt anderweitig von wesentlicher kultureller Bedeutung für den Ursprungsstaat ist, worin eine erhebliche Schwächung des restriktiven Charakters von Art. 5 Abs. 3 gesehen werden kann.[223] Tatsächlich wurde diese Klausel gewissermaßen als Auffangtatbestand eingeführt, um besondere Fälle, die nicht

---

[221] Vgl. Prott, Commentary, 58; zur Rückführung der Textilien s. R v. Yorke – Entscheidung der Supreme Court of Nova Scotia 20 Juni 1996 CR 11741; Bomberry, V., „Organizing the return of the sacred textiles to the community of Coroma, Bolivia" 1993 Akwe:kon Journal 2.

[222] Vgl. Prott, Commentary, S. 58.

[223] S. Merryman, Int. J.Cult.Prop. 5 (1996) 16.

präzise unter eine der vier aufgelisteten Alternativen fallen, zu erfassen.[224] Inwiefern aber diese Umgestaltung im Aufbau des Abs. 3 eine Schwächung der restriktiven Wirkung dieses Abschnittes bewirkt haben soll bleibt unklar.[225] Vielmehr ist diese Klausel, wie sie es auch bereits im 1. Entwurf war, eine zu den vier anderen alternative Klausel, der im Vergleich zu denen jedoch zusätzlich eine Auffangfunktion zugesprochen werden kann.

### 3.1.4.2. Umformulierung

Des Weiteren kann in der Umformulierung der Qualifikation der „cultural importance" an dieser Stelle eine erhebliche Entkräftung der einschränkenden Wirkung von Art. 5 Abs. 3 gesehen werden.[226]

Tatsächlich wurde, wie bereits erwähnt, an dieser Stelle der ursprünglich Text erheblich abgeschwächt: der erste Formulierungsvorschlag dieses Passus sah das Erfordernis einer *„great importance"* vor, woraus im Entwurf *„outstanding importance"* wurde. In der diplomatischen Konferenz fand schließlich nach starken Auseinandersetzungen eine Umformulierung in *„significant importance"* statt.

Nicht nur stellt diese Umformulierung eine Schwächung der restriktiven Wirkung des Art. 5 Abs. 3 dar, sondern sie birgt auch noch die Gefahr der Aushöhlung dieses Abschnittes.[227] Tatsächlich dürften die meisten Objekte, für die ein Staat die Kosten und den Aufwand eines Rückführungsverfahrens auf sich

---

224 Als Beispiel für einen solchen Fall findet sich bei Prott und Schneider der Fall *Attorney general of New Zealand v. Ortiz.* (1982) 2 W.L.R. 10; (1982) 3 W.L.R. 570; (1983) 2 W.L.R. 809; (1984) A.C. 1 (H.L.) United Kingdom. Dort hatte Neuseeland in England vergeblich auf Rückgabe wichtiger Maori-Schnitzereien geklagt, die illegal aus Neuseeland exportiert worden waren und bei Sotheby's in London versteigert werden sollten. Die Skulpturen waren im vergangenen Jahrhundert während eines Angriffs vom Stamm zur Sicherheit eingegraben worden und dort verblieben, bis sie vom Verkäufer ausgegraben wurden. Dieser verkaufte sie an einen Händler, der sie illegal exportierte und an den Beklagten verkaufte. Die neuseeländische Regierung wollte diese technisch besonders raffinierten Schnitzereien, die im nicht mehr praktizierten traditionellen Taranaki-Stil gefertigt wurden, als Inspirationsquelle für junge Maori-Schnitzer einsetzen. Da die Schnitzereien über Jahrzehnte vergraben unter der Erde lagen, hätte Neuseeland wohl kaum dem Gericht gegenüber überzeugend begründen können, dass der illegale Export den traditionellen oder rituellen Gebrauch der Güter durch eine Eingeborenen- oder Stammesgemeinschaft beeinträchtigt hat. Der Beweis der wesentlichen kulturellen Bedeutung der Schnitzereien für Neuseeland hingegen hätte wohl eher gelingen können. Prott fügt hinzu. „The case is so far unique, but such is the nature of cultural works that it seemed wise to make allowance for such unusual cases in the Convention." Prott, Commentary, S. 59.

225 Merryman, Int. J.Cult.Prop. 5 (1996) 16.

226 Merryman, Int. J.Cult.Prop. 5 (1996) 16.

227 So zutr. Merryman, Int. J.Cult.Prop. 5 (1996) 16.

nimmt, von wesentlicher Bedeutung sein. Eine zu weite Handhabung dieses Begriffs könnte den Kriterien *(a)–(d)* jegliche Bedeutung entziehen und zur Anwendung dieser letzten Klausel als breitem Auffangtatbestand führen. Beabsichtigt wurde jedoch lediglich die Anwendung auf ganz besondere Härtefälle. Daher sollte im Kontext des restriktiven Art. 5 Abs. 3 auch eine restriktive Auslegung der Begriffe erfolgen. Auch hier wird es bei den Gerichten der ersuchten Staaten liegen, im Einzelfall zu entscheiden, was unter diese Klausel fällt und was nicht.[228] Zur Ermittlung dessen bietet die Konvention bedauernswerterweise keine ausdrücklichen Hilfestellungen. Es wird nirgendwo genauer auf die Bedeutung des Begriffs „*significant cultural importance*" eingegangen. Selbstverständlich werden an dieser Stelle strengere Maßstäbe angesetzt werden müssen als bei der Bestimmung der „*importance*" des Gutes iSd Art. 2.[229] Man sollte erwägen, „*significant*" im Lichte der Entwicklung der Begriffsbestimmung als nahe dem „*outstanding*"-Kriterium anzusiedeln.

### 3.1.5. Ausschlussklausel – Art. 7

Neben den relativen Einschränkungsklauseln aus Art. 5 Abs. 3 wurden in Art. 7 zwei absolute Ausschlussklauseln aufgestellt, die vom 1. Entwurf an bis in die Endfassung hin quasi unverändert blieben. In Art. 7 Abs. 1 heißt es: „*The provisions of this Chapter shall not apply where: (a) the export of a cultural object is no longer illegal at the time at which the return is requested; or (b) the object was exported during the lifetime of the person who created it or within a period of fifty years following the death of that person.*"

Art. 7 Abs. 1 (a) entsprang dem Gedanken, dass sich nationale Exportvorschriften mit der Zeit sehr stark verändern können. Es würde keinen Sinn machen, dass ein ersuchter Staat einen seiner Bürger zur Rückgabe eines Gutes zwingen sollte, welches nach seiner Rückführung direkt wieder – und nunmehr legal – exportiert werden könnte.[230]

Die Regelung in Art. 7 Abs. 1 (b) hingegen folgt der Überzeugung, dass der freie Handel mit den kreativen Werken von zeitgenössischen Künstlern und die Entwicklung dieser auf ausländischen Märkten oftmals ein großer Anreiz ist zu weiterem kreativen Schaffen.[231] Tatsächlich spielt in der Regel die Anerkennung

---

[228] Die Befürchtung, aufgrund dieser Klausel könnten die Exportstaaten beliebig weit den Schutz der Konvention ausdehnen, durch Designation von möglichst vielen Kulturgütern als von wesentlicher Bedeutung, ist demnach eher unbegründet. (so aber Fitzpatrick in: „Against UNIDROIT" The Art Newspaper January 1997, 19; zutr. Lalive, Unif. L. Rev. 1996, 57).

[229] So auch Schneider, Rapport explicatif du secrétariat d'Unidroit, Unif. L. Rev. 2001, 531.

[230] Prott, Commentary, S. 69.

[231] Prott, Commentary, S. 69 f.

außerhalb des Vaterlandes in der Karriere und somit in der Entwicklung eines Künstlers eine entscheidende Rolle. Diese zu hemmen könnte eine Verarmung unserer zeitgenössischen Kunstlandschaft bedeuten.

Eine Sonderregelung zu dieser Ausnahme bildet Art. 7 Abs. 2 in dem bestimmt wird, dass der Ausschlusstatbestand aus Art. 7 Abs. 1 (b) nicht Anwendung findet, wenn es sich bei dem betroffenen Kulturgut um ein Gut handelt, welches von einem Angehörigen einer Eingeborenen- oder Stammesgemeinschaft zu einem traditionellen oder rituellen Gebrauch durch diese Gemeinschaft geschaffen wurde und das Gut an diese Gemeinschaft zurückzuführen ist. Für solche Fälle wurde die Schutzbedürftigkeit der Stammesgemeinschaft als überwiegend angesehen, so dass eine Rückführung gegebenenfalls trotz Art. 7 Abs. 1 (b) zu erfolgen hat.

### 3.1.6. Anspruchsinhaber und Anspruchschuldner

Die Rückführung von illegal exportiertem Kulturgut kann gemäß Art. 5 Abs. 1[232] nur durch den Staat, dessen Exportvorschriften missachtet wurden, geltend gemacht werden. Allerdings besteht auch in der Regel kein privates Interesse an einer Rückführung. Dies verdeutlicht sich, wenn man die drei im Rahmen von Kapitel III denkbaren Fallkonstellationen betrachtet:

1. Fallmöglichkeit: Das Kulturgut steht im Eigentum eines Privaten, wird diesem gestohlen und dann illegal exportiert. Dann kann der Privateigentümer gemäß Kapitel II der UNIDROIT Konvention auf Rückführung klagen oder der Staat die Rückführung aufgrund des Kapitel III verlangen. In der Regel sollte jedoch der Einfachheit halber eine Klage auf Rückgabe aufgrund des Diebstahls bevorzugt werden. Sollte der ursprüngliche Eigentümer jedoch nicht handeln oder nicht die Mittel dazu haben, so kann der Staat eine Klage aufgrund von Kapitel III erwägen.[233]

2. Fallmöglichkeit: Das Kulturgut steht im Eigentum des Staates, wird diesem gestohlen und daraufhin illegal exportiert. Dann kann der Staat alternativ auf der Grundlage von Kapitel II oder Kapitel III der Konvention die Rückgabe des Kulturgutes fordern.

3. Fallmöglichkeit: Die wohl üblichste Fallkonstellation wird sein, dass ein Kulturgut im Eigentum einer Privatperson von dieser selbst illegal exportiert wird. Der betroffene Staat kann dann gemäß Kapitel III die Rückführung ersuchen.

---

[232] *„A Contracting State may request the court or other competent authority of another Contracting State to order the return of a cultural object illegally exported from the territory of the requesting State."* (Art. 5 Abs. 1 UNIDROIT Konvention).

[233] S. dazu Droz, Rev. crit. dr. int. priv. 86 (1997) 259.

Auf diesen Fall wurden auch die Bestimmungen des Kapitel III zugeschnitten, so dass in den folgenden Betrachtungen von dieser Konstellation ausgegangen wird. Auf das Verhältnis der Klagen in den anderen oben genannten Fallgestaltungen, sowie auf die sich aus diesen Konstellationen ergebenden Besonderheiten, wird später noch genauer eingegangen werden.[234]

Der ersuchende Staat muss gemäß Art. 5 Abs. 1 bei einem Gericht oder einer anderen zuständigen Behörde des ersuchten Staates einen Rückführungsantrag („*request*") einreichen. Diesem muss er gemäß Art. 5 Abs. 4 Informationen sachlicher oder rechtlicher Natur beifügen, die dem Gericht oder der zuständigen Behörde bei der Feststellung, ob die Voraussetzungen der Abs. 1–3 des Art. 5 erfüllt sind, dienlich sein könnten. Diese Vorschrift soll unter anderem das grundsätzliche Bewusstsein der Staaten für ihre kulturellen Schätze schärfen. Sie sollen zum Beispiel dazu ermutigt werden, solange sich ihr kulturelles Erbe noch im Lande befindet, dieses zu inventarisieren, zu katalogisieren, ihre Stätten und Sammlungen hervorzuheben und den Bezug der Öffentlichkeit zum kulturellen Erbe zu fördern. Nur auf diesem Wege der Bewusstseinsbildung gewinnt auch der Begriff des „nationalen kulturellen Erbe" an Bedeutung, denn nur so kommt es zu einer gemeinsamen Identifizierung mit den betroffenen Kulturgütern und nur dann sind Rückführungen wirklich notwendig und wichtig.

Durch eine solche „Vorarbeit" lässt sich dann im Falle eines illegalen Exports im Rahmen eines Rückführungsbegehrens die Bedeutung für die nationale Kultur – und somit die sich aus dem illegalen Export ergebende Interessenverletzung – leichter dokumentieren.[235]

Im 1. Entwurf wurde an dieser Stelle zusätzlich die Vorlage von „*all material information regarding the conservation, security and accessibility of the cultural object after it has been returned to the requesting State*" verlangt. Dieses Erfordernis wurde jedoch bereits im 2. Entwurf von den Regierungsexperten wieder gestrichen, da zu befürchten war, dass es aufgrund dieser Textstelle zu systematischen Rückführungsanordnungsverweigerungen kommen könnte.[236]

---

[234] Die 4. theoretisch mögliche Fallgestaltung, nämlich die, dass ein Kulturgut, welches im Eigentum des Staates steht und illegal exportiert wird ohne vorangegangenen Diebstahl, scheint eher praxisfremd. Es wird wohl kaum ein illegaler Export von Kulturgut durch staatliche Einrichtungen erfolgen. So auch Droz, Rev. crit. dr. int. priv. 86 (1997) 262 f.

[235] Schneider, S. 533; Hier wird ein weiterer interessanter Aspekt des Kulturgüterschutzes sichtbar: er fördert die Auseinandersetzung der Staaten mit ihrem nationalen Kulturerbe, mit dessen Umfang, dessen genauen Bestandteilen, dessen Hintergründen, dessen Kern. Durch diese Auseinandersetzung wird ein Bewusstsein für die Bedeutung des eigenen kulturellen Erbes geschaffen und eventuell wird dadurch sogar die Wichtigkeit der Zugänglichkeit für die breite Öffentlichkeit erkannt. Nur so kann das nationale Kulturerbe seine Wirkung entfalten: es verbindet die Menschen einer Gesellschaft und die Berührung und Auseinandersetzung mit dem Kern der gemeinsamen Kultur stärkt den Zusammenhalt dieser Gesellschaft, einer Nation.

[236] Schneider, S. 533.

Ein Anspruchschuldner wird in der Konvention nicht ausdrücklich genannt. Diese bestimmt lediglich, an wen der ersuchende Staat seinen Rückführungsantrag („*request*“) richten soll, nämlich an die Gerichte oder anderen zuständigen Behörden (siehe Art. 16) des ersuchten Staates.

Laut *Prott* wurde hier bewusst offen gelassen, gegen wen sich die Klage zu richten hat, um den Vertragsstaaten die Freiheit zu lassen zu bestimmen, ob Staat oder Besitzer Anspruchsschuldner sein soll, bzw. ob man letzteren unmittelbar zur Herausgabe verpflichtet oder den ersuchten Staat verpflichtet, das Gut vom Besitzer herauszuverlangen und dann in den ersuchenden Staat zurückzuführen.[237]

## 3.2. Anordnung der Rückgabe

Liegen die oben genannten Voraussetzungen vor, so ordnet das angerufene Gericht oder die sonst zuständige Behörde des ersuchten Staates gemäß Art. 5 Abs. 3 die Rückführung des illegal exportierten Gutes an.

Die Frage, an wen genau das Kulturgut zurückzugeben ist, lässt sich sinnvoll erst nach abschließender Betrachtung der Rückgabemodalitäten, insbesondere der Entschädigungsbestimmungen, klären, so dass ich an dieser Stelle nicht näher auf sie eingehen möchte.

Bis zur diplomatischen Konferenz wurde an dieser Stelle dem ersuchten Gericht bzw. der ersuchten Behörde das Recht eingeräumt, die Anordnung der Rückführung zu verweigern, sofern nach seiner Ansicht das betroffene Kulturgut eine enge oder engere Beziehung zur Kultur des ersuchten Staates habe (vgl. Art. 6 der Entwürfe).[238] Eine engere Beziehung („*closer connection*“) bestünde, wenn die Rückführung offensichtlich gegen die moralischen Verpflichtungen des ersuchten Staates zum Schutz seines eigenen kulturellen Erbes verstoßen würde.[239] Diese so genannte „*connection-clause*“ enthielt also einen Verweigerungsgrund im Namen einer Art *kulturellen ordre publics*.[240] Mit diesem Artikel sollte „eine Art Notventil im Sinne der Harmonie des Weltkulturerbes“ geschaffen werden.[241] Während der diplomatischen Konferenz wurde die „*connection clause*“ jedoch wieder verworfen, da sie aufgrund ihrer Ungenauigkeit zu breiten Miss-

---

[237] Prott, Commentary, S. 54.

[238] Im 1. Entwurf konnte sogar die Rückführung verweigert werden, wenn das Kulturgut zu irgendeinem anderen Staates, der nicht der ersuchende Staat ist, eine „closer connection“ aufweist.

[239] S. Kinderman, Emory Int'l L. Rev. 1993, 510 f.

[240] So auch zutr. Siehr, SZIER 1997, 46; ebenso Droz, Rev. crit. dr. int. priv. 86 (1997) 261.

[241] Reichelt, in Dolzer/Jayme/Mußgnug, S. 75.

verständnissen bei den Delegierten geführt hatte und man befürchtete, die Importstaaten würden auf der Basis dieser Klausel die beabsichtigte Wirkung der Konvention zu sehr und zu einseitig einschränken können.[242] Sicherlich hat diese Streichung erheblichen potentiellen Schwierigkeiten und Auseinandersetzungen in der Handhabung und Abgrenzung vorgebeugt. Selbstverständlich bleibt jedoch dem ersuchten Staat unabhängig von dem gestrichenen Art. 6 die Rückgriffsmöglichkeit auf seinen *ordre public* im Rahmen des internationalen Rechtes erhalten und er kann im Lichte dessen bei drohender Verletzung des *ordre public* durch eine Rückführung diese letztlich auch verweigern.[243]

## 3.3. Compensation

Die Rückführung nach Kapitel III kann jedoch – ähnlich wie die Rückgabe gemäß Kapitel II. – von der Zahlung einer Entschädigung an den Besitzer des Kulturgutes abhängig gemacht werden.

### 3.3.1. Voraussetzungen (Art. 6 Abs. 1)

Gemäß Art 6 Abs. 1 muss der ersuchende Staat eine *„fair and reasonable compensation“* an den *possessor* zahlen, sofern dieser das Kulturgut nach dem illegalen Export erworben hat und zu diesem Zeitpunkt nicht wusste oder hätte wissen müssen, dass das Objekt illegal exportiert worden war.

### 3.3.2. Erforderliche Sorgfalt (Art. 6 Abs. 2)

Im Vergleich zu Art. 4 fehlt hier der bei gestohlenem Kulturgut vom gutgläubigen Erwerber zu erbringende Nachweis seiner *due diligence* beim Erwerb. Die

---

[242] Droz spricht in diesem Zusammenhang sogar von der Befürchtung vor „weissen Rittern“ der Kultur, die sich Kulturgüter in einem Land in dem deren Export verboten ist aneignen würden, um sie dann unbemerkt in deren Ursprungsland zu bringen, wo sie dann vor einer Rückführung in Sicherheit wären (Droz, Rev. crit. dr. int. priv. 86 (1997) 262). Das Beispiel des Diebstahls der Mona Lisa von einem Italiener, der das Meisterwerk ursprünglich zwar im Auftrag eines Hintermannes aus dem Louvre entwendete, schließlich aber vom Patriotismus beflügelt beschloss, sie zurück in ihre vermeintliche Heimat Italien zu bringen und sie dort den Uffizien zu übergeben (s. Koldehoff in Aktenzeichen Kunst, S. 31 f.), scheint zu bestätigen, dass einige Staatsbürger in Bezug auf nationale Kulturgüter „leidenschaftlich reagieren“, um mit den Worten von Droz zu sprechen. In der Regel dürften jedoch die Wenigsten aus solchen vermeintlich edlen Motiven mit solchen Kalkulationen handeln. Man kann eher davon ausgehen, dass der Blick auf die Lukrativität des illegalen Marktes den meisten illegalen Exporteuren ihre patriotischen Gedanken vergessen lassen dürfte.

[243] Lalive, SZIER 1997, 46.

sich daraus ergebende etwas günstigere Position des gutgläubigen Erwerbers im Rahmen von Kapitel III ist berechtigt. In der Tat wird der *possessor* regelmäßig vom rechtmäßigen Eigentümer oder einem seiner Vertretungsbefugten das Eigentum erworben haben. Dadurch dass das Kulturgut zuvor nicht gestohlen wurde, ist die juristische Position des gutgläubigen Erwerbers deutlich günstiger. Zudem bestehen große Unterschiede in Bezug auf die erforderliche Vorsicht und Sorgfalt, mit der ein Erwerber zu handeln hat in der Situation, in der ein Kulturgut gestohlen wurde und derjenigen in der ein Kulturgut illegal exportiert wurde. Ein Diebstahl wird vom betroffenen Eigentümer in der Regel schnell bemerkt, woraufhin dieser Anzeige erstattet, seine Versicherung informiert, die Öffentlichkeit von den Geschehnissen in Kenntnis setzt, die Händler warnt, die zuständigen internationalen Polizeidienste alarmiert (Weiterleitung auch zum Beispiel an das Art Loss Register) usw.: alles Umstände, von denen ein potentieller Erwerber Kenntnis erlangen kann. Im Falle eines illegalen Exportes verhält es sich ganz anders. Meist ist es der Eigentümer selbst, der den illegalen Export in die Wege leitet, und zwar mit der größtmöglichen Diskretion, um nicht überführt zu werden. Der Staat, der den Bestand der privaten Sammlungen nicht ständig überwachen kann, bemerkt das Verschwinden des Gutes oft erst Jahre später, zum Beispiel durch eine Auktion oder die Eröffnung eines Nachlasses im Ausland. Der Erwerber hat daher weniger Nachforschungsmöglichkeiten und so sind die Anforderungen an seine Sorgfalt nicht ganz so hoch, wie wenn das Kulturgut gestohlen wäre.[244] In Art. 6 Abs. 2 heißt es: *„In determining whether the possessor knew or ought reasonably to have known that the cultural object had been illegally exported, regard shall be had to the circumstances of the acquisition, including the absence of an export certificate required under the law of the requesting State.“*

Als Anhaltspunkte zur Bestimmung des guten Glaubens werden hier die Umstände des Erwerbs und das Vorliegen eines Exportzertifikates angeführt.[245] Die Umstände des Erwerbs sind in Art. 4 Abs. 4 näher beschrieben. Fraglich ist, ob dieser hier herangezogen werden kann. Während die Formulierung von Art. 6 eine Heranziehung der Kriterien aus Art. 4 zur Bestimmung des guten Glaubens nicht ausschließt, so deutet aber der Verzicht auf eine über Art. 6 Abs. 2 hinausgehende Konkretisierung der Umstände darauf hin, dass hier weniger strenge Maßstäbe als bei gestohlenen Kulturgütern anzusetzen sind.[246] Als Beispiel für relevante Umstände des Erwerbs nennt *Prott* den oben bereits erwähnten Fall

---

244 Hierzu s. Droz, Rev. crit. dr. int. priv. 86 (1997) 263.

245 Ursprünglich wurde eine Registrierung der zu schützenden Kulturgüter bei UNIDROIT in Erwägung gezogen, was zur Einführung einer Art UNIDROIT Exportzertifikates geführt hätte. Dieser Gedanke wurde wegen des zu hohen administrativen Aufwands der mit ihm einhergegangen wäre wieder verworfen. S. dazu Kinderman, Emory Int'l L. Rev. 1993, 463 f.

246 Prott, Commentary, S. 64.

des Kaufs der Taranaki Panele durch George Ortiz. Dieser musste einen vom dem Händler Lance Entwhistle aufgesetzten Kaufvertrag unterschreiben, in dem eine Klausel ihm für 2 Jahre verbot, die Werke Archäologen aus Neuseeland zu zeigen oder Fotomaterial der Arbeiten an Dritte weiterzugeben. Ohne Zweifel wäre in einem solchen Fall eine Entschädigung ausgeschlossen.[247]

Art. 6 Abs. 5 regelt als Parallelvorschrift zu Art. 4 Abs. 5, dass der Besitzer nicht besser gestellt werden soll als die Person, von der er das Gut durch Erbschaft oder auf andere unentgeltliche Weise erworben hat.

### 3.3.3. Alternative Lösungswege (Art. 6 Abs. 3)

Auf Vorschlag der Schweiz[248] wurden in Art. 6 zusätzlich einige interessante Alternativen zur Entschädigung eingeführt. Gemäß Art. 6 Abs. 3 kann der *possessor* im Einvernehmen mit dem ersuchenden Staat beschließen, an Entschädigung Statt das Eigentum am Kulturgut zu behalten oder das Eigentum gegen Entgelt oder unentgeltlich an eine im ersuchenden Staat ansässige Person seiner Wahl, „welche die notwendigen Garantien bietet“, zu übertragen.

Man beachte, dass diese Möglichkeiten dem *possessor* nur „statt der Entschädigung“ zustehen, so dass er von ihnen nur Gebrauch machen kann, wenn ihm gemäß der Konvention eine Entschädigung zustünde. Da nur der bezüglich des illegalen Exports gutgläubige Erwerber, der das Gut nach dessen illegalem Export erworben hat, gemäß Art. 6 entschädigt werden soll, kann der selbst illegal exportierende Eigentümer selbstverständlich nicht in den Genuss der von Art. 6 Abs. 3 gebotenen Mittel kommen.

Diese Regelung in Art. 3 Abs. 6 ist in vielerlei Hinsicht sehr interessant. Zunächst geht aus ihr hervor, was in Kapitel III genau entschädigt werden soll, nämlich der Verlust des Eigentums, nicht der Verlust des Besitzes, da der Eigentümer sich statt Entschädigung für das Bewahren des Eigentums entscheiden kann. Implizit geht daraus hervor, dass UNIDROIT bei der Rückgabe grundsätzlich von einer Enteignung des *possessors* zugunsten des ersuchenden Staates ausgeht.

Zudem streicht sie heraus, worauf es an dieser Stelle der UNIDROIT Konvention vor allem ankommt, nämlich die körperliche Rückkehr des Kulturguts auf das Territorium des Ursprungstaates, gleichgültig in welchen Eigentumsverhältnissen sie sich befindet. Um diese zu gewährleisten, werden dem *possessor* attraktive Alternativen zu einer Entschädigung geboten. Zum Beispiel könnte so ein französischer Sammler, der in Deutschland oder in Dänemark lebt und sich

---

[247] Prott, Commentary, S. 65; *Attorney general of New Zealand v. Ortiz.* (1982) 2 W.L.R. 10; (1982) 3 W.L.R. 570; (1983) 2 W.L.R. 809; (1984) A.C. 1 (H.L.) United Kingdom.

[248] S. Lalive, SZIER 1997, 47.

freut, ein Kulturgut seiner Heimat gefunden und gutgläubig erworben zu haben, entscheiden, das Eigentum an diesem – sollte sich das betroffene Gut als illegal exportiert erweisen – an seine in Frankreich lebenden Kinder zu übertragen.[249]

Eine solche Lösung hat auch für den ersuchenden Staat durchaus seine Reize, denn so erreicht er die Rückkehr des Kulturguts in den heimatlichen Schoß, ohne dafür eine Entschädigung zahlen zu müssen, die tatsächlich eine große Belastung bedeuten kann. Für viele der meist wirtschaftlich schwächeren traditionellen Exportländer dürfte diese Art von Übereinkunft eine große Erleichterung darstellen, denn die Nicht-Finanzierbarkeit von Rückführungen ist ein sich häufig stellendes Problem, zu dessen Lösung die Gründung von Hilfsfonds in Erwägung gezogen wurde. Durch den Gebrauch der in Art. 6 Abs. 3 aufgezeigten Alternativen ließen sich diese problematischen Konstellationen für alle Beteiligten auf zufrieden stellende Art beheben. Auch an dieser Stelle ist es meines Erachtens der Konvention gelungen, einen für alle annehmbaren und sinnvollen Kompromiss zu finden, was letztlich auch der Akzeptanz der Konvention förderlich sein sollte.[250]

Grundsätzlich liegt die Entscheidung, ob er von diesen Alternativen Gebrauch macht oder nicht beim *possessor*. Entscheidet er sich dafür, so muss dies aber „im Einvernehmen mit dem ersuchenden Staat" geschehen. Er braucht also die Zustimmung des Ausfuhrstaates. Wann und unter welchen Voraussetzungen dieser sein Einverständnis zu erteilen hat, bestimmt die Konvention nicht, so dass dem Staat hier ein großer Spielraum bleibt.

Ebenso wird in der Konvention offen gelassen, was genau mit „notwendigen Garantien" gemeint ist. In einem früheren Entwurf waren Sicherheit, Erhaltung und Schutz des Objekts an dieser Stelle ausdrücklich erwähnt. Diese Kriterien wurden wieder aus dem Text gestrichen. Die Auslegung dieses Begriffs sollte sich jedoch am Sinn und Zweck der Konvention orientieren, so dass diesen Punkten hier weiterhin eine gewisse Bedeutung zukommen dürfte.[251]

Mit diesen beiden Klauseln soll dem ersuchenden Staat eine Art Vetorecht eingeräumt werden, welches er gegen die Bewahrung des Eigentums einsetzen kann, wenn zum Beispiel das Risiko besteht, dass sonst der *possessor* nach der Rückführung des Objekts in den Herkunftsstaat dieses unmittelbar wieder in einen Drittstaat, dessen Recht keine Rückführungsregelung vorsieht, (illegal) ausführt.[252] So könnte der gemäß den UNIDROIT Vorschriften rückgabepflichtige Eigentümer diese Sonderregelung aus Art. 6 Abs. 3 nutzen, um die UNIDROIT

---

[249] Bsp. in Anlehnung an Droz, Rev. crit. dr. int. priv. 86 (1997) 264.

[250] Vgl. Lalive, SZIER 1997, 47; s. in diesem Sinne auch Droz, Rev. crit. dr. int. priv. 86 (1997) 264.

[251] Schneider, S. 539.

[252] Prott, Commentary, S. 66.

Konvention in einem weiteren Schritt zu umgehen. Um dies zu vermeiden, wurden die o.g. Einschränkungen eingeführt, gemäß denen es letztlich beim ersuchenden Staat liegt, zu bestimmen, ob und unter welchen Umständen von den Alternativen zur Enteignung Gebrauch gemacht werden kann. Eine dahingehende Einigung dürfte zum Beispiel regelmäßig in den Staaten schwer zu erreichen sein, in denen das Gesetz bei illegaler Ausfuhr eines Objekts einen automatischen Eigentumsübergang an den Staat vorsieht.[253] Aus dem Konventionstext lässt sich keinerlei Verpflichtung des betroffenen Staats ableiten, sein Einverständnis zu erteilen, so dass dieser an sich sehr sinnvollen Regelung möglicherweise in der Praxis nur wenig Bedeutung zukommen könnte. Hier wäre es meines Erachtens zweckmäßig gewesen, transparente Rahmenbedingungen zu definieren, um einen klaren Anwendungsbereich zu sichern.

In Art. 6 Abs. 3 darf jedenfalls keine grundsätzliche Eigentumsregelung gesehen werden. Die Klärung der Eigentumslage erfolgt im Einzelfall zwischen dem *possessor* und dem ersuchenden Staat.[254] An dieser Stelle offenbaren sich jedoch abermals auf eindrückliche Weise die Komplexität der zu regelnden Materie und die Schwierigkeit der Lösungsfindung aufgrund der Vielschichtigkeit der betroffenen Bereiche.

### 3.3.4. Höhe und Schuldner der Entschädigung

Sollte sich der *possessor* für die Zahlung einer Entschädigung entscheiden, stellen sich noch die Fragen nach deren Höhe und Schuldner.

In Bezug auf die Höhe der Entschädigung kann auf die bereits erfolgte kritische Beleuchtung der Bedeutung der „*fair and reasonable compensation*“ im Rahmen von Kapitel II verwiesen werden. Einziger Unterschied ist, dass hier Art. 6 Abs. 3 inzident verdeutlicht, dass wohl in erster Linie von einer Enteignung bei der Rückführung auszugehen ist, so dass es hier klar um die Entschädigung des Verlustes des Eigentums geht.

Ansonsten gelten hier dieselben Betrachtungen, die im Rahmen von Kapitel II angestellt wurden. Im Ergebnis scheint der Kaufpreis als geeignetste Berechnungsgrundlage für die Entschädigung.

Gemäß Art. 6 Abs. 1 schuldet der ersuchende Staat die Entschädigung. Auch an dieser Stelle wird deutlich, dass Kapitel III nicht für den Fall eines dem illegalen Export vorangegangenen Diebstahls konzipiert ist, denn es wird keine Regelung zum Fall einer Rückgabe an einen Privaten getroffen.

---

[253] Wie z.B. das Neuseeländische Recht – s. Ortiz-Fall; s. auch die Darstellung der dahingehenden Regelungen bei Prott/O'Keefe, Vol. III, S. 524 f.

[254] Schneider, S. 539.

### 3.3.5. Art. 9

Abschließend zur *compensation* muss auch erneut Art. 9 erwähnt werden, wonach, je nachdem welche Rechtsordnung für maßgeblich befunden wird, das Gericht entscheiden kann, dass bei der Rückführung keine Entschädigung geschuldet wird.[255]

## 3.4. Rückführung an wen?

Die Frage, an wen genau die Rückgabe erfolgen soll, wird in der Konvention nicht ausdrücklich angesprochen.

In Frage kommen hier – immer ausgehend davon, dass das Kulturgut vom ursprünglichen Eigentümer selbst illegal ausgeführt wurde – drei Fallgestaltungen:

1. Der Eigentümer hat das Gut illegal aus dem Ursprungsstaat ausgeführt, ohne es weiterverkauft zu haben. Zum Beispiel könnte der Eigentümer beschlossen haben, mit seiner Sammlung insgesamt oder zum Teil umzuziehen, wie Baron Hans-Heinrich Thyssen-Bornemisza, der 1992 einen Großteil seiner Sammlung von Lugano nach Madrid verlagerte.

2. Der Eigentümer hat das Gut illegal exportiert, um es dann im Ausland an einen bezüglich des illegalen Exports bösgläubigen Käufer weiterzuveräußern.

3. Der Eigentümer hat das Gut illegal exportiert, um es dann im Ausland an einen bezüglich des illegalen Exports gutgläubigen Käufer weiterzuveräußern.

In den ersten beiden Fällen entfällt ein Recht des Eigentümers auf Entschädigung.

In diesen beiden Fällen ist das Kulturgut an den ersuchenden Staat zurückzugeben.

In der dritten Fallkonstellation hängt es davon ab, wofür sich der rechtmäßige Eigentümer des Gutes entscheidet. Macht er von seinem Recht auf Entschädigung Gebrauch, so geht aus Art. 6 Abs. 3 konkludent hervor, dass mit Zahlung der Entschädigung das Eigentum an den Staat fällt. In diesem Fall wäre das Kulturgut an den ersuchenden Staat auszuhändigen. Entscheidet sich jedoch der Eigentümer für das Bewahren des Eigentums, so hat er lediglich das betroffene Kulturgut auf das Territorium des ersuchenden Staates zurückzuführen. Überträgt der Eigentümer gemäß Art. 6 Abs. 3 b das Eigentum entgeltlich oder unentgeltlich an einen Dritten, der im ersuchenden Staat seinen Wohnsitz hat und „die nötigen Garantien bietet,“ so erfolgt eine „Rück“gabe an diesen.

---

[255] Droz, Rev. crit. dr. int. priv. 86 (1997) 269 f.; Prott, Unif. L. Rev. 1996, 68.

## 3.5. Verjährung

Der Rückführungsanspruch des Staates aus Kapitel III verjährt gemäß Art. 5 Abs. 5 nach drei Jahren ab dem Zeitpunkt der Kenntnis des ersuchenden Staates vom Belegenheitsort des illegal exportierten Kulturguts UND des Besitzers dieses Gutes, spätestens aber 50 Jahre nach dem illegalen Export oder dem Zeitpunkt, zu dem das Kulturgut nach legaler Ausfuhr hätte wieder in den ersuchenden Vertragsstaat zurückgebracht werden sollen. Es gelten also für die Rückführung von illegal exportierten Kulturgütern dieselben Verjährungsfristen wie für die Rückgabe von gestohlenen Kulturgütern. Daher möchte ich an dieser Stelle auf die oben bereits erfolgte Besprechung dieser Fristen verweisen. Kürzere Verjährungsfristen für die Rückführungsklage von illegal exportierten Kulturgütern wurden in Erwägung gezogen. Man entschied sich schließlich jedoch für diese einheitliche Regelung, um sicherzustellen, dass in den Fällen, in denen ein Klage sowohl auf Kapitel II als auch auf Kapitel III gestützt werden könnte (wenn also dem illegalen Export ein Diebstahl vorangegangen ist – typischerweise zum Beispiel im Fall von illegalen Ausgrabungen), die Wahl des Ausgangspunktes der Klage eher aufgrund der Beweislage als im Hinblick auf günstigere Verjährungsfristen erfolgt.[256]

Ein Unterschied besteht jedoch darin, dass sich in Bezug auf illegal exportierte Kulturgüter keine Ausnahmeverlängerungen finden wie sie in Art. 3 Abs. 4 bis 8 enthalten sind. Dies liegt wiederum daran, dass es sich bei diesen Ausnahmetatbeständen um solche handelt, bei denen in der Regel ein Diebstahl dem illegalen Export vorangegangen sein wird, so dass hier deren Erfassung im Kapitel II ausreichend erschien.[257]

## 3.6. Kosten

Die Kosten der Rückführung illegal exportierter Kulturgüter sind gemäß Art. 6 Abs. 4 von dem ersuchenden Staat zu tragen. Eine entsprechende Regelung findet sich in Bezug auf gestohlene Kulturgüter nicht. Dort wird lediglich in Art. 4 Abs. 2 und 3 bestimmt, dass Bemühungen angestellt werden müssen, die für den Diebstahl und den Weiterverkauf verantwortlichen Subjekte anstatt des gutgläubigen Erwerbers für die Zahlung der Entschädigung in Anspruch zu nehmen. Eine ähnliche Regelung findet sich auch in Art. 6 Abs. 4, der besagt, dass das Recht des Staates, die ihm durch die Rückführung entstehenden Kosten von einer anderen Person beizutreiben, unbeschadet bleibt.

---

[256] Schneider, S. 533.

[257] Schneider, S. 535; Droz, Rev. crit. dr. int. priv. 86 (1997) 262.

## 4. Gerichtsstand

Bezüglich des Gerichtsstandes enthält die UNIDROIT Konvention noch eine Besonderheit. „*A claim under chapter II or a request under chapter III shall be brought before the courts or other competent authorities of the Contracting State where the cultural object is located, in addition to the courts or other competent authorities otherwise having jurisdiction under the rules in force in Contracting States.*" Hier wird ein einheitlicher internationaler Gerichtsstand *ad hoc* eingeführt. Zusätzlich zu den in den jeweiligen Rechtsordnungen geltenden Regelungen zum Gerichtsstand, kann der bestohlene Eigentümer – ob Privater oder Staat – bzw. der von einem illegalen Export betroffene Staat auch dort klagen, wo die Sache sich bei Klageerhebung befindet. Um die praktische Bedeutung dieses *forum rei sitae* besser erfassen zu können, sollte hervorgehoben werden, dass dieser Gerichtsstand ein Novum im internationalen Prozessrecht für Mobilien ist. Weder die EuGVVO noch das Luganer Abkommens über die gerichtliche Zuständigkeit und die Anerkennung und Vollstreckung von Entscheidungen in Zivil- und Handelssachen sehen diese Möglichkeit vor.

Dieser dem internationalen Prozessrecht für Mobilien bisher fremde Gerichtsstand verspricht, eine bedeutende Vereinfachung der Kulturgutrückführungen mit sich zu bringen. Vor allem offenbart sich der Sinn dieser Vorschrift im Hinblick auf die Vollstreckbarkeit von Rückführungsurteilen. Mit diesem neuen Gerichtsstand wird zum Beispiel dem bestohlenen Eigentümer, der am Wohnsitz des Beklagten ein Rückführungsurteil zu seinen Gunsten erstritten hat, der meist sehr mühsame und nicht immer aussichtsreiche Weg des Annerkennungs- und Vollstreckungsverfahrens im Land, in dem die Sache belegen ist, erspart.[258] Insbesondere, wenn es um Beziehungen zwischen Staaten geht, die keine der EuGVVO ähnlichen Regelungen untereinander kennen, sollte diese Ersparnis einer internationalen Exequatur-Instanz eine bemerkenswerte Erleichterung darstellen und auf große Zustimmung von Seiten der Kläger stoßen.

Zudem begegnet diese Regelung dem relativ üblichen Fall, dass nämlich ein vermisstes Kulturgut in einem Vertragsstaat aufgefunden wird (im Rahmen einer Auktion zum Beispiel), der Verkäufer des Gutes jedoch seinen Wohnsitz in einem anderen Staat hat. Ist dies kein Vertragsstaat (und hat der Diebstahl in keinem Vertragsstaat stattgefunden) kann unter Umständen der Rückgriff auf den Verkäufer erheblich erschwert sein.[259]

---

[258] Vgl. Droz, Rev. crit. dr. int. priv. 86 (1997) 267: „*De toute façon, en matière de retour des biens illicitement exportés, la compétence du for du lieu de situation prendra un aspect quasi exclusif*".

[259] Vgl. Prott, Commentary, 71.

Mithilfe des zusätzlichen Gerichtsstandes kann der Kläger flexibel je nach Fallgestaltung entscheiden, ob er von dieser oder von einer anderen ihm nach dem nationalen Recht oder dem internationalen Vertragsrecht zur Verfügung stehenden Zuständigkeitsregelung Gebrauch macht.[260]

Art. 8 Abs. 2 eröffnet den Parteien noch die Möglichkeit, den Rechtsstreit durch Vereinbarung einem anderen Gericht oder einem Schiedsgericht zu übertragen.[261]

Um die Erhaltung des Gutes während des Prozesses zu sichern, wurde noch eine Vorschrift zu vorläufigen Maßnahmen eingefügt. Gemäß Art. 8 Abs. 3 kann auf vorläufige Maßnahmen nach dem Recht des Vertragsstaates, in dem sich das Gut befindet, auch dann zurückgegriffen werden, wenn für die Entscheidung in der Hauptsache das Gericht eines anderen Vertragsstaates zuständig ist.[262] Diese Bestimmung soll vor allem den Kläger vor der Zerstörung, einer substanzverletzenden Behandlung oder dem schlichten Verschwinden des Gutes vor Abschluss des Rechtsstreites schützen, sofern das Gut sich in einem anderen Vertragsstaat befindet.[263]

Weiter regelt die Konvention die Anerkennung und Vollstreckung der Rückführungsurteile in den Vertragsstaaten nicht.

Bei der Ratifikation hat jeder Vertragsstaat gem. Art. 16 Abs. 1 zu erklären, in welcher Form ihm die geltend gemachten Rückgabeansprüche ersuchender Staaten unterbreitet werden sollen. Dabei kann er zwischen 3 Alternativen wählen:

Klage wird unmittelbar vor seinen Gerichten oder seinen anderen zuständigen Behörden erhoben, oder

eine von ihm bezeichnete Behörde wird angerufen, nimmt die Klagen entgegen und leitet sie an die zuständigen Gerichte weiter, oder

es muss der diplomatische oder konsularische Weg gegangen werden.

Dies gilt aber selbstverständlich nur für staatliche Rückgabe- oder Rückführungsbegehren, nicht für private.

---

260 Denkbar sind dabei zum Beispiel gem. der EuGVVO im Falle gestohlener Kulturgüter (bei illegal exportierten Kulturgütern findet die EuGVVO keine Anwendung) noch eine Klage am Wohnort des Beklagten oder des Mitbeklagten, oder aber eine Klage am Ort der unerlaubten Handlung, also hier des Diebstahls.

261 Vgl. hierzu die überzeugende Analyse von Sidorsky, Int.J. Cult. Prop., 5 (1996) 19 ff.

262 Vgl. gleichlautend: Art. 31 EuGVVO (ehem. Art 24 EuGVÜ); wird hier wohl in Fällen eingesetzt werden in denen eine Exequatur durch den Belegenheitsstaat zu erwarten ist (Droz, Rev. crit. dr. int. priv. 86 (1997) 268).

263 Vgl. Prott, Commentary, 72.

Gem. Art. 16 Abs. 2 können die Staaten bei der Ratifizierung die Gerichte oder Behörden bezeichnen, vor denen Rückgabeansprüche geltend gemacht werden sollen. Dies ist jedoch keine zwingende Pflicht. Sollten sie von dieser Möglichkeit Gebrauch machen, so können sie ihre Erklärungen jederzeit durch eine neue Erklärung abändern oder widerrufen (Art. 16 Abs. 3).

## 5. Bewertung der UNIDROIT Konvention

Betrachtet man die UNIDROIT Konvention in ihrer Gesamtheit, so fällt die Bewertung insgesamt doch deutlich positiv aus.

Kritik wurde – wie wir es im Laufe der Darstellung gesehen haben – bereits während ihrer Ausarbeitung und auch nach ihrer Fertigstellung an mehreren einzelnen Punkten geübt. Im Wesentlichen konzentriert sich jedoch die teilweise geäußerte Ablehnung auf drei Aspekte. Zunächst sind die Verjährungsfristen zu lang. Ferner wird die Verteilung der Beweislast als problematisch empfunden. Oft wird in diesem Zusammenhang angeführt, der gutgläubige Erwerber werde zu einseitig belastet; entsprechende Sorgfaltspflichten hätten auch dem bestohlenen Eigentümer aufgebürdet werden sollen. Schließlich wird noch Definition von Kulturgut kritisiert, die als zu weitgehend gilt, wobei hier vor allem die nicht ganz eindeutigen Zusatzkriterien bei illegal exportiertem Kulturgut angegriffen werden. Hier ist meines Erachtens allerdings lobend hervorzuheben, dass in der Kulturgutdefinition die essentiellen Gedanken des Denkmal und Bestandschutzes in vorbildlicher Weise Eingang gefunden haben, die sich bedauerlicherweise sonst kaum in einem Regelungswerk zum Kulturgüterschutz so direkt finden.

Wie bereits oben erwähnt war ein Konsens im Rahmen der Rückgaberegelung von gestohlenen Kulturgütern viel einfacher zu erzielen.

Richtig ist, dass die Regelung der *compensation* etwas detaillierter hätte erfolgen können, um auch insofern eine größere Rechtssicherheit zu gewährleisten. Hier ist die Rechtsprechung gefordert, mit der Zeit geeignete Maßstäbe zu entwickeln.

Erwartungsgemäß kommt die schärfste Kritik aus Richtung des Kunsthandels (sowohl von Händler- als auch von Sammlerseite). Ein amüsantes Beispiel der oftmals sehr theatralischen Krisenrhetorik bezüglich der Konvention von Seiten des Kunstmarktes bietet die Beanstandung der französischen Antiquargewerkschaft, nach deren (ohne Begründung geäußerten) Ansicht die UNIDROIT Konvention gegen die „Déclaration des Droits de l'Homme et du Citoyen" von 1789 verstoße.

Viel schwerer wiegen denn auch die Verdienste der Konvention. Ihre klare, durchsichtige Struktur, ihr weiter, nicht mehr von der Designation durch den Staat abhängiger Schutzbereich, die differenzierende Trennung der Ansprüche, das eingeführte Klagerecht des privaten Eigentümers, der neue umfassende Schutz von archäologischem Gut, der klare Bezug auf den Denkmal- und Bestandschutz, die richtungweisende Umkehr der Beweislast sowie der neue eigene Alternativgerichtsstand zur Erleichterung der Vollstreckung sind Errungenschaften, die tief greifende Veränderungen im illegalen Kunsthandel bewirken könnten. Insbesondere in Bezug auf die Rückführung von gestohlenem Kulturgut bedeutet die UNIDROIT Konvention einen entscheidenden Fortschritt, denn durch die UNESCO Konvention wurde in dieser Hinsicht nur ein ganz schwacher Schutz geboten. Die neu erarbeiteten Regelungen auf privatrechtlicher Ebene scheinen sehr vielversprechend, auch im Hinblick auf die erwünschte Moralisierung des Kunsthandels und eine höhere Sorgfalt im Warenverkehr *pro futuro*. Die Konvention – würde sie weiträumig ratifiziert werden – könnte größere Rechtssicherheit schaffen und Sammler, Museen und Eigentümer – ob privat oder staatlich – effektiv vor Situationen wie derjenigen des oben besprochenen *Winkworth vs. Christie's* Falles schützen. Insgesamt wurden Kompromisse im Sinne zweckmäßigen Interessenausgleichs gesucht und meines Erachtens auch gefunden.

Die Möglichkeit dazu eröffnete sich den UNIDROIT Verfassern größtenteils dank der UNESCO Vorgängerkonvention von 1970, da diese bereits in den verschiedenen Rechtskreisen ein Bewusstsein für das Problem des illegalen Handels mit Kulturgut geschaffen hatte. Dieses wurde dann in den Jahren nach In-Kraft-Treten der UNESCO Konvention durch die dramatische Verschlimmerung der Lage geschärft. Die Kompromissbereitschaft der Staaten war deshalb 1995 viel größer als noch 25 Jahre zuvor. Die beiden Konventionen sollen Hand in Hand – die eine auf öffentlich-rechtlicher, die andere auch verstärkt auf privatrechtlicher Ebene – einen effektiven Schutz von Kulturgut gewährleisten.[264] Die starke Anlehnung der UNIDROIT Konvention an die UNESCO Konvention, die sich bereits in den sich überlappenden Schutzbereichen offenbart, verspricht den beabsichtigten, ergänzenden Einsatz der beiden Übereinkommen zu vereinfachen.

Zusammenfassend ist also festzuhalten, dass trotz mancher berechtigter Kritik im Einzelnen die UNIDROIT Konvention als enormer Fortschritt für den Internationalen Kulturgüterschutz zu befürworten ist. Sie stellt einen praxisorientierten, auf politische Durchsetzbarkeit gerichteten Minimalkatalog dar. So verspricht die Konvention eine wesentliche Verbesserung des zurzeit ausufernden illegalen Kunsttransfers. Allerdings bedarf es einer großflächigen Ratifizierung der UNIDROIT Konvention, damit ihre fortschrittlichen Instrumente die erwünschte Wirkung entfalten können.

[264] So auch Prott, Commentary, S. 26; dies. in Unif. L. Rev. 1996, 62.

# III. Die EU Regelungen zum Kulturgüterschutz: VO 3911/92 und RL 93/7

## 1. Hintergrund der EU-Maßnahmen zum Kulturgüterschutz

Mit der Realisierung des freien europäischen Binnenmarktes seit dem 1.1.1993 sind die nationalen Zollschranken innerhalb der EU weggefallen. Grenzkontrollen finden grundsätzlich nur noch an den Außengrenzen der EU statt, zwischen den Mitgliedstaaten können Waren frei zirkulieren. Diese Perspektive hat vor allem in den kulturreichen südeuropäischen Staaten die Befürchtung einer massiven Abwanderung ihres Kulturguts ausgelöst. Art. 30 EGV lässt zwar Maßnahmen der Mitgliedstaaten *„zum Schutze (...) des nationalen Kulturguts von künstlerischem, geschichtlichem oder archäologischem Wert (...)“* zu, auch wenn es durch diese zu einer Beeinträchtigung des innergemeinschaftlichen Handels kommt, dennoch wurde schon früh auf gemeinsame kompensierende Maßnahmen gegen diesen Kontrollverlust gedrängt.[265] Die EU-Kommission ergriff 1989 die Initiative mit einer „communication interprétative“ – einer auslegenden Mitteilung – zu Art. 30 EGV, die sie jedoch aufgrund des starken Widerstands von Seiten der Mitgliedstaaten rasch wieder zurückzog.[266] Aber die Debatte über einen europäischen Kulturgüterschutz war damit eröffnet. Es wurde der Rückgriff auf verschiedene thematisch einschlägige Instrumente wie die UNESCO Konvention von 1970 und der damals noch im Entwurfsstadium befindlichen UNIDROIT Konvention erwogen. Letztlich wurden jedoch diese Ansätze aufgrund scharfer nationaler Ablehnung wieder verworfen. Frankreich schlug die Einführung eines recht komplizierten und höchst aufwendigen Zertifikatsystems vor, welches schließlich aus Gründen der Realisierbarkeit ebenfalls abgelehnt wurde.[267] Schließlich einigten sich die Mitgliedstaaten auf den Erlass von zwei Maßnahmen, zum einen einer Verordnung über die Ausfuhr von Kulturgütern in Drittstaaten (VO 3911/92), zum anderen einer Richtlinie über die Rückgabe von illegal ausgeführten Kulturgütern zwischen den Mitgliedstaaten (RL 93/7/EWG). Die Verordnung Nr. 3911/92 vom 9.12.1992 bestimmt, dass der Export von Kulturgütern im Sinne des Anhangs der Verordnung in Staaten außerhalb der EU nur erfolgen darf, wenn eine Ausfuhrgenehmigung vorliegt (Art. 2 Abs. 1). Das zweite Instrument, die Richtlinie 93/7/EWG vom 15.3.1993, ist im Gegensatz zur Verordnung 3911/92 nicht unmittelbar geltendes Recht in den Mitgliedstaaten, sondern bedurfte der Umsetzung in die nationalen Rechtsordnungen. Ihr Hauptziel ist die Durchsetzung von Verbringungsverboten der ande-

---

[265] Siehr, KUR 1999, 225 (226); zur Entstehung der Richtlinie s. auch Schwarze, JZ 1994, 111, (111).

[266] Schwarze, JZ 1994,111 (114).

[267] Colloque „Marché Commun – Marché de l'Art“, Centre Pompidou, Paris, Juin 1992.

ren EU-Mitgliedstaaten im Inland und die damit einhergehende Rückgabe illegal verbrachter Kulturgüter in den Herkunftsstaat zu sichern. Jeder Staat hat aber selbst für die Schaffung von adäquaten Verbringungsverboten zu sorgen. Eine Pflicht zum Schutz des nationalen Kulturgutes besteht nicht. Die EU hat mit diesen Maßnahmen also keine eigene Kulturpolitik formuliert, sondern lediglich die nationalen Verbringungsverbote „europäisiert.“[268]

## 2. Die Verordnung 3911/92

*„Im Hinblick auf die Verwirklichung des Binnenmarktes müssen im Warenverkehr mit Drittländern Vorschriften erlassen werden, die den Schutz von Kulturgütern gewährleisten.“*[269] Mit diesem Grundgedanken kamen die Vorschriften der Verordnung 3911/92 zustande. Diese sollen eine einheitliche Kontrolle der Ausfuhr von Kulturgütern an den Außengrenzen der EU sicherstellen.

### 2.1. Genehmigungsvorbehalt

Gemäß Art. 2 Abs. 1 der Verordnung 3911/92 darf die Ausfuhr von Kulturgütern aus dem Zollgebiet der EU nur erfolgen, wenn eine Ausfuhrgenehmigung vorliegt. Diese wird auf Antrag erteilt und gilt sodann gem. Art. 2 Abs. 3 Verordnung 3911/92 in der gesamten EU. Gem. Art. 2 Abs. 2 Verordnung 3911/92 wird die Ausfuhrgenehmigung erteilt von einer zuständigen Behörde des Mitgliedstaates, in dessen Hoheitsgebiet sich das betreffende Kulturgut am 1. Januar 1993 rechtmäßig und endgültig befunden hat, *oder*, nach dem genannten Datum, von einer zuständigen Behörde des Mitgliedstaates, in dessen, Hoheitsgebiet es sich nach rechtmäßiger und endgültiger Verbringung aus einem anderen Mitgliedstaat oder nach der Einfuhr aus einem Drittland oder der Wiedereinfuhr aus einem Drittland nach rechtmäßiger Verbringung aus einem Mitgliedstaat in dieses Land befindet. Der Belegenheitsstaat ist demnach zuständig für die Erteilung der Ausfuhrgenehmigung, wenn das Kulturgut dorthin rechtmäßig importiert wurde. Für illegal eingeführte Kulturgüter kann daher auch keine Ausfuhrgenehmigung erteilt werden kann. Ein illegal innerhalb der EU geschmuggeltes Kulturgut wird demnach nicht in ein Drittland exportiert werden können.

Die Genehmigungspflicht besteht nicht nur für die endgültige Ausfuhr, sondern auch für die vorübergehende (zum Beispiel zu Ausstellungs- oder Restaurierungszwecken).[270] Mit der Verordnung (EWG) Nr. 752/93 der Kommission vom

---

[268] Siehr, KUR 1999, 225, 227.

[269] Siehe Präambel der Verordnung EWG Nr. 3911/92 des Rates vom 9. Dezember 1992 über die Ausfuhr von Kulturgütern.

[270] S. auch Eberl, NVwZ 1994, 729.

30. März 1993 zur Durchführung der Verordnung über die Ausfuhr von Kulturgütern wurde ein einheitlicher Vordruck für die Ausfuhrgenehmigung vorgeschrieben.[271]

Die Ausfuhrgenehmigung kann nur versagt werden, sofern das betreffende Kulturgut ein Kulturgut im Sinne der Verordnung 3911/92 ist und unter eine Rechtsvorschrift zum Schutz nationalen Kulturguts von künstlerischem, geschichtlichem oder archäologischem Wert in dem betroffenen Mitgliedstaat fällt (Art. 2 Abs. 2 Unterabs. 3). Im Einzelfall kann aber auch in diesen Fällen eine Genehmigung erteilt werden.

## 2.2. Geschützte Güter

Aus der Präambel der Verordnung 3911/92 geht hervor, dass die Mitgliedstaaten weiterhin bestimmen, welche Gegenstände als nationales Kulturgut im Sinne von Art. 30 EGV einzustufen sind. Im Handel mit Drittländern jedoch legt die Verordnung 3911/92 selbst fest, welche Kulturgüter von der EU zu schützen sind. Als Kulturgüter im Sinne der Verordnung 3911/92 gelten die in ihrem Anhang aufgeführten Güter. Jedes Kulturgut, das den Anforderungen dieses Anhangs entspricht, ist somit von der Verordnung geschützt – ganz unabhängig davon, ob es im Ausfuhrstaat als nationales Kulturgut gilt: sein Export bedarf der Genehmigung. Umgekehrt wird ein Kulturgut, welches durch einen Mitgliedstaat als nationales Kulturgut für schützenswert erklärt wurde, aber nicht unter eine der Kategorien des Anhangs der Verordnung fällt, nicht durch die EU geschützt. Sofern dessen Ausfuhr aus dem Mitgliedstaat verboten ist, kann dies nicht an den Außengrenzen der EU kontrolliert werden. Dabei wird der Handel mit den Gütern, die nur unter den Anhang der Verordnung 3911/92 fallen, nicht aber als national wertvolles Kulturgut eingestuft wurden, durch das Erfordernis der Ausfuhrgenehmigung lediglich überwacht. Durch diese Regelung erfolgt eine Kontrolle an den Außengrenzen der EU. Ein Eingriff in den Handel mit Kulturgut erfolgt nur bei den Kulturgütern, die von der Verordnung 3911/92 prinzipiell und von dem Mitgliedstaat konkret als schützenswert eingestuft wurden. Denn nur die Ausfuhr von Kulturgütern, die unter den Anhang der Verordnung 3911/92 fallen *und* vom betroffenen Mitgliedstaat durch Rechtsvorschrift geschützt sind, kann verboten werden.

---

[271] Die Durchführungsverordnung legt neben dem Text der Genehmigungsformulare, sogar auch millimetergenau deren Größe und grammgenau das Gewicht ihres Papiers fest (Art. 3 I und II DVO).

## 2.3. Anhang der Verordnung 3911/92

Der Anhang der Verordnung 3911/92 ist in zwei Teile gegliedert. Im ersten Teil A finden sich die verschiedenen Kulturgut-Kategorien, die von der Verordnung geschützt werden sollen. Diese 14 Kategorien erfassen alle wesentlichen Kulturgüterbereiche.[272] Am Schluss findet sich noch ein breiter Auffangtatbestand für „sonstige Antiquitäten." Teil B definiert hingegen die entsprechenden Mindestwerte, oberhalb derer die Kulturgüter der Kategorien aus Teil A Schutz genießen sollen. Ein Kulturgut wird demnach geschützt, wenn es einer in Teil A aufgeführten Kategorie angehört und den seiner Kategorie entsprechenden Mindestwert aus Teil B erreicht. Diese Wertschwellen reichen von Null (wertunabhängiger Schutz) bis 150.000 Euro. Kritik wurde an diesem Anhang vor allem mit Blick auf seine Ungenauigkeit geübt. Zum Beispiel bleibt unklar, worin genau der Unterschied zwischen „Gemälden" und „Bildern" in der Kategorie A 3 liegen soll. Und was genau unter den Begriff „Handschriften" in Teil A 8 zu subsumieren ist – möglicherweise auch alte Schulhefte?[273] Die Frage, wie zu verfahren ist, wenn ein Kulturgut unter mehrere Kategorien des Anhangs fällt, bleibt ebenfalls unbeantwortet. Zweifelsohne ist der Anhang der Verordnung 3911/92 nicht immer ganz eindeutig und so ist es auch an dieser Stelle an den betroffenen Parteien, die Lücken in der Praxis im Laufe der Zeit im Sinne eines weit reichenden Schutzes zu füllen. Denn wie wir bereits gesehen haben, ist eine eindeutige Definition von Kulturgut bzw. schützenswertem Kulturgut nahezu undenkbar. Jedem Definitionsversuch haftet eine gewisse Ungenauigkeit an, auch dem der Verordnung 3911/92, aber hier in vertretbarem Maße.

## 2.4. Verstöße gegen die Verordnung 3911/92

Erwähnenswert ist noch, dass gemäß Art. 9 jeder Mitgliedstaat selbst festlegt, wie Verstöße gegen die Verordnung 3911/92 zu ahnden sind. Die Sanktionen müssen hinreichende Gewähr für die Einhaltung dieser Bestimmungen bieten.

## 2.5. Bewertung

An der Verordnung 3911/92 wurde um die Zeit ihrer Entstehung viel Kritik geübt. Diese bezog sich vor allem auf ihren Anhang, d.h. auf ihren Schutzbereich. Zusätzlich zu den oben erwähnten Ungenauigkeiten wird dem Anhang der Verordnung 3911/92 vorgeworfen, er eröffne einen zu weiten Schutzbereich, der den freien Kunsthandel wesentlich belaste und den kulturellen Austausch erheb-

---

[272] Interessanterweise sogar zum Beispiel Verkehrsmittel die älter als 75 Jahre sind.

[273] Hipp, S. 265.

lich behindere. Der breite Schutz würde einen ungesunden Kulturnationalismus fordern und fördern. Dieser weite Schutzbereich, der sehr viele Kulturgüter umfasse, hätte auch eine unvertretbar große Bürokratisierung der Ausfuhr von Kulturgut zur Folge.[274] Es stellt sich die Frage, ob dieser enorme Kontrollaufwand notwendig ist, wenn doch letztlich nur in den Fällen, in denen auch auf nationaler Ebene das Kulturgut als besonders schützenswert eingestuft wurde, eine Ausfuhr konkret verhindert werden kann.

Im Hinblick auf die Realisierbarkeit spricht doch vieles für die geltende Regelung, denn nur so erscheint eine effektive Kontrolle an den Außengrenzen der EU möglich. Wäre nur die Ausfuhr der jeweils national bedeutungsvollen Kulturgüter zu genehmigen, müssten die Zollbeamten alle verschiedenen Kulturgüterschutzregelungen aller EU-Mitgliedstaaten kennen, um an den Grenzen die einschlägigen Kulturgüter entsprechend überprüfen zu können. Dies scheint nicht realistisch.

Auch in Bezug auf die Wertgrenzen wurde oftmals Kritik geäußert. Sie seien ein ungeeigneter Anknüpfungspunkt für den Kulturgüterschutz. Der Wert eines Kulturguts für eine Nation sei nur schwer in Geld zu bemessen und die starre Anknüpfung an den Marktwert führe dazu, dass Werke, die möglicherweise nicht außerordentlich schützenswert seien, weil sie keinen besonderen Bezug zum Belegenheitsstaat aufweisen, Schutz genießen, wohingegen weniger teure Kulturgüter, deren ideeller Wert hingegen sehr hoch sei und eine besondere Bedeutung für die Nation bestimme, womöglich aufgrund der Marktwertgrenzen nicht geschützt würden.

Tatsächlich ist die Anknüpfung an den Wert eines Kulturgutes wie bereits besprochen eher unglücklich. Andererseits bringen der Versuch der Definition von Kulturgut sowie die Eingrenzung des schützenswerten Kulturguts immer ungemein große Schwierigkeiten mit sich. Es gibt keinen klaren, präzisen und unstrittigen Weg zu diesen Zielen. Hier wurde der Weg der Praktikabilität beschritten und nach langen Auseinandersetzungen dieser Kompromiss gefunden. Unter Berücksichtigung der Schwierigkeiten bei der Ausarbeitung des Schutzbereichs der Verordnung 3911/92, setzt sie einen durchaus akzeptablen Schutzstandard, ohne den Anspruch der Vollkommenheit oder Endgültigkeit zu erheben. Die Verordnung 3911/92 sieht alle drei Jahre eine Überprüfung ihrer Wirksamkeit, sowie eine Überprüfung ihres Anhangs durch den Rat auf Vorschlag der Kommission vor, wobei gegebenenfalls die erforderlichen Anpassungen vorgenommen werden können (Art. 10). Die beiden ersten Überprüfungen sahen bereits vorsichtige aber überzeugende Änderungsvorschläge vor, die auch zu entsprechenden Anpassungen im Anhang führten.

---

274 Eberl, NVwZ 1994, 729.

## 3. Die Richtlinie 93/7

### 3.1. Zielsetzung der Richtlinie

Das zweite Instrument der EU zum Kulturgüterschutz ist die EU Richtlinie 93/7. Diese soll es laut ihrer Präambel ermöglichen, „*die Rückkehr von Kulturgütern in ihr Hoheitsgebiet zu erreichen, wenn diese im Sinne von Artikel 36 des Vertrages als nationales Kulturgut eingestuft und in der Verletzung der oben genannten einzelstaatlichen Vorschriften oder der Verordnung Nr. 3911/92 des Rates vom 9. Dezember 1992 über die Ausfuhr von Kulturgütern aus ihrem Hoheitsgebiet verbracht wurden. Die Durchführung dieser Rückgaberegelung sollte so einfach und wirksam wie möglich sein.*“[275]

Die Richtlinie enthält einen klaren Rückgabeanspruch für illegal exportierte Kulturgüter, der eine bemerkenswerte Durchbrechung des Prinzips der Nichtanerkennung ausländischen öffentlichen Rechts mit sich bringt.

### 3.2. Aufbau

Die Richtlinie besteht aus 19 Artikeln und ist verhältnismäßig straff gehalten. Ihr Aufbau ist klar und folgt den Bedürfnissen des zu regelnden Bereiches. Man kann sie grob in drei Teile gliedern, wobei der erste Teil die Artikel 1–4, die allgemeinen Vorschriften, umfasst. Teil 2 (Artt. 5–15) bildet den Kern der Richtlinie mit den Voraussetzungen der Rückgabeklage und Modalitäten der Rückgabe. Schließlich enthält Teil 3 Art. 16–19 die Schlussbestimmungen.

Die Richtlinie 93/7/EWG ist mittlerweile in allen EU-Ländern umgesetzt worden. In Deutschland erfolgte die Umsetzung mit vierjähriger Verspätung, durch das Kulturgutsicherungsgesetz vom 16. Oktober 1998.[276]

Doch wenden wir uns nun dem Rückführungsanspruch der Richtlinie 93/7 als solchem und seinen Voraussetzungen zu.

## 4. Der Rückführungsanspruch

Der Rückführungsgrundsatz wird in Art. 2 der Richtlinie formuliert. Dieser besagt: „*Die unrechtmäßig aus dem Hoheitsgebiet eines Mitgliedstaats verbrachten Kulturgüter werden nach den in dieser Richtlinie vorgesehenen Verfahren und Bedingungen zurückgegeben.*“

---

[275] 3. Erwägungsgrund.

[276] Besprechung des Kulturgutsicherungsgesetz (KGSiG) s.u.

## 4.1. Anspruchsvoraussetzungen

### 4.1.1. Kulturgut

Bei dem in Frage stehenden Gegenstand muss es sich also zunächst um ein Kulturgut im Sinne der Richtlinie handeln. Gem. Art. 1 gilt als Kulturgut im Sinne der Richtlinie *„ein Gegenstand,*

- *der vor oder nach der unrechtmäßigen Verbringung aus dem Hoheitsgebiet eines Mitgliedstaates nach den einzelstaatlichen Rechtsvorschriften oder Verwaltungsverfahren im Sinne des Art. 36 des Vertrages als „nationales Kulturgut von künstlerischem, geschichtlichem oder archäologischem Wert" eingestuft wurde und*
- *unter eine der im Anhang genannten Kategorien fällt oder, wenn dies nicht der Fall ist, zu öffentlichen Sammlungen gehört, die im Bestandsverzeichnis von Museen, Archiven oder von erhaltungswürdigen Beständen von Bibliotheken aufgeführt sind. Für die Zwecke dieser Richtlinie gelten als „öffentliche Sammlungen" diejenigen Sammlungen, die im Eigentum eines Mitgliedstaats, einer lokalen oder einer regionalen Behörde innerhalb eines Mitgliedstaats oder einer im Hoheitsgebiet eines Mitgliedstaats gelegenen Einrichtung stehen, die nach der Rechtsordnung dieses Mitgliedstaates als öffentlich gilt, wobei dieser Mitgliedstaat oder eine lokale oder regionale Behörde entweder Eigentümer dieser Einrichtung ist oder sie zu einem beträchtlichen Teil finanziert;*
- *im Bestandsverzeichnis kirchlicher Einrichtungen aufgeführt ist.*

Der Anhang zur Richtlinie entspricht dem Anhang der Verordnung 3911/92. Er enthält eine genaue Aufzählung der verschiedenen geschützten Kulturgut-Kategorien und benennt auch für fast jede unter ihnen Alters- und/oder Wertgrenzen unterhalb derer ein Schutz entfällt. Gemäß Artikel 14 Abs. 1 steht es den Mitgliedstaaten jedoch frei, ihre Verpflichtung zur Rückgabe, auf weitere Kategorien von Kulturgütern auszudehnen.

Ein Objekt muss demnach zwei Voraussetzungen erfüllen, um in den Schutzbereich der Kulturgüterschutzrichtlinie zu fallen:

Erstens muss es in dem Mitgliedstaat, aus dem es illegal verbracht wurde, als „nationales Kulturgut von künstlerischem, geschichtlichem oder archäologischem Wert" eingestuft worden sein und zweitens muss es entweder einer der Kategorien des Anhangs zuzuordnen sein, zu einer öffentlichen Sammlung gehören, oder im Bestandsverzeichnis einer kirchlichen Einrichtung aufgeführt sein. Hier findet sich also eine Kombination aus dem Enumerations- und dem Kategorisierungsprinzip.

### 4.1.2. Unrechtmäßige Verbringung nach dem 1. 1. 1993

Das Kulturgut muss unrechtmäßig verbracht worden sein. Damit gemeint ist gemäß Art. 1 Ziff. 2 der Richtlinie 93/7 *„jede Verbringung aus dem Hoheitsgebiet eines Mitgliedstaats entgegen dessen Rechtsvorschriften für den Schutz nationaler Kulturgüter, sowie jede nicht erfolgte Rückkehr nach Ablauf der Frist für eine vorübergehende rechtmäßige Verbringung“* (zum Beispiel als Leihgabe für eine Ausstellung).

Gestohlene Kulturgüter werden, trotz der Fürsprache von Deutschland, Frankreich, Griechenland, Italien und den Niederlanden, von dem Anwendungsbereich der Richtlinie nicht erfasst.[277]

Die illegale Ausfuhr muss gem. Art. 13 der Richtlinie nach dem 1.1.1993 erfolgt sein. Es steht aber gemäß Art. 14 Abs. 2 den Mitgliedstaaten frei, die Regelungen der Richtlinie auf Anträge auf Rückgabe von Kulturgütern anzuwenden, die *vor* dem 1. Januar 1993 unrechtmäßig aus dem Hoheitsgebiet anderer Mitgliedstaaten verbracht wurden.

### 4.1.3. Gegenwärtige Lage in einem Mitgliedstaat

Das illegal exportierte Kulturgut muss zudem bei Klageerhebung in einem Mitgliedstaat der EU belegen sein. Hierbei ist es gleichgültig, ob dieses direkt durch einen illegalen Export von einem EU-Staat in einen anderen dahin gelangt ist, oder ob ein unzulässiger Export ins EU-Ausland zeitlich dazwischen liegt.[278]

### 4.1.4. Anspruchsinhaber und Anspruchsschuldner

Anspruchsinhaber und klageberechtigt ist gem. Art. 5 nur der Staat, aus dessen Hoheitsgebiet das Kulturgut unrechtmäßig verbracht wurde, nicht der möglicherweise bestehende private Eigentümer des Kulturgutes.[279] Anspruchsschuldner ist gemäß Art. 5 direkt der Eigentümer und ersatzweise der Besitzer, nicht der ersuchte Mitgliedstaat. Letzterer hat jedoch gem. Artt. 3, 4, 6 der Richtlinie Hilfe bei den Nachforschungen nach dem Verbleib des Kulturguts zu leisten und schuldet auch Unterstützung bei dessen Sicherstellung und Substanzerhaltung.

---

[277] Vgl. Bericht des Auswärtigen Amtes über eine Anhörung von Experten des Ausschusses für Kulturfragen durch die EG-Kommission am 22.01.1991 zu den Vorentwürfen eines Richtlinienvorschlags und eines Vorschlags für eine Verordnung vom 31.07.1991.

[278] Raschèr, S. 43.

[279] Geltend gemacht werden die Rückgabeansprüche zum Beispiel in Deutschland durch die Länder (§ 2 KGSiG), in Italien durch den Minister für Kulturgüter und Umwelt (Artt. 9 Abs. 1 und 1 Abs. 1 lit. b des Decreto No. 88).

Hierfür werden zentrale Stellen von den Mitgliedstaaten ernannt, die bei der Wahrnehmung ihrer Aufgaben zusammenarbeiten.[280]

### 4.1.5. Verjährung

Der Rückgabeanspruch ist gem. Art. 7 befristet, und zwar auf ein Jahr seit Kenntnis des ersuchenden Mitgliedstaats von dem Belegenheitsort des Kulturguts und der Identität des Eigentümers oder Besitzers. Diese einjährige relative Verjährungsfrist erscheint viel zu kurz im Hinblick auf ein Rückgabebegehren. Um den daraus potentiell zu erwartenden Schaden für die Rechte der Mitgliedstaaten möglichst gering zu halten, sind hier zumindest die Anforderungen an die Kenntnis sehr streng zu bewerten. Das Erscheinen des Objektes in einem Auktionskatalog eines anderen Mitgliedstaates darf nicht zur Kenntnis genügen. Vielmehr ist hier streng von positiver Kenntnis auszugehen.

Neben dieser relativen Verjährungsfrist sieht Art. 7 Abs. 1, 2. Unterabs. eine absolute Verjährungsfrist von 30 Jahren, bei Kulturgütern aus öffentlichen oder kirchlichen Sammlungen eine solche von 75 Jahren ab dem Zeitpunkt ihrer Verbringung vor.

Bei den zuletzt genannten Kulturgütern ist auch eine Unverjährbarkeit des Anspruchs möglich, wenn dieser in den einzelnen Rechtsordnungen– wie in Italien zum Beispiel[281] – für unverjährbar gilt.

## 4.2. Anordnung der Rückgabe und Entschädigung

Sind alle oben genannten Anspruchsvoraussetzungen gegeben und ist der Anspruch nicht verjährt, so ordnet das zuständige Gericht gem. Art. 8 die Rückgabe des Kulturgutes an.

Gemäß Art. 1 Ziff. 5 ist unter Rückgabe, *„die materielle Rückkehr des Kulturgutes in das Hoheitsgebiet des ersuchenden Mitgliedstaates“* zu verstehen. Das betroffene Kulturgut soll lediglich auf das Territorium des Ursprungsstaates zurückgegeben werden. Mit dieser Rückkehr wir nur der Verbleib des „nationalen Kulturguts“ im Hoheitsgebiet des Ursprungstaates sichergestellt. Damit ist kein Anspruch auf Übertragung des Eigentums an den Staat verbunden. Wie die Eigentums- und Besitzverhältnisse näher ausgestaltet sind, regelt die Richtlinie jedoch nicht.

---

280 In Deutschland gem. § 3 KGSiG: das Bundesministerium des Inneren.

281 Art. 9 Abs. 3 des Decreto No. 88.

### 4.2.1. Art. 12

Lediglich Art. 12 enthält eine Regelung zur Eigentumsfrage. Danach bestimmt sich das Eigentum am Kulturgut nach erfolgter Rückgabe nach dem Recht des ersuchenden Mitgliedsstaates. Auch dies verdeutlicht den Willen des europäischen Gesetzgebers, in der Richtlinie bewusst die Klärung der Eigentumsfrage am Kulturgut von der Frage der Rückführung in den Herkunftsstaat zu trennen. Es geht ihr nur um die Rückkehr auf das Hoheitsgebiet. Bezüglich der Rechtsnatur und genauen Bedeutung von Art. 12 herrscht jedoch Uneinigkeit in der Literatur. Teilweise wird er als Gesamtverweisung auf das Sach- und Kollisionsrecht des ersuchenden Staates verstanden. Weiter verbreitet ist jedoch die Meinung, dass Art. 12 nur auf das Sachrecht des Ausfuhrstaates verweist und somit als Sonderkollisionsnorm zu verstehen ist.[282] Für diese Ansicht sprechen zwei gewichtige Argumente. Zum einen wird angeführt, Art. 12 sei erarbeitet worden, um der Rechtsordnung, die durch den illegalen Export verletzt wurde, wieder zur Geltung zu verhelfen. Die unter der *lex rei sitae* erworbenen Rechte wurden durch Rechtsnormen begründet, die nicht hätten gelten dürfen, da sie nur aufgrund des illegalen Exports zur Anwendung kamen, und dem möchte Art. 12 entgegenwirken.[283] Zum anderen wäre Art. 12, wenn man ihn als Gesamtverweisung verstünde, überflüssig, da er dann auf die ohnehin in allen EU Staaten geltende *Situs-Regel* zurückverweisen würde und somit auf den auch ohne ihn bestehenden Rechtszustand. Aus diesen Gründen ist Art. 12 als eine Sonderkollisionsnorm zu verstehen.[284]

Ist also ein Kulturgut einmal an den Ursprungsstaat zurückgegeben, so beurteilen sich die sachenrechtlichen Vorgänge vor der Rückgabe nicht länger nach der *lex rei sitae*, sondern nach dem Recht des ersuchenden Staates. Auf diese Art und Weise wird dem ersuchenden Staat der nötige Handlungsspielraum eröffnet. Bei dessen Ausfüllung kann er zum Beispiel bestimmen, dass alle illegal verbrachten Kulturgüter bei Ausfuhr in staatliches Eigentum übergehen. Eine solche Regelung wäre durchaus mit der Richtlinie vereinbar, da es dieser nicht um die

---

[282] De Ceuster, Revue du marché unique européen, 1993, 33, 46; Fuchs, IPRax 2000, 281, 285; Turner, S. 253. Jayme, IPRax 1999, 401, 413; 1993, 357, 360 abw. Müller Katzenburg S. 124 f., 283 ff., 286; Kreuzer in: MüKo Art. 38 EGBGB Anh. I Rn. 195; siehe dazu auch die nicht ganz durchsichtige Position von Siehr, RabelsZ 1995, 455, 464 ff., ders. in KUR 1999. 225, 232 und in: ZVglRWiss 1996, 170, 180 f.

[283] Siehe die Erläuterungen zum Vorschlag der Kommission, S. 30, Carducci, S. 150.

[284] Immer wieder taucht in der Literatur der Wille auf, ein Sonderkollisionsrecht für Kulturgüter zu schaffen, da der Handel mit Kunst sich doch in manchen Punkten deutlich von dem Handel mit Verbrauchsgütern unterscheidet. Die bewusste Ausnutzung der *lex rei sitae* durch Kunstdiebe und –Hehler gibt immer neuen Anlass zu Überlegungen, wie eine Sonderkollisionsnorm für Kulturgüter aussehen könnte. S. Jayme für eine Anknüpfung an die lex originis, IPRax 1993, 357, 360; ders. in IPRax 1990, 347, siehe auch Mansel, IPRax 1988, 268, 271. Zu einigen Modellvorschlägen Armbrüster, NJW 2001, 3581 f.

Sicherung privater Eigentumsrechte, sondern um die physische Rückkehr des Kulturguts auf das Territorium des Herkunftsstaates geht. Allerdings könnte der private Eigentümer gelegentlich von dieser Kollisionsnorm profitieren, da sie – je nach Rechtslage im Ursprungstaat – sein eigentlich gemäß der *lex rei sitae* im Ausland bereits verlorenes Eigentumsrecht wieder aufleben lassen kann. Wird zum Beispiel ein Kulturgut in Deutschland gestohlen, nach Italien geschmuggelt und dort an einen gutgläubigen Dritten verkauft, so erwirbt dieser Dritte nach dem gemäß der *lex rei sitae* anwendbaren italienischen Recht wirksam Eigentum. Wird allerdings das Kulturgut später auf Grundlage der Vorschriften der Richtlinie wieder nach Deutschland zurückgeführt, ist die Eigentumslage gem. Art. 12 der Richtlinie nach deutschem Recht zu beurteilen. Gem. § 935 BGB ist der gutgläubige Erwerb von gestohlenen Sachen nicht möglich, so dass nach deutschem Recht der ursprüngliche Eigentümer sein Eigentumsrecht nie verloren hat. Nach der Rückgabe verliert der gutgläubige Dritte sein Eigentumsrecht an den ursprünglichen deutschen Eigentümer. So können private Eigentümer mittelbar von der Geltung der Sonderkollisionsnorm profitieren. Sofern bestohlene Privateigentümer von der unrechtmäßigen Ausfuhr eines Kulturguts in einen anderen EU-Staat und von einer dort erfolgten wirksamen Verfügung über das Gut wissen, sollten sie sich an die zuständigen Zentralstellen wenden und dort die Geltendmachung des Rückgabeanspruchs aus der Richtlinie 93/7 erfordern. Das ist ihre einzige Möglichkeit, das inzwischen verlorene Eigentum zurück zu gewinnen.[285]

Für diese Fälle sieht die Richtlinie eine Entschädigung des gutgläubigen Erwerbers vor.

### 4.2.2. Entschädigung

Gem. Art. 9 der Richtlinie 93/7 hat das Gericht, sofern es die Rückgabe anordnet, die Möglichkeit, dem Eigentümer eine angemessene Entschädigung zu gewähren, sofern es der Überzeugung ist, dass dieser beim Erwerb mit der erforderlichen Sorgfalt vorgegangen ist. Dabei ist es dem Ermessen des Gerichts überlassen, was im Einzelfall als angemessen erachtet wird und auch, ob die erforderliche Sorgfalt beim Erwerb vorlag. Die Beweislast bestimmt sich nach dem Recht des ersuchten Mitgliedstaats. Die Zahlung der Entschädigung erfolgt Zug-um-Zug gegen die Rückgabe der Sache (Art. 9) und geht zu Lasten des Herkunftsstaats.[286] Bemerkenswert ist hier, dass die Richtlinie 93/7 nur eine Entschädigung des Eigentümers vorsieht, nicht aber des gutgläubigen Besitzers. Dies

---

[285] S. dazu die Anregung von Fuchs, IPRax 2000, 281, 285.

[286] So auch alle anderen Kosten, die sich aus dem Vollzug der Entscheidung ergeben (Art. 10) Dem Staat bleibt jedoch gem. Art. 11 das Recht, eine Rückerstattung von der für die unrechtmäßige Verbringung verantwortlichen Person zu verlangen.

hätte, wie von *Siehr* zutreffend beschrieben, im deutschen Recht zu Unbilligkeiten geführt, zum Beispiel wenn der gutgläubige Besitzer eines gestohlenen und illegal exportierten Kulturgutes dieses aufwendig hatte restaurieren lassen. Nach den Vorschriften der Richtlinie könnte er diese Aufwendungen nicht vom Kläger zurück verlangen. Es bliebe ihm nur der steinige Weg einer neuen Klage im Ausland gegen den nicht klagenden Eigentümer. Aus diesem Grund ist das deutsche Umsetzungsgesetz an dieser Stelle von dem Wortlaut der Richtlinie abgewichen und hat den Entschädigungsanspruch statt dem Eigentümer dem „*Rückgabeschuldner*" zugesprochen, sei dieser nun Eigentümer oder bloß gutgläubiger Besitzer.

Bei der Analyse der Entschädigungsregelung stellt sich zunächst die Frage, wofür denn genau entschädigt wird. Vorausgesetzt, der Eigentümer ist beim Erwerb mit der erforderlichen Sorgfalt vorgegangen, sind zwei Fälle denkbar: im ersten darf der gutgläubige Erwerber das Kulturgut zwar weiter sein Eigentum nennen, muss dieses aber in fremdem Territorium ausüben, im zweiten muss der Eigentümer das Eigentum nach der Rückgabe aufgrund von Art. 12 gemäß dem anwendbaren Recht des ersuchenden Staates aufgeben.

Im ersten Fall bleibt die Sache im Eigentum des Beklagten und geht nur zum Beispiel als Dauerleihgabe an den Staat. Es ist fraglich, welche Belange hierbei zu berücksichtigen sind. Einerseits könnte es um den konkreten Wertverlust des Gutes durch die Bindung an das Herkunftsland gehen. Andererseits muss der Eigentümer auch dafür entschädigt werden, dass er seinen Kunstgegenstand nicht mehr um sich haben kann und seine Eigentumsrechte nur erschwert ausüben kann. Die Richtlinie schweigt zu diesen konkreten Fragen. Bislang gibt es auch noch keine Rechtsprechung zu diesem Problem in der Richtlinie. In Frankreich wurden jedoch unabhängig von der Richtlinie bereits Entschädigungs-Fälle entschieden. So zum Beispiel der Fall des Schweizer Sammlers Walter, der das Van Gogh-Gemälde „*Jardin à Auvers*" nach Frankreich in seine Villa gebracht hatte. Als er es 1994 dann im Ausland verkaufen wollte, wurde ihm die Ausfuhrgenehmigung versagt. Daraufhin klagte er auf Entschädigung 1) wegen Wertverlust aufgrund des Ausfuhrverbots und 2) weil er es im Ausland für sehr viel mehr Geld hätte verkaufen können als auf dem französischen Markt. Die Klage hatte Erfolg und der französische Staat musste Herrn Walter 145 Millionen Francs zahlen.[287] Auch in ähnlichen Konstellationen wurden schon große Entschädigungssummen in Situationen zugesprochen, in denen sich die Eigentümer noch nicht einmal von ihren Gütern trennen mussten.[288] Hier bleibt weitere Rechtsprechung mit Spannung zu erwarten.

---

[287] Cour d'appel de Paris 6.7.1994, bestätigt durch Cour de Cassation 20.2.1996, Gazette du Palais 11./12.6.1997, S. 12 = J.C.P. 1996 Jur., 22672 (S. 303). Hierzu Ramier in Int. J. Cult. Prop. 6 (1997) 342.

[288] Zum Beispiel Cour de Cassation 16.7.1998.

Im zweiten Fall stellt sich die Problematik noch schwieriger dar. Hier geht es darum, dass grundsätzlich auch der Verlust des Eigentums entschädigt werden müsste. Fraglich ist jedoch, ob das Gericht im ersuchten Staat bei der Würdigung der Rückgabeklage auch gleichzeitig die Eigentumsfrage klärt. Betrachtet man die Zielsetzung, Formulierung und Systematik der Richtlinie, ist dies wohl zu verneinen. Die Richtlinie schweigt zwar zu dieser Frage, wie zur konkreten Abwicklung der Rückgabe insgesamt, aber die Unabhängigkeit des Rückgabeanspruchs von Eigentumsfragen wird an so vielen Stellen der Richtlinie als essentielles Element hervorgehoben, dass davon auszugehen ist, dass das ersuchte Gericht über den Rückgabeanspruch unabhängig von der Eigentumsfrage entscheidet. Dann müsste der ursprüngliche Eigentümer sich nach erfolgter Rückgabe an seinen Staat wenden, um sein Eigentum wiederzuerlangen. Art. 9 enthält nicht die Möglichkeit eines Lösungsrechts, da der ersuchende Staat grundsätzlich das Eigentum nicht für sich selbst beanspruchen kann[289] und bei der Rückgabeklage auch nicht als Vertreter der Interessen des ursprünglichen Eigentümers fungieren kann. Die Richtlinie enthält nicht die Möglichkeit einer Prozeßstandschaft oder Vertretung. Dennoch wäre es zum Schutz des gutgläubigen Erwerbers möglicherweise sinnvoll gewesen, die Erläuterung der Eigentumslage in die Rückgabeklage mit einzubinden. Denn nur wenn feststeht, wie sich die angeordnete Rückgabe auf das Eigentum auswirkt, ist die Frage nach der Entschädigung sinnvoll und korrekt zu beantworten.

Bemerkenswert ist schließlich noch, dass die Richtlinie dem Eigentümer auch nicht das Recht einräumt, das Eigentum gegen Entschädigung an den ersuchenden Staat abzutreten. Dies hätte noch Art. 9 sinnvoll ergänzt und einen fairen Interessenausgleich ermöglicht. Es könnte aufgrund wirtschaftlicher Erwägung ausgeblieben sein, da es vielen Staaten aus denen Kulturgut illegal verbracht wird, finanziell schwer fallen könnte, eine solche Entschädigung zu entrichten. Um diese nicht zu benachteiligen, hätte man aber an dieser Stelle statt dem Rückgabeschuldner einen Anspruch auf Eigentumsabnahme zu gewähren, diese Möglichkeit von einer Einigung beider Parteien abhängig machen können.

In der Praxis bleibt diese Möglichkeit selbstverständlich als Form der außergerichtlichen Einigung erhalten.

### 4.3. Rechtsweg und Zuständigkeit

Art. 5 der Richtlinie verlangt, dass die Klage in dem Mitgliedstaat anzubringen ist, in dem sich das Kulturgut befindet. Die EuGVVO ist hier nicht anwendbar,

---

[289] Außer in den Fällen, in denen er pauschal illegal ausgeführte Kulturgüter für Staatseigentum erklärt. Aber selbst in diesen Fällen wäre es nicht im Sinne der Richtlinie, die Eigentumsfrage im Rahmen der Rückgabeklage zu erläutern.

da es sich um einen öffentlich-rechtlichen Anspruch handelt – wie es die Überschrift des Abschnitt I des Kulturgüterrückgabegesetz hervorhebt – nicht eine Zivil- und Handelssache im Sinne des Art 1. Abs. 1 EuGVVO.[290]

Vor welchen Instanzen die Klage erhoben werden muss, regeln die einzelnen Mitgliedstaaten in ihren Umsetzungsgesetzen.

## 4.4. Weitere Klagemöglichkeiten

Die Richtlinie steht jedoch gem. Art. 15 weiteren zivil- oder strafrechtlichen Maßnahmen nicht entgegen, die dem ersuchenden Mitgliedstaat und/oder dem Eigentümer des entwendeten Kulturguts aufgrund nationaler Vorschriften der Mitgliedstaaten zur Verfügung stehen würden. So bleibt es dem beraubten Staat frei, aufgrund seines Eigentums die privatrechtliche Klage auf Herausgabe des Eigentums anzustrengen.[291] Ebenso kann der bestohlene Privateigentümer den Besitzer an seinem Wohnsitz[292] auf Herausgabe des Eigentums verklagen.[293] Außerdem kann ein Dieb am locus delicti commissi[294] auf Schadenersatz in Form von Herausgabe der Sache verklagt werden.[295] Kann er die Sache wegen Veräußerung nicht mehr herausgeben, schließt dies ein Herausgabeurteil aber aus. Schließlich kann der beraubte Mitgliedsstaat die verbrachte Sache als corpus delicti im Wege der internationalen Rechtshilfe in Strafsachen herausverlangen.[296]

Als problematisch erweist sich das Verhältnis dieser teilweise konkurrierenden Klagen zueinander, insbesondere das Verhältnis der aus dem illegalen Export resultierenden Rückgabeklage des Staates nach der Richtlinie und der auf dem Eigentum beruhenden Herausgabeklage des Eigentümers. Beide Klagen können nebeneinander bestehen. Sie haben einen verschiedenen Inhalt und eine verschiedene Rechtsgrundlage und können unabhängig voneinander entschieden werden. Dennoch sind sie eng verbunden, so dass eine „*Koordinierung ihrer Geltendmachung*“ empfehlenswert erscheint.[297] Hat der Eigentümer mit seiner

---

290 S. auch Fuchs, IPRax 2000, 281 (284).

291 So im Fall Stato francese c. De Contessini – Tribunale di Roma 27.6.1987, Riv. dir. int. 71 (1988) 920; Cass. 24.11.1005, n. 12166, Foro italiano 1996, I, Sp. 907. Fuchs, IPRax 2000, 281 (284).

292 Gem. Art. 2 Abs. 1 EuGVVO.

293 Scheitert diese Klage am gutgläubigen Erwerb der Sache durch den Beklagten, so kann der Herkunftsstaat immer noch aufgrund der Richtlinie die Rückkehr erwirken.

294 Gem. Art. 5 Abs. 3 EuGVVO.

295 Dazu Fuchs, IPRax 2000, 281 (284).

296 Vgl. Cass. Penale 8.1.1980, Giur ital. 1981, II, Sp. 12 mit Anm. Alma Testori.

297 Vgl. dazu Turner, S. 254.

Herausgabeklage Erfolg, so erübrigt sich die Klage des Staates auf Rückführung auf das Territorium, es sei denn der Eigentümer bringt das Kulturgut selbst erneut außer Landes oder verweigert die Rückführung auf das Territorium. Hat die Klage des Staates jedoch Erfolg, so wird die Herausgabeklage des Eigentümers nicht gegenstandslos, da dieser nach wie vor die Herausgabe beanspruchen kann.[298] Sowohl die Richtlinie als auch die Umsetzungsgesetze schweigen zu dieser Schwierigkeit. *Eberl* vertritt die Ansicht, dass im Falle eines gestohlenen Kulturguts die Klage des privaten Eigentümers auf Herausgabe dem Rückgabeanspruch des Staates aus der Richtlinie vorgehen müsse, da sonst der Staat Nutznießer des Diebstahls würde.[299] Hier verkennt er aber die Trennung von Eigentumsfrage und Territorialhoheit, die der Richtlinie zugrunde liegt. Wird die Rückgabe gemäß der Richtlinie angeordnet ist die Eigentumsfrage nicht geklärt, so dass der Staat aus dem Diebstahl und illegalen Export keinen Vorteil zieht.

Es würde zunächst sinnvoll erscheinen, der Klage des privaten Eigentümers Vorrang zu gewähren, da im Falle eines Obsiegens des Klägers der Anspruch des Staates auf Rückführung aus der Richtlinie sich – wie bereits oben erläutert – in aller Regel erledigt. Das Abwarten des Ausgangs der Herausgabeklage des ursprünglichen Eigentümers könnte dem Ursprungsstaat demnach das Prozessieren ersparen. Ausnahme hierzu wäre der Fall, in dem der Eigentümer beschließen sollte, sein zurück gewonnenes Eigentum außer Landes zu schmuggeln. Geschieht dies, muss der Herkunftsstaat doch noch Klage einreichen, nun aber gegen den neuen Belegenheitsstaat. Problematischer würde es, wenn der Eigentümer sein Kulturgut in das EU-Ausland schmuggeln würde. In diesem Fall könnte der Herkunftsstaat leer ausgehen. Daher ist nicht in jedem Fall ein Vorrang der privaten Klage empfehlenswert.

Ein Vorrang der staatlichen Klage erscheint von vornherein wenig sinnvoll, da diese im Hinblick auf die Eigentumsrechte nichts aussagt, so dass der private Eigentümer ohnehin seine Klage einreichen müsste. Im Einzelfall könnten sich höchstens Vorteile für diesen aus einer aufgrund der erfolgreichen staatlichen Rückführungsklage veränderten Zuständigkeit ergeben.

In der Praxis gilt aber, wie erwähnt, ohnehin kein Vorrangsverhältnis und es ist zu erwarten, dass wohl vor allem die Verjährungsfristen das parallele Einreichen der Klagen bedingen werden. Der Anspruch des privaten Eigentümers auf Herausgabe des Eigentums verjährt nach deutschem Recht gem. §§ 985, 197 BGB innerhalb von 30 Jahren, wohingegen der staatliche Anspruch auf Rückführung aus der Richtlinie bereits ein Jahr nach Kenntnis des Besitzers und Belegenheitsorts des Kulturguts verjährt. Insofern wird das aus den oben genannten Grün-

---

298 Vgl. Turner S. 255 mit Verweis auf De Ceuster, Revue du marché unique européen, 1993, 51 f.

299 Eberl, NVwZ 1994, 729 (733).

den möglicherweise sinnvolle Abwarten des Ausgangs der Klage des privaten Eigentümers dem Staat wohl nur dann möglich sein, wenn er erst während dieses Prozesses von Besitzer und Belegenheitsort des Kulturguts erfährt und ein Urteil in dem Prozess bereits absehbar ist. In den meisten Fällen wird er aber seine Klage unabhängig von der privaten einreichen müssen, um nicht die Verjährung seines Anspruchs zu riskieren.

## 5. Bewertung

Wie schon bei den anderen hier besprochenen Regelungswerken fällt auch die Bewertung der Richtlinie 93/7 zwiespältig aus.

Kritik ist vor allem in drei Punkten zu üben. Der erste ist die zu kurze relative Verjährungsfrist von einem Jahr, die keinen ausreichenden Schutzrahmen bietet. Dies wurde sogar von den Mitgliedstaaten selbst gerügt, wie aus den zwei Berichten der Kommission über die Anwendung der Richtlinie 93/7/EWG des Rates über die Rückgabe von unrechtmäßig aus dem Hoheitsgebiet eines Mitgliedstaats verbrachten Kulturgütern hervorgeht.[300] Hier wurde die Erhöhung der relativen Verjährungsfrist von ein auf drei Jahre ab Kenntnis des Belegenheitsortes des Kulturguts und der Identität des Besitzers vorgeschlagen. Dies würde bereits eine große Verbesserung darstellen und den ersuchenden Mitgliedstaaten einen befriedigenderen Handlungsspielraum einräumen. Leider wurde dieser Vorschlag bis heute nicht umgesetzt.

Zweitens vermag die Definition des geschützten Kulturguts in der Richtlinie 93/7/EWG nicht zu befriedigen. In deren außerordentlich offenem Wortlaut liegt ein zu großes Potential an Rechtsmissbrauch. Zudem fehlt ein erkennbarer Anknüpfungspunkt für die Nationalität der Kulturgüter. Fraglich ist, ob jeder Mitgliedstaat frei sein soll, alle Kulturgüter zu seinem nationalen Kulturgut zu erklären und damit andere Mitgliedstaaten zur Rückgabe zu verpflichten.[301]

Bereits in den verschiedenen sprachlichen Fassungen werden bedeutende Unterschiede im Verständnis sichtbar.[302] Während in der englischen und französischen Fassung der Ausdruck „national treasures“ oder „trésors nationaux“ verwendet wird, lautet es im Spanischen, Italienischen und Portugiesischen „patrimonio“ (Erbe) im Deutschen „Kulturgüter“. Hier werden zum einen schon verschiedene

---

[300] S. Pkt. 6.2. des Zweiten Berichts der Kommission an den Rat, das Europäische Parlament und den Europäischen Wirtschafts- Und Sozialausschuss über die Anwendung der Richtlinie 93/7/EWG des Rates über die Rückgabe von unrechtmäßig aus dem Hoheitsgebiet eines Mitgliedstaats verbrachten Kulturgütern – KOM (2005) 675, Brüssel 21.12.2005.

[301] Schwarze JZ 1994, 111 (113); Siehr, NJW 1993, 2206 (2208), ders. in KUR 1999, 225 (228); Turner, S. 179.

[302] Virgos-Soriano, S. 161 ff.; Mattera S. 22; Turner, S. 181 f.

Grade des wirtschaftlichen Werts bezeichnet, zum anderen aber auch verschiedene emotionale Einstellungen zu den geschützten Objekten. Der Bogen reicht von der betont nüchternen Ausdrucksweise der deutschen Fassung über das bereits emotional befrachtete „Erbe" der italienischen Fassung bis hin zur besonders emphatischen Formulierung als „Schätze."

Nach Art. 33 der Wiener Vertragsrechtskonvention wird vermutet, dass die Begriffe in den unterschiedlichen sprachlichen Fassungen die gleiche Bedeutung haben. Im Falle von unausräumbaren Unterschieden ist die Bedeutung anzunehmen, welche die Texte unter Berücksichtigung des Ziels und des Zwecks des Vertrages am besten miteinander in Einklang bringt.[303]

Das verbindende Element der Definitionen ist Art. 30 EGV. Dieser wirkt auch als einziger Einschränkungsmaßstab, da er eine Ausnahmebestimmung zur Warenverkehrsfreiheit bildet und als solche eng auszulegen ist.[304] Dennoch wird ein außerordentlich großer Anwendungsspielraum eröffnet, dessen Begrenzung meines Erachtens durch den Anhang nicht genügt.

In der Literatur wird zwar immer wieder versucht im Sinne des Art. 30 EGV Kriterien aufzustellen, die eine Kennzeichnung als nationales Kulturgut vereinfachen sollen.[305] Letztlich trägt die Vielfalt an Ansätzen zur Lösung dieser Frage aber eher zur Verwirrung als zur Klärung des Problems bei.[306] Es bleibt fraglich, ob im Sinne der Richtlinie Spanien jedes Werk von Fransisco de Goya, Deutschland jede Tafel von Lucas Cranach oder Griechenland jede legal ausgegrabene und ausgewertete Antike zu nationalem Kulturgut erklären darf. In der Rechtsprechung gibt es immer noch kaum Erfahrung zu diesen Streitfragen.

Insofern ist der europäische Gesetzgeber über das eigentliche Ziel hinausgeschossen. Eine Regelung, die versucht hätte, entscheidende Kunstwerke und Kulturgüter, die für die nationale Identität eines Mitgliedstaats von fundamentaler Bedeutung sind, im Lande zu halten oder die auf Erwägungen des Bestands- oder Denkmalschutzes gestützt worden wäre, wäre für alle klar verständlich und unproblematisch durch Art. 30 EGV gedeckt gewesen.[307] Die Regelung in der Richtlinie birgt jedoch durch die uferlose Ausdehnung ihres Anwendungsbereichs die Gefahr, dass der Großteil der in einem Mitgliedstaat vorhandenen Kulturgüter de facto weitgehend immobilisiert wird, und gleich-

---

303 Ress, S. 81; Turner, S. 181.

304 Siehr, KUR 1999, 225 (229); Uhl, S. 108 f.; Turner S. 179; a.A. Ress, S. 81; Poli S. 878.

305 Vgl. Siehr, KUR 1999, 225 (229); Pieroth, NJW 1990,1385 (1386 f.); Jayme, FS Lalive, S. 724 f.; siehe auch oben Teil 1 – allgemein zur Nationale Zuordnung von Kulturgütern.

306 S. Mattera S. 23; Turner, S. 186.

307 Vgl. auch Siehr NJW 1993, 2206 (2208).

zeitig eine nicht nur europaweite Verunsicherung produziert wird, die den Kulturgüteraustausch mit Europa einfrieren könnte.[308]

Schließlich ist äußerst bedauerlich, dass im Hinblick auf das Verhältnis der Klagen des Staates auf Rückgabe und des Privaten Eigentümers auf Herausgabe die Richtlinie keinerlei Regelung getroffen hat. Wie bereits besprochen, wäre eine Ergänzung insofern sinnvoll gewesen und hätte erheblich zur Wahrung der Rechtssicherheit beigetragen.

Bezüglich der weiteren oben besprochenen Unklarheiten, die sich in der Richtlinie finden, ist in den nationalen Umsetzungsgesetzen nach Klarheit zu suchen. In dieser Hinsicht ist es den Mitgliedstaaten zuzumuten, den von der Richtlinie 93/7 belassenen Handlungsspielraum auszufüllen.

Insgesamt überwiegen denn auch die positiven Aspekte der europäischen Regelung. Tatsächlich ist mit der Kombination aus der Richtlinie 93/7 und der Verordnung 3911/92 ein großer Schritt für den Kulturgüterschutz gelungen. Zwar bezieht sich lediglich auf die europarechtliche, also eine regionale Ebene, aber dennoch sollte hiermit ein Fundament für die Verpflichtung der EU Mitgliedstaaten allgemein zum Kulturgüterschutz begründet sein. Leider geht aus den Berichten der Kommission über die Umsetzung der Richtlinie 93/7 hervor, dass es bis dahin in Sachen Kulturgüterschutz nur selten zu Rückgabeverfahren und Zusammenarbeit zwischen den Mitgliedstaaten kam.

Bei allem Bedauern über diese wenigen Anwendungen, kann man dennoch diese auch lobend hervorheben. Das Bewusstsein der Mitgliedstaaten und des europäischen Kunst- und Antikenmarktes im Hinblick auf den Kulturgüterschutz wurde mit der Richtlinie 93/7 und der Verordnung 3911/92 sicherlich geschärft, so dass diese möglicherweise auch abschreckende Wirkung entfalten.

---

[308] Eberl, NVwZ 1994 729 (734).

# Teil 3: Rechtslage in Deutschland

Die Rechtslage in Deutschland lässt sich in drei Ebenen anordnen.

Zunächst finden sich Regelungen auf internationaler Ebene, bzw. deren Umsetzung im deutschen Recht. In Deutschland gilt gegenwärtig insofern das am 25. Mai 2007 in Kraft getretene Gesetz zur Ausführung des UNESCO – Übereinkommens vom 14. November 1970 über Maßnahmen zum Verbot und zur Verhütung der rechtswidrigen Einfuhr, Ausfuhr und Übereignung von Kulturgut (KGÜAG)[309], welches die UNESCO Konvention von 1970 in nationales Recht umgesetzt hat.

Des Weiteren spielt die europarechtliche Ebene im deutschen Recht zum Kulturgüterschutz eine wichtige Rolle. Diese spiegelt sich in dem Gesetz zur Umsetzung von Richtlinien der Europäischen Gemeinschaften über die Rückgabe von unrechtmäßig aus dem Hoheitsgebiet eines Mitgliedstaats verbrachten Kulturgütern und zur Änderung des Gesetzes zum Schutz deutschen Kulturgutes gegen Abwanderung – kurz Kulturgutsicherungsgesetz (KGSiG) vom 22.10.1998[310] wieder, welches die europäische Kulturgüterrichtlinie in deutsches Recht umgesetzt hatte. Das oben genannte KGÜAG wurde in das zur Zeit seiner Entwicklung bereits bestehende KGSiG eingeschmolzen, so dass beide Gesetze eng miteinander verknüpft sind.

Schließlich kommt der nationalrechtlichen Ebene im Kulturgüterschutz große Bedeutung zu. Im deutschen Zivilrecht werden im Allgemein Kulturgüter wie gewöhnliche Sachen behandelt, so dass auch sie und der Handel mit ihnen den Vorschriften des BGB unterliegen. Zudem werden national bedeutende Kulturgüter durch das Gesetz zum Schutz des Deutschen Kulturguts gegen Abwanderung ins Ausland (KGSchG) vom 6.8.1955[311] (geändert durch das KGSiG) geschützt.

Der Betrachtung und Bewertung dieser deutschen Vorschriften widmet sich der dritte Teil dieser Arbeit.

---

[309] BGBl. I 2007, Nr. 70, S. 3197–3262.

[310] BGBl. I 1998, S. 3162.

[311] BGBl. I 1955, S. 501.

## I. Die Regelungen des BGB – Der Vindikationsanspruch aus § 985 BGB

Im deutschen Kauf- und Sachenrecht wird nicht zwischen herkömmlichen beweglichen Sachen und Kulturgütern unterschieden. So gelten für den Kauf von Kulturgütern die §§ 433 ff. BGB und für deren Übereignung §§ 929 ff. BGB.

Grundlage für den zivilrechtlichen Anspruch des Eigentümers auf Herausgabe eines Kulturguts ist § 985 BGB. Dieser Anspruch setzt voraus, dass der Anspruchsteller (noch) Eigentümer des betroffenen Kulturguts ist und der Anspruchsgegner Besitzer ohne Recht zum Besitz (§ 986 BGB). Dieser Vindikationsanspruch weist vor allem zwei problematische Aspekte im Rahmen einer Kulturgutrückführung auf: zum einen das „Nochbestehen" des Eigentums des Anspruchstellers, zum anderen die Verjährung.

### 1. Die Eigentumsposition des Anspruchstellers

Zunächst muss der Anspruchsteller sein Eigentum an dem betroffenen Kulturgut nachweisen. Ihn trifft nach den allgemeinen Grundsätzen diesbezüglich die Beweislast. Für den Besitzer gilt die Eigentumsvermutung des § 1006 I BGB.

In der Prüfung eines Herausgabeanspruchs an einem Kulturgut spielt in der Regel der Zeitfaktor eine gewichtige Rolle. Auch im Rahmen des Eigentumsnachweises kann der Zeitablauf die Beweislage für den Anspruchsteller äußerst ungünstig beeinflussen. Die erforderliche Widerlegung der Eigentumsvermutung kann sich unter Umständen aufgrund der Unklarheiten der in ferner Vergangenheit liegenden Sachverhaltselemente als besonders schwierig erweisen.[312]

#### 1.1. Gutgläubiger Erwerb von abhanden gekommenen Sachen

Lässt sich aber die ursprüngliche Eigentumsposition des Anspruchstellers nachweisen, stellt sich sogleich die Frage, ob er diese noch immer innehat oder möglicherweise sein Eigentum verloren haben könnte. Insbesondere ist hier an einen gutgläubigen Erwerb des Kulturguts von einem Nichtberechtigten zu denken. Der gutgläubige Erwerb vom Nichtberechtigten ist nach den §§ 932 ff. BGB bezüglich beweglicher Sachen grundsätzlich möglich.

Von dieser Regel ausgenommen ist lediglich der Fall, in dem eine Sache dessen Eigentümer gestohlen worden, verloren gegangen oder sonst abhanden gekom-

---

[312] Siehe zum Beispiel den Fall um das August Macke Gemälde „Am Waldrand" LG Bonn NJW 2003, 673 f. oder BVerwG NJW 2003, 689 f. zur Widerlegung der Eigentumsvermutung (Gustav Adolf Sammlung Fall).

men ist. Das gleiche gilt, wenn der Eigentümer nur mittelbarer Besitzer war und die Sache dem unmittelbaren Besitzer abhanden gekommen ist. Dann ist gemäß § 935 Abs. 1 BGB der gutgläubige Erwerb der Sache ausgeschlossen.

Abhanden gekommen ist eine Sache, wenn der Eigentümer oder Besitzmittler den Besitz ohne seinen Willen verloren hat.[313] § 935 Abs. 1 erfasst nach herrschender Meinung auch den Fall, in dem der Besitzdiener im Sinne von § 855 BGB die Sache ohne den Willen des Besitzherrn oder unter Verstoß gegen dessen Weisungen unterschlägt oder weggibt.[314]

Für Kulturgüter ergeben sich folgende denkbare Fälle, in denen der gutgläubige Erwerb vom Nichtberechtigten grundsätzlich nicht möglich wäre:[315]

1. Dem Eigentümer selbst wird sein Kulturgut gestohlen;

2. Der Eigentümer gibt sein Kulturgut außer Haus, zum Beispiel zur Restaurierung oder als Leihgabe in eine Ausstellung, und dem Restaurator oder Entleiher wird das Objekt gestohlen;

3. Die Haushaltshilfe des Eigentümers oder ein Mitarbeiter des Museums gibt gegen den Willen des Eigentümers irrtümlicherweise den Gegenstand weg oder eignet ihn sich an.

In diesen Fällen würde der Eigentümer sein Eigentum trotz einer späteren Veräußerung durch einen Nichtberechtigten nicht verlieren.

Gibt der Besitzmittler im Sinne von § 868 BGB jedoch die Sache gegen den Willen des Eigentümers weg oder unterschlägt er diese, ist ein gutgläubiger Erwerb möglich.[316] Übereignet also der oben genannte Restaurator das Kulturgut an einen Dritten, so liegt mangels Abhandenkommen ein wirksamer gutgläubiger Erwerb vor. Auch wenn ein Objekt irrtümlich von einem Angestellten eines Kunsthändlers in dessen Geschäftsräumen veräußert wird, erfolgt gemäß §§ 56 HGB, 166 Abs. 1 BGB die Besitzaufgabe nicht unfreiwillig. Damit ist auch in einem solchen Fall ein gutgläubiger Erwerb durch den Käufer möglich.

## 1.2. Gutgläubiger Erwerb bei öffentlichen Versteigerungen

Ausnahmsweise ist jedoch ein gutgläubiger Erwerb trotz Abhandenkommens einer Sache möglich, wenn es sich dabei um Geld, Inhaberpapiere oder eine

---

[313] Palandt/Bassenge § 935 Rn. 3.

[314] Palandt/Bassenge § 935 Rn. 8.

[315] Bespiele nach Hipp, S. 156 mit Verweis auf Picker, S. 177 ff.

[316] Palandt/Bassenge § 935, Rn.7.

Sache handelt, die im Wege einer öffentlichen Versteigerung veräußert wurde (§ 935 Abs. 2 BGB).[317]

Diese letztgenannte Ausnahme spielt im Kulturgüterschutz eine gewichtige Rolle, da Kulturgüter sehr häufig per Auktion veräußert werden.[318] Hierbei ist jedoch zu unterscheiden zwischen öffentlichen Versteigerungen im Sinne von § 383 Abs. 3 BGB und freiwilligen Auktionen, die durch einen „privaten" Auktionator durchgeführt werden, und bei denen die allgemeinen zivilrechtlichen Regelungen gelten. Nur der gutgläubige Erwerb in einer Versteigerung im Sinne des § 383 Abs. 3 BGB ist geschützt. Der gute Glaube des Erwerbers muss sich dabei auf das Eigentumsrecht des Einlieferers und analog § 1244 BGB auf die Rechtmäßigkeit der Versteigerung beziehen.[319] Dabei werden in der Literatur immer wieder verschärfte Maßstäbe an die Sorgfaltspflichten im Kunsthandel gefordert. Insbesondere wird eine von Verdachtsmomenten unabhängige Nachforschungspflicht des Erwerbers verlangt[320], zumal heutzutage einem Erwerber einige recht einfache Mittel zur Provenienzforschung zur Verfügung stehen, wie zum Beispiel das *‚art loss register'*[321] und ähnliche Instrumente.[322] Aber auch in der Rechtsprechung zeigen sich Fälle, in denen bei Vorliegen von konkreten Anhaltspunkten oder Verdachtsmomenten[323] eine Nachforschungspflicht des Erwerbers bejaht wurde.[324] Im Falle einer Versteigerung würde dies bedeuten, dass der Käufer sich nicht einfach darauf verlassen dürfte, dass der Versteigerer die notwendigen Nachforschungen unternommen hat.[325]

Eine öffentliche Versteigerung hat gemäß der Legaldefinition aus § 383 Abs. 3 BGB durch einen für den Versteigerungsort bestellten Gerichtsvollzieher oder zu

---

317 Siehe ausführlicher dazu Frank/Veh, JA 1983, 249 ff.

318 Zum gutgläubigen Erwerb an gestohlenem Kulturgut in einer öffentlichen Versteigerung siehe das berühmte Beispiel des Hamburger Stadtsiegel-Urteils vom BGH – 5.10.1989, NJW 1990, 899 ff.

319 Palandt/Bassenge § 935 Rn. 11.

320 zu dieser Frage, siehe Looschelders, S. 106 f.

321 www.artloss.com.

322 Parallel dazu könnte man aber ebenso eine entsprechende Pflicht des ursprünglichen Eigentümers fordern, den Verlust des Gutes Publik zu machen und zum Beispiel dem *‚art loss register'* anzuzeigen.

323 Verdächtig können zum Beispiel die Höhe des Kaufpreises für ein besonderes Kulturgut sein, die Umstände des Verkaufs oder der Ort der Übergabe.

324 OLG München NJW 1987, 1830 (in diesem Fall wurde der gute Glauben verneint, weil aufgrund einer Gravur im betroffenen ‚Moltke-Degen' ein Verdacht bezüglich der Herkunft bestand, dem der Erwerber hätte nachgehen müssen); BGH NJW 2003, 673 (dort war der Verkauf einer sehr wertvollen Gragnani Geige zu einem niedrigen Preis an einem Bahnhof erfolgt, was aufgrund des Wertes des Gegenstandes hätte suspekt erscheinen müssen).

325 Looschelders, S. 107; Armbrüster, NJW 1999, 3581, 3585.

Versteigerungen befugten anderen Beamten oder öffentlich angestellten Versteigerer öffentlich zu erfolgen. Als öffentliche Versteigerer kommen insbesondere auch Notare (§ 20 Abs. 3 BNotO) und die gemäß § 34b Abs. 5 GewO bestellten Personen in Betracht.[326] Wird diesen Bedingungen entsprochen, kann es sich bei der Versteigerung also auch um eine freiwillige Kunstauktion handeln. Zeit und Ort der Versteigerung sind gemäß § 383 Abs. 3 BGB unter allgemeiner Bezeichnung der Sache öffentlich bekannt zu machen. So wird der Alteigentümer zumindest eine gewisse Chance haben, von der Versteigerung zu erfahren und im Idealfall die Veräußerung der Sache sogar noch verhindern zu können.[327]

Zusammenfassend kann man festhalten, dass wenn ein Kulturgut dem Eigentümer abhanden kommt, dieser in der Regel sein Eigentum nicht verliert, es sei denn ein gutgläubiger Dritter erwirbt das Kulturgut auf einer öffentlichen Versteigerung. Dann ist ein Anspruch aus § 985 BGB ausgeschlossen.

## 1.3. Ersitzung

Die letzte Möglichkeit für einen Dritten, an einem abhanden gekommenen Kulturgut Eigentum zu erwerben, liegt darin, dieses gemäß § 937 BGB zu ersitzen. Dazu muss er die Sache zehn Jahre ununterbrochen gutgläubig in Eigenbesitz haben. Eigenbesitzer ist gemäß § 872 BGB, wer die Sache als ihm gehörend besitzt. Der Eigenbesitz kann mittelbar oder unmittelbar sein.[328]

Gemäß § 937 Abs. 2 BGB ist der Eigentumserwerb durch Ersitzung allerdings ausgeschlossen, wenn der Erwerber bei Erwerb nicht in gutem Glauben ist oder später erfährt, dass ihm das Eigentum nicht zusteht. Hier gilt also auch eine Vermutung des guten Glaubens, die der Anspruchsteller widerlegen muss. Der gute Glaube muss sich hier – anders als beim gutgläubigen Erwerb vom Nichtberechtigten – nicht auf die Eigentumsposition des Veräußernden, sondern auf die eigene Eigentumsposition des Ersitzenden beziehen. Dies beruht auf der Tatsache, dass nicht immer eine Veräußerung den Ersitzenden zum Objekt geführt haben wird. Zum Beispiel kann der Ersitzende eine Sache an sich genommen haben, die er für herrenlos hielt, obwohl sie eigentlich abhanden gekommen war oder er nahm eine Sache an sich, die er mit einer eigenen verwechselte.[329] Der Dieb eines Kulturguts kann daher sein Diebesgut nicht ersitzen.

---

326 Palandt/Grüneberg § 383 Rn. 4; zu den besonderen Eigenschaften dieser Versteigerer, siehe Hipp S. 157 f.

327 Armbrüster, NJW 1999, 3581, 3585.

328 Schwab/Prütting, Rn. 444.

329 Schwab/Prütting, Rn. 445.

Kommt es während der Ersitzungszeit zu einer Rechtsnachfolge, wobei hier kein Unterschied zwischen Gesamt- und Einzelrechtsnachfolge zu machen ist,[330] so beginnt für den neuen Besitzer eine neue Ersitzung. Für ihn gelten zum Zeitpunkt des Erwerbs ebenfalls die strengen Anforderungen an den guten Glauben.[331] Die für den Rechtsvorgänger verstrichene Ersitzungszeit wird dem Nachfolger allerdings angerechnet (§ 943 BGB). Der Erbe kann somit nach allgemeiner Auffassung die Ersitzungszeit des Erblassers fortführen, oder im Falle der Bösgläubigkeit des Erblassers eine eigene Ersitzungszeit beginnen.[332]

Der bösgläubige Besitzer, der kein originäres Eigentum durch Ersitzung begründen konnte, kann aber möglicherweise dennoch vom Zeitablauf profitieren, wenn der Herausgabeanspruch verjährt.

## 2. Verjährung

Wie bereits erwähnt, stellt der Zeitablauf tatsächlich das problematischste Element bei Kulturgutrestitutionsansprüchen dar. Denn verschwundene Kulturgüter tauchen oftmals erst geraume Zeit nach ihrem Abhandenkommen wieder auf. Dann stellt sich die Frage, ob der Eigentümer sein Eigentumsrecht – wenn dieses entsprechend der oben besprochenen Regelungen noch besteht – überhaupt noch geltend machen kann.

### 2.1. Verjährungsfrist

Dies ist nicht der Fall, wenn der Herausgabeanspruch verjährt ist. Denn nach Ablauf der Verjährungsfrist bleibt der Bestohlene zwar nach wie vor Eigentümer des Kulturguts, der unrechtmäßige Besitzer darf aber gemäß § 214 Abs. 1 BGB die Herausgabe verweigern. Die regelmäßige Verjährungsfrist beträgt im deutschen Zivilrecht gemäß § 195 BGB drei Jahre. Der Herausgabeanspruch aus dem Eigentum unterliegt jedoch einer speziellen Verjährungsfrist, welche gemäß § 197 Abs. 1 Nr. 1 BGB 30 Jahre beträgt.

---

330 Herrschende Meinung, vgl. Palandt/Bassenge, § 943, Rn. 1; Finkenauer, NJW 1998, 960.

331 Palandt/Bassenge, § 943, Rn. 1.

332 Schwab/Prütting, Rn. 446 m.w.N.; a.A. Krämer, NJW 1997, 2580 zur Ersitzung durch den gutgläubigen Erben des bösgläubigen Besitzers im Rahmen des Bernsteinzimmer-Mosaik-Falles.

## 2.2. Beginn und Hemmung der Verjährung

Gemäß § 199 Abs. 1 BGB beginnt die regelmäßige Verjährungsfrist mit dem Schluss des Jahres, in dem (1) der Anspruch entstanden ist und (2) der Gläubiger von den den Anspruch begründenden Umständen und der Person des Schuldners Kenntnis erlangt oder ohne grobe Fahrlässigkeit erlangt haben müsste. Dieser Verjährungsfristbeginn würde im Kulturgüterschutz bedeuten, dass keine Verjährung eintreten kann, bevor nicht der Eigentümer die Person des Besitzers kennt oder kennen müsste. Eine solche relative Verjährung wäre sehr hilfreich zur Sicherung der Ansprüche des Eigentümers.

Die Verjährung von Ansprüchen, die nicht der regelmäßigen Verjährungsfrist unterliegen, beginnt jedoch gemäß § 200 BGB mit der Entstehung des jeweiligen Anspruchs. In den im Kulturgüterschutz relevanten Fällen gilt also nicht die eben erwähnte relative Verjährungsfrist, sondern eine absolute, die mit der Entstehung des Herausgabeanspruchs aus § 985 BGB beginnt, also mit dem Abhandenkommen des Kulturguts, unabhängig von den Kenntnismöglichkeiten des Eigentümers.[333]

Möglicherweise könnte die Unkenntnis des Eigentümers des abhanden gekommenen Kulturgutes von der Identität des Besitzers und dem Belegenheitsort der Sache jedoch eine Hemmung der Verjährung bewirken. Eine Hemmung der Verjährung tritt nach § 206 BGB ein, wenn der Eigentümer seinen Herausgabeanspruch innerhalb der letzten sechs Monate vor Ablauf der Verjährungsfrist aufgrund von höherer Gewalt gerichtlich nicht geltend machen konnte. An die Annahme der höheren Gewalt sind dabei strenge Anforderungen zu stellen. Sie liegt vor, wenn die Verhinderung auf Ereignissen beruht, die vom Anspruchsberechtigten auch durch äußerste, billigerweise zu erwartende Sorgfalt nicht verhütet werden konnten; schon das geringste Verschulden schließt höhere Gewalt aus.[334] In diesem Rahmen verneint die Rechtsprechung jedoch grundsätzlich die Möglichkeit der Hemmung der Verjährung aufgrund tatsächlicher Hindernisse in Gestalt der verschuldeten oder auch unverschuldeten Unkenntnis, der tatsächlichen Erschwerung oder Unmöglichkeit der Geltendmachung.[335]

Die Hemmung der Verjährung wird daher dem Eigentümer eines abhanden gekommenen Kulturgutes in der Regel auch nicht zu seinem Recht verhelfen.

Die Verjährungseinrede kann vom Besitzer selbst oder seinen (Gesamt- oder Einzel-)Rechtsnachfolgern erhoben werden. Dabei kommt die während des Be-

---

333 Von Plehwe, KUR 2001, 49; Thorn S. 227.

334 Soergel/Niederführ § 203 (a.F.) Rn. 3; BGHZ 81, 353, 355 = NJW 1982, 96.

335 BGH NJW 1968, 1382; BGH MDR 1982, 998, 999; BGHZ 129, 282, 289; siehe auch Thorn S. 230 m.w.N.

sitzes des Rechtsvorgängers verstrichene Verjährungszeit den Rechtsnachfolgern zugute (§ 198 BGB). Die Verjährung kommt demnach auch dem Dieb selbst oder dem bösgläubigen Besitzer zugute.

## 2.3. Einwand des Rechtsmissbrauchs

In den Fällen in denen ein Kulturgut erst sehr lange Zeit nach seinem Verschwinden wieder auftaucht, wird sich schließlich die Frage stellen, ob man der Verjährungseinrede nicht den aus Treu und Glauben nach § 242 BGB abgeleiteten Einwand der unzulässigen Rechtsausübung entgegenhalten kann. Hier ist zunächst festzuhalten, dass die Erhebung der Verjährungseinrede *per se* nicht zu missbilligen ist. Der Schuldner macht damit eine Einrede geltend, die ihm das Gesetz ausdrücklich zubilligt. Die Anwendung von § 242 BGB muss daher auf zusätzliche besondere Umstände gestützt werden, welche die Erhebung der Verjährungseinrede ausnahmsweise treuwidrig erscheinen lassen.[336] Die bloße besondere Natur und der immaterielle Wert von Kulturgütern reichen dabei nicht aus, denn der Gegenstand des Anspruchs kann keinen Einfluss auf die Zulässigkeit der Einrede haben.[337]

Die Erhebung der Verjährungseinrede ist vielmehr nach allgemeiner Auffassung rechtsmissbräuchlich, wenn der Anspruchsgegner die Klageerhebung arglistig erschwert hat oder durch sein Verhalten den Anspruchsteller von der rechtzeitigen Geltendmachung seines Anspruchs gegen ihn abgehalten hat.[338] Dabei ist eine klare Abgrenzung der einschlägigen Sachverhalte selbstverständlich äußerst schwierig. Umstritten ist zum Beispiel, ob der absichtliche Entzug der Sache aus dem Rechtsverkehr für die Zeit der Verjährungsfrist bereits zur Geltendmachung des Rechtsmissbrauchs genügen kann.[339] Dies wird jedoch in der Regel verneint, da vielmehr eine aktive Vereitelung der Rechtsverfolgung notwendig ist.[340]

Im Ergebnis kann man sagen, dass sich keine allgemeingültigen Regeln aufstellen lassen, nach denen der Einwand des Rechtsmissbrauchs der Verjährungseinrede entgegenzuhalten ist. Sicher ist jedoch, dass dieser Einwand wohl nur in eng begrenzten Einzelfällen und besonders gelagerten Tatbeständen zum tragen kommen dürfte.

---

[336] Staudinger/Looschelders/Olzen, § 242 Rn. 544.

[337] Staudinger/Looschelders/Olzen, § 242 Rn. 546.

[338] Ständige Rechtsprechung, vgl. BGH NJW 1985, 2411, 2412; BGH NJW-RR 1991, 1033, 1034; BGH NJW 2002, 3110, 3111.

[339] So Thorn, S. 233; Hartung, S. 422; a.A. Looschelders, S. 117, der im „Bunkern" des Kulturguts ein bloßes mangels Offenbarungspflicht unrelevantes Unterlassen sieht.

[340] Von Plehwe, KUR 2001, 49, 54, der hier als Beispiel die Zwischenschaltung von Strohleuten und das Hin- und Herschieben der Sache zur Verhinderung der Rechtsverfolgung anbringt.

## 2.4. Kritik an der deutschen Rechtslage

Die Verjährung des Herausgabeanspruchs aus dem Eigentum ist seit der Entstehung des BGB ein umstrittenes Thema.[341] Dabei ist das offensichtlichste Problem, dass die Verjährung nur den Herausgabeanspruch, nicht aber das Eigentum selbst betrifft, so dass Eigentum und Besitz nach Ablauf der Verjährungsfrist für immer auseinander fallen können. Das Eigentum kann nur wieder Bedeutung erlangen, wenn der Gegensand in den Besitz eines Dritten gelangt, der sich nicht auf die Verjährung berufen kann,[342] oder wenn der Eigentümer dem Besitzer das betroffene Gut wegnimmt.[343] Immer wieder findet sich in der Literatur der Vorschlag, den Herausgabeanspruch aus dem Eigentum ganz der Verjährung zu entziehen.[344] Der Gesetzgeber ist dieser Anregung nicht gefolgt.

Aus dem oben Dargestellten ergibt sich die Frage, ob diese Regelungen aus dem 19. Jahrhundert zum Schutz der Rechtssicherheit den besonderen Bedürfnissen des Kulturgüterschutzes noch gerecht werden, oder ob nicht eine Anpassung des Gesetzes an die aktuellen Interessen und Bedürfnisse sinnvoll und notwendig sein könnte. Die Regelungen der Verjährung wurden zu einer Zeit geschaffen, in der der Kulturgüterschutz keine besondere Rolle spielte. Die heutige Situation stellt sich anders dar. Heutzutage tauchen immer wieder im 2. Weltkrieg verschollene Kulturgüter auf, der illegale Handel mit Kulturgut dehnt sich zunehmend weiter aus und nutzt eben diese Regelungen zu Lasten der Eigentümer aus. Von Kunstdieben werden die Verjährungsfristen oftmals auch dazu genutzt, gestohlene Objekte, die sich auf dem Markt schlecht verkaufen lassen, den Eigentümern zum Rückkauf anzubieten.[345]

Tatsächlich ist die Bedeutung der Verjährungsfristen für Kulturgüter wesentlich größer als für gewöhnliche Sachen, da ihr Wert mit den Jahren erheblich ansteigen kann, wohingegen an der Herausgabe eines Gebrauchtwagens nach 30 Jahren in der Regel kein großes Interesse mehr bestehen dürfte. Leider wurden aber entsprechende Änderungsvorschläge bis heute vom Gesetzgeber nicht erhört.[346]

---

341 Siehe Mugdan, S. 771 f.

342 Palandt/Heinrichs, § 194 Rn. 4.

343 Siehe zu dieser Möglichkeit Müller-Katzenburg NJW 1999, 2551, 2558, die in dieser Regelung eine Ermutigung zur Selbsthilfe des Eigentümers sieht.

344 Siehe zum Beispiel Siehr, ZRP 2001, 346; Zimmermann JZ 2001, 685, 693; Plehwe KUR 2001, 49 zu der Erfordernis einer Reform; gegen eine Neuregelung insofern Palandt/Heinrichs § 194 Rn. 4; Plambeck, S. 233 mit Hinweis auf die Bedeutung der Wahrung des Rechtsfriedens.

345 Hipp, S. 161.

346 Zum Vorschlag des ehemaligen Präsidenten der Stiftung Preußischer Kulturbesitz 1975 wenigstens für Kulturgut von herausragender Bedeutung die drohende Verjährung des Herausgabeanspruchs abzuwenden und dessen Ablehnung, siehe Thorn, S. 228.

Schließlich bot sich im Rahmen der umfassenden Schuldrechtsmodernisierung[347] die Möglichkeit, für Kulturgüter eine Sonderreglung zu schaffen. Dies erfolgte jedoch nicht, vielmehr wurde die vorher nur durch Auslegung zu ermittelnde Geltung der dreißigjährigen Verjährungsfrist für Herausgabeansprüche aus dem Eigentum nun endgültig in § 197 Abs. 1 BGB festgelegt. Damit hat sich für die Eigentümer von Kulturgut die Lage sogar noch verschärft. Denn durften sie vor der Schuldrechtsmodernisierung noch auf eine für sie günstigere Auslegung der BGB-Vorschriften hoffen, so wissen sie nun, dass sie nach 30 Jahren ihr Kulturgut nicht zurückerlangen werden. Entsprechend können nun Kunstdiebe und Erwerber von gestohlenem Kulturgut sicher sein, dass sie nach 30 Jahren das Kulturgut nicht mehr herauszugeben brauchen,[348] da ihnen dies nun gesetzlich zugesichert ist.

Diese äußerst beklagenswerte Rechtslage in Deutschland steht im eklatanten Widerspruch zu den Zielen des internationalen Kulturgüterschutzes.[349] Im schweizerischen Zivilrecht zum Beispiel verjährt der dingliche Herausgabeanspruch überhaupt nicht.[350] In den USA gelten zwar kurze aber ‚flexible' Verjährungsfristen, die erst zu laufen beginnen, wenn der Anspruchsberechtigte vom Verbleib seines Kulturgutes erfährt.[351]

So verwundert es auch nicht, dass im viel zitierten Fall *City of Gotha, Federal Republic of Germany Vertragsstaat. Sotheby's and Cobert Finance S.A.*,[352] in dem aufgrund der Situs-Regel deutsches Recht für maßgeblich erklärt worden war, der Londoner High Court den deutschen Verjährungsregeln aufgrund ihres Widerspruchs mit dem englischen *ordre public* die Anwendung versagte.[353] Besonders erwähnenswert und gleichzeitig äußerst „delikat"[354] erscheint hier noch, dass ausgerechnet die klagende Bundesrepublik sich auf diesen Verstoß des deut-

---

347 BGBl. I 2001, S. 3138.

348 Auch wenn sie niemals Eigentum an dem Gut erlangen können – a.A. offenbar Thorn, S. 229.

349 So auch zutr. Thorn, S. 229; Knopp, Mußgnug/Roellecke, S. 7.

350 Vgl. BGE 48 II, 38, 46 f.; Art. 936 Abs. 1 ZGB *„Wer den Besitz einer beweglichen Sache nicht in gutem Glauben erworben hat, kann von dem früheren Besitzer jederzeit auf Herausgabe belangt werden."*

351 Vgl. New York Civil Practice Law & Rules § 214 (3); California Civil Procedure Code § 338.

352 Siehe zu diesem Fall ausführlicher Finkenauer, JZ 2000, 241, 242 f.; Müller Katzenburg, NJW 1999, 2551, 2557; Carl/Güttler/Siehr, *Kunstdiebstahl vor Gericht*.

353 *„It does seem to me possible to identify … a public policy in England that time is not to run either in favour of the thief nor in favour of any transferee who is not a purchaser in good faith. … To permit a party which admits it has not acted in good faith to retain advantage of lapse of time during which the plaintiffs had no knowledge of the whereabouts of the painting and no possibility of recovering it, is, in my judgement, contrary to the public policy …"*

354 So Müller-Katzenburg NJW 1999, 2551, 2557.

schen Rechts gegen die englische *public policy* berufen hatte, um die Anwendung der deutschen Verjährungsregeln zu verhindern! Dieses explizite Eingeständnis des Widerspruchs der deutschen Verjährungsregelungen mit anderen „zivilisierten" Rechtsordnungen hatte jedoch keine weiteren Konsequenzen.

So kommt man zu dem absurden Ergebnis, dass deutsche Eigentümer von vor langer Zeit abhanden gekommener Kulturgüter hoffen sollten, dass ihr Kulturgut sofort nach Abhandenkommen ins Ausland verbracht wurde. Nur dann dürften sie zur Geltendmachung ihrer Ansprüche in Anwendung eines von der *Situs*-Regel berufenen ausländischen Rechts kommen.

### 2.5. Anspruch auf Herausgabe des Veräußerungserlöses nach Verjährung

Möglicherweise kann der Eigentümer bei Verjährung seines Herausgabeanspruchs aber gegen den Besitzer anderweitige Ansprüche geltend machen. Insbesondere ist dabei an den Bereicherungsanspruch aus § 816 BGB zu denken. Danach kann der bestohlene Eigentümer eines Kulturgutes von dem Besitzer Herausgabe des Erlöses verlangen, sofern dieser das Kulturgut wirksam veräußert. Da der Eigentümer durch die Verjährung sein Eigentum nicht eingebüßt hat, handelt der Besitzer immer noch als Nichtberechtigter. Sofern es sich um eine abhanden gekommene Sache handelt, kann – außer in einer öffentlichen Versteigerung – kein Dritter wirksam gutgläubig Eigentum an dem Kulturgut erwerben. Genehmigt der Eigentümer jedoch die Verfügung, so erlangt diese Wirksamkeit. Es entsteht für den Eigentümer ein Anspruch aus § 816 Abs. 1 S. 1 BGB. Strittig ist, ob der Erwerber sich nicht aber aus Gründen der Rechtssicherheit auch gegen diesen Anspruch die Einrede der Verjährung entgegenhalten lassen muss.[355] Eine isolierte Betrachtung dieses Anspruchs insofern, als dass auch für ihn die Verjährung mit seiner Entstehung beginnt, erscheint hier jedoch sinnvoll. Demnach kann der Anspruch aus § 816 Abs. 1 S. 1 BGB auch noch nicht verjährt sein, da er erst mit der Genehmigung durch den Eigentümer entstanden ist.[356]

So lässt sich abschließend festhalten, dass zumindest in dieser Konstellation der Weiterveräußerung des Kulturgutes durch den Besitzer nach Verjährung des Herausgabeanspruchs, den Interessen des bestohlenen Eigentümers entsprochen wird.

---

[355] So Looschelders S. 117 f.

[356] In diesem Sinne auch Plambeck, S. 226; Müller Katzenburg NJW 1999, 2551, 2558.

## II. Gesetz zum Schutz deutschen Kulturguts gegen Abwanderung

### 1. Entwicklung und Schutzgedanke des KGSchG

„Not und Elend der beiden Weltkriege sowie die Geldentwertung haben in Deutschland in besonders starkem Maße dazu geführt, dass wertvolle Kulturgüter ins Ausland verkauft wurden. Schon früh erkannte man die Gefahren, die sich daraus für den durch Zerstörungen ohnehin schon stark in Mitleidenschaft gezogenen deutschen Kulturbesitz ergaben.“[357]

So wurde bereits nach dem 1. Weltkrieg eine reichsweite Ausfuhrbeschränkung von Kulturgut erarbeitet. Am 11.12.1919 trat die Verordnung der Reichsregierung über die Ausfuhr von Kunstwerken in Kraft.[358] Infolge des 2. Weltkriegs wurden auch die Länder in dieser Hinsicht aktiv und erließen vereinzelt Gesetze zum Schutz ihrer Kulturgüter.[359] Das Gesetz zum Schutz deutschen Kulturguts gegen Abwanderung (KGSchG) vom 10.8.1955 wollte einen neuen bundesweiten Schutzstandard schaffen, um den nach dem Krieg noch vorhandenen deutschen Kulturbesitz in seinem Bestand zu erhalten und gegen eine Abwanderung ins Ausland zu schützen.[360] Dazu knüpft das Gesetz die Ausfuhr der Objekte, die in dem ‚Verzeichnis national wertvollen Kulturguts‘ eingetragen sind, an eine Genehmigung durch die zuständige Behörde. Zudem formuliert das Gesetz zum Schutz deutschen Kulturguts gegen Abwanderung auch einen viel weiteren Schutzbereich als seine deutschen Vorgänger, denn es schützt „Kulturgüter,“ wo früher nur „Kunstwerke“ Gegenstand des Schutzes waren.[361]

### 2. Schutzbereich

Das KGSchG unterscheidet zwischen Kunstwerken, anderem Kulturgut und Archivgut. Abschnitt 1 ist den beiden ersten Kategorien gewidmet, während der zweite Abschnitt den Schutz des Archivguts behandelt. Gemäß Abschnitt 1 – § 1 KGSchG sollen „*Kunstwerke und anderes Kulturgut – einschließlich Bibliotheks-*

---

[357] Pieroth/Kampmann, NJW 1990, 1385, 1386.

[358] RGBl. 1961.

[359] Bayern: Gesetz über die Ausfuhr von Kunstwerken v. 30.5.1949 (GVBl. S. 120), Hessen: VO über die Ausfuhr von Kunstwerken v. 22.9.1948 (GVBl. S. 134).

[360] BT-Drs. II (1953)/76, 1 (6); detaillierte Beschreibung der Entstehungsgeschichte des KGSchG bei Hipp, S. 68 f.

[361] Zur diesbezüglichen verfassungsrechtlichen Ergänzung der konkurrierenden Gesetzgebungskompetenz des Bundes in Art. 74 Nr. 5 GG (a.F.) („*Kulturgutes*“) gegenüber Art. 150 II WRV („*Kunstbesitz*“) siehe Pieroth/Kampmann, NJW 1990, 1385, 1386.

*gut –, deren Abwanderung aus dem Geltungsbereich* [des] *Gesetzes einen wesentlichen Verlust für den deutschen Kulturbesitz bedeuten würde*" geschützt werden. Diese Kulturgüter werden in dem Land, in dem sie sich bei Inkrafttreten des Gesetzes befinden, in ein „Verzeichnis national wertvollen Kulturgutes" eingetragen, welches nach Bedarf ergänzt wird.

## 2.1. Kulturgut

Kunstwerke sind somit eine Unterkategorie der Kulturgüter. Der Begriff des Kulturgutes ist allerdings im Gesetz nicht näher definiert. Der Gesetzgeber dachte an Kulturgut von künstlerischem, kulturhistorischem oder literarischem Wert.[362] Aber da gemäß § 2 Abs. 1 KGSchG die obersten Landesbehörden über die Eintragung von Kulturgütern in das Verzeichnis entscheiden, bildeten sich in der Praxis in den verschiedenen Ländern sehr ungleichartige Anwendungsbereiche. So nahm sich die ständige Konferenz der Kultusminister der Länder dieses Problems an und stellte in einer Empfehlung vom 20. Mai 1983[363] einen Kriterienkatalog auf, um einen einheitlichen Vollzug des KGSchG zu erreichen. Unter Kulturgut seien alte und neue (auch zeitgenössische) Kunstgegenstände zu verstehen, sowie neben den in den Museen öffentlich zugänglichen Objekten auch Objekte im Privatbesitz. Diese Empfehlung besitzt zwar keine rechtliche Bindungswirkung, wurde aber bereits in der Rechtsprechung zur Hilfe gezogen.[364] Ansonsten kann hilfsweise auch auf die in den EU-Regelungen formulierte Kulturgutdefinition, bzw. die dort aufgeführten Kulturgutkategorien zurückgegriffen werden.[365]

## 2.2. Deutscher Kulturbesitz

Die Abwanderung des betroffenen Kulturgutes müsste für den deutschen Kulturbesitz einen wesentlichen Verlust bedeuten. Ausdrücklich wird nicht bestimmt, was den deutschen Kulturbesitz ausmachen soll. Aus der Entstehungsgeschichte des KGSchG lässt sich entnehmen, dass darunter Kulturgüter deutscher und ausländischer Herkunft im Bereich der Bundesrepublik Deutschland zu verstehen sind, die nach ihrer künstlerischen Eigenart, nach ihrem kulturellen Wert oder durch ihre Bedeutung für die kulturelle Entwicklung in Deutschland als dauernd besonders wertvoller Bestandteil deutschen Kultur-

---

[362] BT-Drs. II /76; BT-Drs. II/1373.

[363] Empfehlung der Kultusministerkonferenz vom 20.5.1983, in: Sammlung der Beschlüsse der Ständigen Konferenz der Kultusminister der Länder in der Bundesrepublik Deutschland, Gruppe V Allgemeine Kulturpflege, Leitzahl 2005.1; zitiert nach Hipp, S. 72.

[364] VGH Mannheim NJW 1987, 1440 f.

[365] Siehe auch Kulturgutgruppen bei Hipp, S. 73.

besitzes anzusehen sind, unabhängig von der Person des Eigentümers.[366] Aus § 1 Abs. 1 KGSchG scheint hervorzugehen, dass hierbei für die Zugehörigkeit zum deutschen Kulturbesitz die nicht nur vorübergehende Belegenheit des Objektes in Deutschland maßgebliches Kriterium ist.[367] Um einen nicht zu weitgehenden Anwendungsbereich dieses Gesetzes zuzulassen und sich dem Vorwurf des strengen Kulturnationalismus zu entziehen, wird zum Teil in der Literatur ein *„irgendwie gearteter Bezug zur deutschen Kultur“* gefordert.[368] Hier muss man jedoch feststellen, dass der Gesetzgeber einen solchen Bezug an dieser Stelle nicht vorgesehen hat. Gegen die Ansicht der Literatur spricht auch, dass hier der neutrale Begriff des „deutschen Kulturbesitzes“ gewählt wurde, nicht der der „deutschen Kultur,“ was einen solchen Bezug noch eher hätte vermuten lassen können.

### 2.3. Wesentlicher Verlust

Ein Kulturgut ist schützenswert, wenn dessen Abwanderung einen wesentlichen Verlust für den eben besprochenen deutschen Kulturbesitz darstellt. Hiermit soll sichergestellt werden, dass lediglich besonders bedeutsame Kulturgüter im Sinne von § 1 KGSchG geschützt werden.

### 2.4. Archivgut

Archivgut wird im zweiten Abschnitt des KGSchG behandelt. Gemäß § 10 KGSchG werden *„Archive, archivalische Sammlungen, Nachlässe und Briefsammlungen mit wesentlicher Bedeutung für die deutsche politische, Kultur- und Wirtschaftsgeschichte in dem Land, in dem sie sich befinden, in ein ‚Verzeichnis wertvoller Archive‘ eingetragen.“* Dabei sind nur schriftliche Dokumente und die ihnen gleichgestellten Gegenstände gemeint.[369] Maßgeblich für die wesentliche Bedeutung eines Archivgutes ist sein bleibender Wert für die Geschichte.[370]

## 3. Verzeichnisse

Jedes Bundesland führt ein eigenes Verzeichnis national wertvollen Kulturgutes/Archivgutes und entscheidet selbst darüber, welche Kultur- und Archivgüter es

---

[366] BT-Drs. II /76; BT-Drs. II /1373.

[367] So auch Empfehlung der Kultusministerkonferenz vom 20.5.1983, in: Sammlung der Beschlüsse der Ständigen Konferenz der Kultusminister der Länder in der Bundesrepublik Deutschland, Gruppe V Allgemeine Kulturpflege, Leitzahl 2005.1; vgl. ebenfalls VGH Mannheim NJW 1987, 1440 f.

[368] Pieroth/Kampmann, NJW 1990, 1385, 1387.

[369] BT-Drs. II/76.

[370] BT-Drs. II/76.

als schutzwürdig und damit eintragungspflichtig erachtet. Eine harmonische Anwendung soll durch Absprachen zwischen den Ländern – wie zum Beispiel die auf der Kultusministerkonferenz getroffenen – gesichert werden. Wechselt ein Kulturgut von einem Bundesland in ein anderes, so behält die Eintragung dennoch ihre Wirkung (§ 1 Abs. 2 KGSchG).

Die Eintragungen sind gemäß § 6 Abs. 1 dem Bund mitzuteilen. Der Bundesminister des Inneren führt ein aus den Verzeichnissen der Länder gebildetes „Gesamtverzeichnis national wertvollen Kulturgutes" (§ 6 Abs. 2 KGSchG), als verwaltungstechnische Zusammenfassung der konstitutiv wirkenden Länderverzeichnisse.[371]

## 4. Eintragung

Die Eintragung in ein Verzeichnis national wertvollen Kulturguts erfolgt gemäß § 3 Abs. 1 S. 1 KGSchG von Amts wegen oder auf Antrag. An dieser Stelle wurde in den meisten landesrechtlichen Regelungen dem Eigentümer ebenfalls ein Antragsrecht zugebilligt. Über die Eintragung entscheidet die oberste Landesbehörde.[372] Vor der Entscheidung hat die oberste Landesbehörde einen von ihr zu berufenden Sachverständigenausschuss zu hören, der aus fünf Sachverständigen besteht. Einer von ihnen ist auf Vorschlag des Beauftragten der Bundesregierung für Angelegenheiten der Kultur und der Medien zu berufen. Bei der Berufung der Sachverständigen sind die Kreise der Fachleute aus den öffentlichen Verwaltungen, der Hochschullehrer, der privaten Sammler, des Kunsthandels und Antiquariates zu berücksichtigen.[373] So soll die Entscheidung der Behörde möglichst auf eine ebenso fundierte wie breite Grundlage gestellt werden.

Bei der Eintragungsverfügung handelt es sich um einen Verwaltungsakt im Sinne von § 35 VwVfG. So finden hier die Verwaltungsverfahrensgesetze der Länder Anwendung (LVwVfG), soweit das KGSchG keine Sonderregelungen vorsieht. Insbesondere sind die Vorschriften zur Bestimmtheit, Begründung und Anhörung der Verwaltungsverfahrensgesetze der Länder (vgl. §§ 37, 39, 28 LVwVfG) zu beachten.[374]

Die Ausfuhr des Kulturgutes ist bereits mit der Einleitung des Eintragungsverfahrens verboten, um zu verhindern, dass der durch die Anhörung gewarnte Eigentümer das betroffene Kulturgut während des laufenden Verfahrens ins Ausland verbringt.

---

[371] BT-Drs. II /76; BT-Drs. II /1373.

[372] § 2 Abs. 1 KGSchG.

[373] § 2 Abs. 2 KGSchG.

[374] Pieroth/Kampmann NJW 1990, 1385, 1388; Thorn, S. 249.

Der Eintragungspflicht stehen keine verfassungsrechtlichen Bedenken entgegen, sie gilt als Ausfluss der Sozialbindung des Eigentums nach Art. 14 Abs. 2 i GG.[375] Die Eintragung eines Kulturgutes bedeutet auch kein absolutes Ausfuhrhindernis, sondern unterstellt die Ausfuhr des Kulturguts lediglich einem Genehmigungsvorbehalt. Zudem bringt sie dem Eigentümer des Kulturgutes neben den Nachteilen auch interessante Vorteile, zum Beispiel steuerrechtlicher Art.[376]

## 5. Löschung

Die Löschung kann gemäß § 7 Abs. 1 KGSchG vom Eigentümer beantragt werden, sofern seit Bekanntmachung der Eintragung im Bundesanzeiger mehr als fünf Jahre vergangen sind und die Umstände sich wesentlich verändert haben. Ein Beispiel für eine „wesentliche Veränderung der Umstände" ist der Erwerb eines gleichwertigen oder noch wertvolleren Gemäldes des gleichen Meisters für den deutschen Kulturbesitz, so dass das bisher geschützte Werk entbehrlich ist.[377] Dieses Mittel besteht jedoch nur bei Kulturgut, bei Archivgut ist eine Löschungsmöglichkeit nicht vorgesehen.[378]

## 6. Genehmigungsvorbehalt

Das KGSchG macht die Ausfuhr von eingetragenem Kulturgut von einer Genehmigung abhängig. Diese ist gemäß § 1 Abs. 4 KGSchG zu versagen, wenn bei Abwägung der Umstände des Einzelfalles wesentliche Belange des deutschen Kulturbesitzes überwiegen. Die Genehmigung kann an Bedingungen geknüpft werden.

Die Veräußerung eines geschützten Kulturguts im Inland bedarf keiner Genehmigung. Ein eingetragenes Kulturgut kann auch im Inland an einen anderen Ort gebracht werden – hier besteht lediglich eine Mitteilungspflicht (§§ 9 Abs. 1, 14 Abs. 2 KGSchG). Es ist also auch eine Veräußerung an einen im Inland ansässi-

---

[375] BVerwGE 92, 288 (Silberzimmer der Welfen); BayVGH BayVBl. 1963, 254 f.; VGH Mannheim NJW 1987, 1440 f.

[376] Vgl. § 1 Abs. 3 KGSchG; *„Die eingetragenen Gegenstände werden nach besonderer gesetzlicher Regelung bei der Heranziehung zu Steuern und zum Lastenausgleich begünstigt."* Pieroth/Kampmann vermerken, dass aufgrund dessen das KGSchG, welches ursprünglich als reines Instrument der Ordnungsverwaltung gedacht war, sogar zunehmend in der Praxis den Charakter eines Leistungsgesetzes bekommen hat – s. Pieroth/Kampmann NJW 1990, 1385, 1386; zu den steuerrechtlichen Vorteilen siehe Hipp S. 92 ff.

[377] BT-Drs. II/76; BT-Drs. II/1373.

[378] §§ 10 bis 15 verweisen nicht auf § 7. Hipp, S. 87.

gen Ausländer genehmigungsfrei möglich. Nur wenn dieser in sein Heimatland zurückkehren will, muss er für die Ausfuhr eine Genehmigung beantragen.[379]

Die Versagung der Ausfuhrgenehmigung ist keine entschädigungspflichtige Enteignung gemäß Art. 14 Abs. 3 GG.[380] Eine Sonderentschädigungsregelung findet sich dennoch in § 8 KGSchG. Findet sich der Eigentümer des geschützten Kulturgutes nach Versagung der Genehmigung zur Ausfuhr in einer wirtschaftlichen Notlage, in der er zum Verkauf gezwungen ist, so hat die oberste Landesbehörde des Landes, in dem sich das Kulturgut befindet, im Benehmen mit dem Beauftragten der Bundesregierung für Angelegenheiten der Kultur und der Medien auf einen billigen Ausgleich unter Berücksichtigung der dem § 1 Abs. 3 entsprechenden Steuervorteile hinzuwirken. Dies gilt allerdings ebenfalls nur für Kulturgut nicht für Archivgut.[381]

Die Ausfuhr eines eingetragenen Kulturgutes ohne Genehmigung aus der Bundesrepublik Deutschland kann mit Freiheitsstrafe bis zu drei Jahren oder mit Geldstrafe geahndet werden (§ 16 Abs. 1 lit. a KGSchG). Ebenso bestraft wird die Ausfuhr entgegen dem vorläufigen Ausfuhrverbot eines Kulturguts, dessen Eintragung eingeleitet ist (§ 16 Abs. 1 lit. b KGSchG).

## 7. Öffentliches und kirchliches Kulturgut

Erwähnenswert sind schließlich noch die §§ 18, 19 KGSchG[382], die das öffentliche und kirchliche Kulturgut vom sachlichen Anwendungsbereich des KGSchG grundsätzlich ausschließen.

Das Gesetz findet auf öffentliches Kulturgut keine Anwendung, soweit zu dessen Veräußerung nur oberste Bundes- oder Landesbehörden befugt sind oder nach besonderen gesetzlichen Vorschriften die Genehmigung einer aufsichtführenden Stelle der öffentlichen Verwaltung erforderlich ist. Hier sah der Gesetzgeber eine Abwanderungsgefahr weniger gegeben.[383]

Auch auf kirchliches Kulturgut ist das KGSchG nicht anwendbar, soweit durch eigene öffentlich-rechtliche Vorschriften die Veräußerung wertvollen Kultur- und Archivgutes von der Genehmigung einer aufsichtführenden kirchlichen Stelle oder auf Grund gesetzlicher Vorschriften von der Genehmigung einer

---

[379] Pieroth/Kampmann NJW 1990, 1385, 1386.

[380] BT-Drs. II/76; BT-Drs. II/1373; Pieroth/Kampmann NJW 1990, 1385, 1386.

[381] Im Abschnitt zum Archivgut findet sich kein Verweis auf § 8 KGSchG.

[382] Hier in der Fassung von 1955 besprochen, die mit dem KGSiG 1998 einhergehenden Änderungen, sowie die Änderung durch das KGÜAG von 2007 werden bei der Erörterung dieser Gesetze besprochen.

[383] Siehe zu den Gründen vertiefend Hipp S. 97 f.

staatlichen Stelle abhängig gemacht worden ist. In diesem Fall muss jedoch vor der Entscheidung über die Veräußerungsgenehmigung eine sachverständige Stelle unter den Gesichtspunkten dieses Gesetzes gehört werden (§ 19 Abs. 1 S. 2 KGSchG). Hier trägt der Gesetzgeber Art. 140 GG in Verbindung mit Art. 137 Abs. 3 und Art. 138 Abs. 2 WRV Rechnung, wonach die Religionsgemeinschaften innerhalb der Schranken des für alle geltenden Gesetzes ihre Angelegenheiten selbstständig ordnen und verwalten und ihr Eigentum gewährleistet ist. Zudem war der Gesetzgeber der Meinung, dass der durch das kirchliche Aufsichtverfahren gewährleistete Schutz genügen würde.[384]

## III. Das Kulturgutsicherungsgesetz

Das Kulturgutsicherungsgesetz wurde als Umsetzung der oben besprochenen Kulturgüterrichtlinie der EU entwickelt. Die wesentliche Aufgabe dieses Gesetzes ist gleichzeitig dessen wesentliche Innovation, nämlich die Schaffung eines einklagbaren Anspruchs der EU Mitgliedstaaten auf Rückgabe von unrechtmäßig verbrachten Kulturgütern.[385] Dieser Anspruch ist im deutschen Recht der erste seiner Art.

### 1. Entstehung

Die Richtlinie 93/7 trat am 15. März 1993 in Kraft. Ursprünglich betrug die vorgesehene Umsetzungsfrist für die Bundesrepublik Deutschland zwölf Monate (bis zum 15. März 1994). Um diese kurze Frist einzuhalten, hätte der deutsche Gesetzgeber im Grunde eine bloße Übernahme des Richtlinientextes, ergänzt durch einige verfahrensrechtliche Bestimmungen vornehmen sollen.[386] Stattdessen plante das federführende Bundesministerium des Inneren, die Gelegenheit zu nutzen, um durch eine weiter reichende Reform des „Gesetzes zum Schutz des deutschen Kulturguts gegen Abwanderung" vom 6. August 1955 den Kulturgüterschutz in Deutschland insgesamt zu kräftigen.[387] Die Erarbeitung eines Gesetzesentwurfs nahm jedoch erheblich mehr Zeit in Anspruch, als der Bundesrepublik eigentlich zustand. Der schließlich im März 1998 fertig gestellte

---

[384] BT-Drs. II/76; BT-Drs. II/1373; zu der Einführung von § 19 Abs. 2 durch das KGSiG 1998 und § 18 Abs. 2 durch das KGÜAG 2007, siehe unten III.3.2. und IV.5.

[385] S. o. zur Richtlinie 93/7.

[386] So auch Mußgnug, EuR 2000, 564, 572.

[387] Zu den Reformvorhaben des KSchG vor 1993 siehe Hipp, S. 102 f.

Referentenentwurf[388] wurde aufgrund starker Differenzen[389] in einzelnen Punkten der Umsetzung und letztlich auch aufgrund des starken Drucks seitens der EU-Kommission[390] kurz nach seiner Fertigstellung erheblich gekürzt und umgewandelt. Dieser neue Entwurf der Regierungsfraktionen wurde schließlich trotz erheblicher Unstimmigkeiten verabschiedet. Das Gesetz zur Umsetzung von Richtlinien der Europäischen Gemeinschaften über die Rückgabe von unrechtmäßig aus dem Hoheitsgebiet eines Mitgliedstaats verbrachten Kulturgütern und zur Änderung des Gesetzes zum Schutz deutschen Kulturgutes gegen Abwanderung – kurz Kulturgutsicherungsgesetz (KGSiG) – trat schließlich am 16. Oktober 1998 in Kraft.[391]

## 2. Aufbau

Die deutsche Umsetzung der Richtlinie folgt einer klaren Struktur. Das Kulturgutsicherungsgesetz besteht aus vier Artikeln, von denen zunächst der erste, das sog. Kulturgüterrückgabegesetz (KGRG 1998[392]), hier von Interesse ist. Dieses gliedert sich in zwei Abschnitte: der erste behandelt die Geltendmachung des öffentlich-rechtlichen Rückgabeanspruchs für deutsches national wertvolles Kulturgut, der zweite die Rückgabeansprüche anderer Mitgliedstaaten.

Artikel 2 enthält das Gesetz zur Änderung des Gesetzes zum Schutz deutschen Kulturgutes gegen Abwanderung (Kulturgutschutzgesetzesänderungsgesetz – KGSchGÄndG).

## 3. Das Kulturgüterrückgabegesetz von 1998

### 3.1. Der Rückführungsanspruch anderer EU-Staaten

In § 5 KGRG 1998 finden sich die Voraussetzungen der Rückgabepflicht an andere EU Mitgliedstaaten.

---

388 Zu dessen Inhalt s. Mußgnug, EuR 2000, 564, 573 f.

389 Vgl. *Mußgnug* zu dem von *Danwitz* erstellten Gutachten und der starken Lobbyistenarbeit, in: EuR 2000, 564, 574 ff.

390 Im Dezember 1997 war aufgrund der nicht erfolgten Umsetzung der Richtlinie 93/7 vor dem EuGH Klage gegen die BRD erhoben worden. S. Vertragsverletzungsverfahren gegen die Bundesrepublik Rs. C-413/97; vgl. Tätigkeitsbericht des EuGH Nr. 33/98. Die Klage wurde inzwischen zurückgenommen.

391 BGBl. 1998 I S. 3162.

392 So zitiert, da an dieser Stelle zunächst die der Richtlinienumsetzung entsprechenden Fassung des KGRG von 1998 besprochen wird. Zum neuen seit 2007 geltenden KGRG siehe unten.

### 3.1.1. Geschützte Güter

Als geschützte Güter gelten gemäß § 5 KGRG 1998, diejenigen Gegenstände die

1. *„vor der Verbringung von dem ersuchenden Mitgliedstaat durch Rechtsvorschrift oder Verwaltungsakt als nationales Kulturgut von künstlerischem, geschichtlichem oder archäologischem Wert im Sinne des Artikels 36 des Vertrages zur Gründung der Europäischen Gemeinschaft öffentlich eingestuft wurde oder seine Einstufung als nationales Kulturgut eingeleitet und die Einleitung des Verfahrens öffentlich bekannt gemacht wurde und*

2. *entweder*

    a. *unter eine der im Anhang der Richtlinie 93/7/EWG des Rates vom 15.3.1993 über die Rückgabe von unrechtmäßig aus dem Hoheitsgebiet eines Mitgliedstaates verbrachten Kulturgütern genannten Kategorien fällt*
    *oder*

    b. *als Teil einer öffentlichen Sammlung in ein Bestandsverzeichnis eines Museums, eines Archivs, einer kirchlichen Einrichtung oder in das Bestandsverzeichnis der erhaltungswürdigen Bestände einer Bibliothek eingetragen ist und die Sammlung selbst oder die Einrichtung, zu der sie gehört, nach der für sie gültigen Rechtsordnung einer öffentlichen Einrichtung gleichsteht."*

Dies entspricht im Wesentlichen der Kulturgutdefinition in Art. 1 Ziff. 1 der Richtlinie 93/7. In einem Punkt unterscheiden sich jedoch die Richtlinie und deren deutsche Umsetzung. Hier liegt zugleich auch aus deutscher Sicht einer der problematischsten Aspekte der Richtlinie 93/7, der bei der Verzögerung der deutschen Umsetzung eine maßgebliche Rolle spielte.[393] Laut Art. 1 Ziff. 1 1. Gedankenstrich der Richtlinie ist eine Einstufung als national wertvolles Kulturgut sowohl vor, als auch nach der unrechtmäßigen Verbringung möglich, um einen Gegenstand unter Schutz zu stellen. Während der Erarbeitung des Kulturgüterrückgabegesetzes wurde aufs Heftigste um diese Möglichkeit der nachträglichen Einstufung gestritten. Darin wurde von Vielen ein untragbarer Verstoß gegen europäisches Recht, sowie eine Herausforderung zur Verletzung des Rückwirkungsverbots gesehen. In dem Gutachten *von Danwitz* heißt es, *„die Befugnis zur nachträglichen Einstufung von Gegenständen als Kulturgüter und die damit einhergehende Möglichkeit, staatlicherseits die Rückgabe verlangen zu können, [stelle] eine unverhältnismäßige, nicht hinreichend begründete Beschränkung des freien Warenverkehrs [dar] und [sei] darüber hinaus mit den Anforderungen nicht zu vereinbaren, die das Gemeinschaftsrecht im Hinblick auf die Klarheit und Vorhersehbarkeit belastender Rechtsvorschriften stellt."*[394] Dieser Meinung sind auch

---

[393] So Fuchs, IPRax 2000, 281, 283; von Preuschen, EuZW 1999, 40,41; Mußgnug, EuR 2000, 264, 575 f.

[394] S. Mußgnug, EuR 2000, 264, 576.

*Eberl*[395], *von Preuschen*[396] und *Fuchs*[397]. Um die Rechtssicherheit und Markttransparenz zu erhalten, müsse vorher bekannt sein, welche Kulturgüter als nationale Kulturgüter geschützt sind und als solche einem Ausfuhrverbot unterliegen.[398] So entschied sich auch der deutsche Gesetzgeber in seiner Umsetzung der Richtlinie 93/7 gegen die nachträgliche Erklärung zum nationalen Kulturgut unter Hinweis auf den „*Verstoß gegen höherrangige Grundsätze des Gemeinschaftsrechts.*“[399] Auf den ersten Blick erscheint dies gerechtfertigt. Bei genauerer Untersuchung der Vorschrift aus der Richtlinie muss man jedoch feststellen, dass diese einen wichtigen Bestandteil des Schutzmechanismus der Richtlinie darstellt und die scharfe Kampagne gegen sie überzogen war. Betrachtet man die Motive, die zur Einfügung dieser Klausel geführt haben, zeigt sich, dass diese nur bei dubiosen Geschäften gefährlich werden kann, bei denen Kulturgut ohne die erforderliche Genehmigung exportiert oder ohne Vorlage der Ausfuhrgenehmigung zum Kauf angeboten wurde. Tatsächlich werden von der Richtlinie nur diejenigen Kulturgüter erfasst, die illegal exportiert wurden. Die nachträgliche Registrierung als nationales Kulturgut kann nur erfolgen, bzw. zu einer Rückgabepflicht führen, sofern das Kulturgut den Anforderungen des Art. 1 Ziff. 1 entspricht und illegal verbracht wurde. Sollte dennoch ein gutgläubiger Erwerb stattgefunden haben, so schützt die Richtlinie den Rückgabeschuldner durch eine angemessene Entschädigung (Art. 9), die Zug-um-Zug gegen die Rückgabe zu zahlen ist, sofern der Rückgabeschuldner beim Erwerb des Kulturguts mit der erforderlichen Sorgfalt vorgegangen ist.[400] Im Falle von Raubgrabungen zum Beispiel kann nur durch die Möglichkeit der nachträglichen Einstufung als nationales Kulturgut ein Schutz der illegal ausgegrabenen archäologischen Objekte gewährleistet werden.[401] Das deutsche Kulturgüterrückgabegesetz grenzt folglich durch seine Ablehnung dieser Klausel Objekte aus Raubgrabungen von seinem Schutzbereich aus.

Ein weiterer wichtiger Aspekt dieser Regelung ist, dass sie für „gemeinschaftsinterne Gleichheit“[402] sorgt. Denn sie berücksichtigt die erheblichen Unterschiede in der Ausgestaltung des Schutzes nationaler Kulturgüter in den Mitgliedstaaten. Manche Länder – wie zum Beispiel Griechenland[403] – erklären

---

395 S. Eberl NVwZ 1994, 729, 732 – Eberl spricht von einem Widerspruch gegen den „Rechtsstaatgrundsatz der Vorhersehbarkeit von Belastungen (…) in besonders krasser Weise.“

396 Von Preuschen, EuZW 1999, 40, 41.

397 Fuchs, IPRax 2000, 281, 283.

398 Von Preuschen, EuZW 1999, 40, 41.

399 BT-Drs. 13/10789, S. 8.

400 Mußgnug, EuR 2000, 564, 578 f., Thorn, S. 52, Siehr, KUR 1999, 225, 234.

401 S. Siehr, KUR 1999, 225, 234, Thorn, S. 52 f.

402 Mußgnug, EuR 2000, 564, 576.

403 vgl. Maurer, S. 144 ff.

generell ihr gesamtes Kulturgut durch Gesetz für geschützt, wohingegen andere – wie auch Deutschland – lediglich individuell bezeichnete Objekte durch Verwaltungsakt unter Schutz stellen. Ohne die nachträgliche Unterschutzstellungsmöglichkeit wird die totale Exportblockade belohnt, die pauschal alles im Vorhinein schützt. Die liberaleren Systeme hingegen werden bestraft durch den Verlust aller Kulturgüter, die nicht rechtzeitig eingestuft werden konnten, weil die Behörden von ihrer Existenz keine Kenntnis hatten und diese ihnen erst durch das Auftauchen in einem anderen EU Staat bekannt wurden.[404]

Das Beispiel des Evangeliar Heinrichs des Löwen verdeutlicht die Problematik. Dieses zweifelsohne zum Kern des deutschen nationalen Kulturgutes zählende Werk aus dem 12. Jahrhundert wäre gewiss als solches eingestuft worden, sofern die Behörden von seinem Verbleib gewusst hätten. Dies war unglücklicherweise nicht der Fall. Nach der Niederlage Hannovers gegen Preußen war das Buch den Welfen 1866 als Privatbesitz zugesprochen worden. Seither fehlte von dem Evangeliar jede Spur. Erst 1983 tauchte es in London in einer Auktion bei Sotheby's wieder auf und konnte – trotz großer Schwierigkeit – für 32,5 Millionen D-Mark für Deutschland zurückgekauft werden. Sofern dieser Fall sich nach 1993 zugetragen hätte, hätte der Besitzer vor dem Export nach London nach der VO 3911/92 eine Ausfuhrgenehmigung beantragen müssen. Diese hätte er wohl nicht erhalten, stattdessen hätten die deutschen Behörden das Eintragungsverfahren eingeleitet und das Evangeliar wäre geschützt gewesen. Hätte der Besitzer hingegen ohne Ausfuhrgenehmigung das Objekt unrechtmäßig nach London geschmuggelt, so hätte nur dank der Möglichkeit der nachträglichen Eintragung dennoch die Rückführung nach Deutschland gesichert werden können. Ohne diese Möglichkeit wäre die Richtlinie 93/7 hier nutz- und hilflos. Die illegale Ausfuhr hätte genügt, um sie auszuhebeln. In Griechenland wiederum wäre der Fall anders ausgegangen. Die Richtlinie hätte hier die Rückführung auch ohne nachträgliche Einstufung ermöglicht, da Griechenland pauschal alle Kulturgüter unter Schutz stellt und somit auch unter die Rückführungsgarantie der Richtlinie 93/7.[405] Die Streichung der Möglichkeit der Nacherfassung fordert folglich Eigentümer und Besitzer von wertvollem nationalen Kulturgut, das sie ins Ausland bringen wollen, geradezu zur Umgehung der Ausfuhrregelungen bzw. zum illegalen Ausführen auf. Insgesamt beruht die Möglichkeit der nachträglichen Erfassung von Gegenständen als nationales Kulturgut auf guten und gewichtigen Gründen und verdient Zustimmung.

Hier hat der deutsche Gesetzgeber die falsche Entscheidung getroffen und insofern eine – und darin liegt tatsächlich ein Verstoß gegen europäisches Recht – unvollständige Umsetzung der Richtlinie 93/7 vorgenommen. Art 189 EGV

---

[404] So Mußgnug, EuR 2000, 564, 576, Thorn, S. 52 f.

[405] S. Mußgnug, EuR 2000, 564, 576 f.

überlässt den Mitgliedstaaten bei der Umsetzung von Richtlinien nur die Wahl hinsichtlich der Form und der Mittel. Bezüglich des zu erreichenden Ziels sind die Richtlinien jedoch verbindlich und vollständig in nationales Recht umzusetzen. Hier hat die Bundesrepublik Deutschland gegen ihre gemeinschaftsrechtlichen Pflichten aus Art. 5 EGV verstoßen; dies könnte meines Erachtens von der EU-Kommission als Grundlage eines weiteren Verfahrens wegen Vertragsverletzung angesehen werden.

### 3.1.2. Weitere Voraussetzungen

Im Übrigen gelten für den Rückgabeanspruch nach dem KGRG 1998 dieselben Voraussetzungen wie für den Rückgabeanspruch aus der Richtlinie 93/7. Das Kulturgut muss gemäß § 5 Abs. 1 KGRG 1998 nach dem 31.12.1992 unrechtmäßig aus dem Hoheitsgebiet eines EU Mitgliedstaats in die Bundesrepublik Deutschland verbracht worden sein. Als unrechtmäßig aus einem anderen Mitgliedstaat ausgeführt gilt ein Kulturgut, wenn bei seiner Ausfuhr gegen die im Ausfuhrstaat gültigen Rechtsvorschriften für den Schutz nationaler Kulturgüter oder gegen Rechtsvorschriften der Europäischen Gemeinschaft über die Ausfuhr von Kulturgütern verstoßen wurde. Als unrechtmäßig verbracht gilt auch jede nicht erfolgte Rückkehr nach Ablauf der Frist für eine vorübergehende rechtmäßige Verbringung und jeder Verstoß gegen eine andere Bedingung für diese vorübergehende Verbringung.[406]

Der Rückgabeanspruch steht gemäß § 6 KGRG 1998 dem Mitgliedstaat zu, aus dessen Hoheitsgebiet das Kulturgut unrechtmäßig verbracht wurde. Rückgabeschuldner ist, wer für sich selbst oder für einen anderen die tatsächliche Sachherrschaft über das Kulturgut ausübt.

### 3.1.3. Verjährung

Der Rückgabeanspruch des ersuchenden Mitgliedstaats unterliegt der Verjährung. Die Verjährungsfrist beträgt gemäß § 10 Abs. 1 KGRG 1998 ein Jahr ab dem Zeitpunkt, zu dem die Behörden des ersuchenden Mitgliedstaats Kenntnis des Belegenheitsorts des betroffenen Kulturguts und der Person des Rückgabeschuldners erlangen. Der Rückgabeanspruch jedoch spätestens 30 Jahre nach der illegalen Ausfuhr. Gemäß § 10 Abs. 2 KGRG 1998 erlischt der Rückgabeanspruch an kirchlichem und öffentlichem Kulturgut erst nach 75 Jahren, bzw. gar nicht, wenn er nach dem Recht des ersuchenden Mitgliedstaats keiner Verjährung und keinem durch Zeitablauf bedingten Erlöschen unterliegt.

---

[406] § 5 Abs. 3, Abs. 4 KGRG 1998.

Diese Regelung entspricht der Verjährungsregelung in Art. 5 der Richtlinie. So lässt sich an dieser Stelle die bereits geäußerte Kritik an der Kürze der einjährigen relativen Verjährungsfrist nur wiederholen.

### 3.1.4. Rückgabeklage

Gemäß § 12 KGRG 1998 kann der ersuchende Mitgliedstaat unabhängig von der Möglichkeit einer gütlichen Einigung den Rückgabeschuldner vor einem deutschen Gericht auf Rückgabe des Objekts verklagen. Die Richtlinie hat es den Mitgliedstaaten überlassen zu entscheiden, vor welchen Gerichten die Klage erhoben werden muss. In diesem Punkt divergieren die Umsetzungen der Richtlinie: Der deutsche Gesetzgeber weist die Rückgabeklage in § 12 KGRG 1998 den Verwaltungsgerichten zu. Hier wäre auch eine Zuweisung an die ordentlichen Gerichte denkbar gewesen.[407] Frankreich[408] und Italien[409] zum Beispiel haben sich für den Zivilrechtsweg entschieden.[410]

Klage kann drei Monate nach Eingang des Rückgabeersuchens bei der zuständigen zentralen Stelle erhoben werden.[411] Der Klage sind eine Beschreibung des betroffenen Objekts und die zum Nachweis der Voraussetzungen des Anspruchs erforderlichen Urkunden und Erklärungen beizufügen.

Die Beweislast für das Bestehen des Anspruchs bemisst sich nach deutschem Recht.[412]

Liegen die Voraussetzungen des Rückgabeanspruchs aus § 5 KGRG 1998 vor und ist der Anspruch nicht verjährt, so ist das Kulturgut dem ersuchenden Mitgliedstaat zurückzugeben.

### 3.1.5. Entschädigung

Laut § 9 KGRG 1998 hat die Rückgabe Zug um Zug gegen eine angemessene Entschädigung zu erfolgen, wenn nicht der ersuchende Mitgliedstaat nachweist, dass dem Rückgabeschuldner bei Erwerb des Kulturgutes die unrechtmäßige

---

[407] Siehe Eberl, NVwZ 1994, 729, 733; s. auch Kritik von Siehr KUR 1999, 225, 232.

[408] Art. 6 Loi 95–877 du 3 août 1995.

[409] Art. 4 Legge 30 Marzo 1998 n. 88.

[410] Eberl hätte hier eine Zuweisung an die Zivilgerichte für sinnvoller gehalten, s. NVwZ 1994,729, 733; negative Konsequenzen für die verschiedenen Rückgriffsansprüche sieht auch Siehr in KUR 1999, 225, 232. Siehe zu diesem Streit und zur Zulässigkeit des Verwaltungsrechtswegs die Analyse von Hipp, S. 324 ff.

[411] § 12 Abs. 2 KGRG 1998.

[412] § 12 Abs. 3 KGRG 1998.

Verbringung aus dem Hoheitsgebiet des ersuchenden Mitgliedstaats bekannt oder infolge grober Fahrlässigkeit unbekannt war.

Dabei ist zunächst zu bemerken, dass im Kulturgüterrückgabegesetz vom Rückgabeschuldner als Entschädigungsberechtigtem die Rede ist, wo in der Richtlinie nur der Eigentümer erwähnt wird. Hier wurde die Entschädigungspflicht aus der Richtlinie demnach sinnvollerweise auf den Eigenbesitzer im Sinne von § 872 BGB erweitert.

Ein weiterer Unterschied besteht in der Anknüpfung an die Kenntnis der unrechtmäßigen Verbringung. Die Richtlinie forderte in diesem Punkt viel offener ein Vorgehen „mit der erforderlichen Sorgfalt“ beim Erwerb. Auch diese Konkretisierung im deutschen Umsetzungsgesetz erscheint zweckmäßig, da sie sich an der deutschen Rechtsterminologie orientiert.

Die Beweislast für den Entschädigungsanspruch bestimmt sich gemäß § 12 Abs. 3 KGRG 1998 nach deutschem Recht.

Schließlich wurde im Kulturgüterrückgabegesetz die Grundlage der Bemessung der Entschädigung etwas detaillierter ausgearbeitet als in der Richtlinie. Dort ist nur die Rede von einer „angemessenen“ Entschädigung. Gemäß § 12 Abs. 4 KGRG 1998 entscheidet das Gericht, sofern es der Klage stattgibt, zugleich über die dem Beklagten zu gewährende Entschädigung. Gem. § 9 Abs. 1 KGRG 1998 ist bei der Bemessung der Entschädigungshöhe „die Entziehung der Nutzung des Kulturgutes unter gerechter Abwägung *der Interessen der Allgemeinheit und des Rückgabeschuldners*“ zu berücksichtigen. Hier schimmert die Formulierung des Art. 14 Abs. 3 GG durch. Zwar bringt die Rückgabeklage keine Enteignung mit sich, da sie die Eigentumsfrage grundsätzlich nicht berührt. Dennoch könnte hier in der mit der Rückführung einhergehenden Entziehung der Nutzung ein enteignungsgleicher Eingriff liegen, für den gem. Art. 14 Abs. 3 GG entschädigt werden muss.[413] Daher enthält das Kulturgüterrückgabegesetz genauere Angaben zur Entschädigungsgewährung.

Für „*entgangenen Gewinn und weitere Vermögensnachteile, die nicht in unmittelbarem Zusammenhang mit der Nutzungsentziehung stehen, ist dem Rückgabeschuldner eine Entschädigung zu zahlen, wenn und insoweit dies zur Abwendung oder zum Ausgleich einer unbilligen Härte geboten erscheint.*“ Diese Regelung wird in der Literatur zum Teil als zu weitgehend kritisiert. Die Richtlinie 93/7 ordnet lediglich die Zahlung einer angemessenen Entschädigung für den Entzug der Nutzung an. Die eben zitierte Regelung aus § 9 KGRG 1998 geht jedoch erklärtermaßen über diesen Rahmen hinaus. Die Entschädigung für den ent-

---

[413] Die gewissenhafte und ausführliche Behandlung dieser Frage würde den Rahmen dieser Arbeit sprengen. Siehe aber dazu Sprenger, *Beschränkungen des Handels mit Kulturgut und die Eigentumsgarantie*, Berlin 2004.

gangenen Gewinn und weitere Vermögensnachteile geht eher in Richtung eines Schadenersatzes, den die Richtlinie jedoch nicht vorsieht.[414]

Eine besondere Regelung enthält noch § 9 Abs. 3 KGRG 1998. Er besagt: Wenn *„der ersuchende Mitgliedstaat schriftlich zusichert, dass die Rechte des Rückgabeschuldners an dem Kulturgut durch die Rückgabe nicht berührt werden, so hat der Herkunftsstaat nur die Kosten zu erstatten, die dem Eigentümer daraus entstanden sind, dass er auf den Verbleib des Kulturgutes im Bundesgebiet vertraut hat.*" Hier wird die Möglichkeit berücksichtigt, dass aufgrund des Art. 12 der Richtlinie 93/7 je nach Rechtslage des ersuchenden Mitgliedstaates der Erwerber sein Eigentum am Kulturgut nach der Rückgabe behalten kann. In diesem Fall wir nur der Vertrauensschaden erstattet. Aber auch hier bleibt den Gerichten bei der Bemessung ein großer Spielraum.

### 3.1.6. Eigentum

In Bezug auf die Eigentumslage nach der Rückgabe findet sich in dem Kulturgüterrückgabegesetz die Umsetzung des oben besprochenen Art. 12 der Richtlinie. Gemäß § 8 KGRG 1998 bestimmt sich das Eigentum an Kulturgut nach erfolgter Rückgabe nach den Sachvorschriften des ersuchenden Mitgliedstaats. Hier geht – im Gegensatz zum Art. 12 der Richtlinie 93/7 – aus der Formulierung unmissverständlich hervor, dass es sich um eine Sachnormverweisung handelt.[415]

Wie bereits besprochen, bezweckt die Richtlinie lediglich die physische Rückkehr des Kulturgutes auf das Hoheitsgebiet des Ursprungsstaates, unabhängig von Eigentumsfragen. Diesem Ansatz folgt selbstverständlich auch das Kulturgüterrückgabegesetz.

### 3.1.7. Kosten

Nach der Richtlinie 93/7 hat der ersuchende Mitgliedstaat die folgenden Kosten des Rückgabeverfahrens zu tragen: Die Entschädigung für den gutgläubigen Erwerber (Art. 9 IV), die Kosten für den Vollzug der Rückgabe (Art. 10) und die Kosten für notwendige Maßnahmen zur physischen Erhaltung des Kulturgutes (Art. 10, Art. 4). Im KGRG 1998 finden sich diese Kostentragungsregelungen in §§ 9 Abs. 2, 5 Abs. 5 und 12 Abs. 5 inhaltsgleich wieder.

---

414 So Hipp, S. 323.

415 Vgl. Fuchs, IPRax 2000, 281, 284.

### 3.1.8. Durchführung und Sicherung der Rückgabe

Wie genau das Rückgabeverfahren ablaufen soll, sagt das Kulturgüterrückgabegesetz nicht. Ähnlich wie die Richtlinie schweigt das deutsche Umsetzungsgesetz zu dieser Frage.

In § 7 KGRG 1998 finden sich Vorschriften zur „Durchführung und Sicherung der Rückgabe." Diese Regeln das Vorgehen der zuständigen Behörden, wenn sie Kenntnis von Kulturgut erhalten, bei dem der dringende Verdacht besteht, dass es unrechtmäßig aus einem anderen Mitgliedstaat in das Bundesgebiet verbracht worden sein könnte. In einem solchen Fall ordnen sie die Anhaltung des Kulturgutes an und melden diese unverzüglich der Zentralstelle des Bundes.[416] Das angehaltene Kulturgut unterliegt einem Ausfuhrverbot bis zur Aufhebung seiner Anhaltung.[417] Diese erfolgt, wenn innerhalb von zwei Monaten keiner der von der Zentralstelle des Bundes[418], bzw. der Zentralstelle der Länder[419] unterrichteten Mitgliedstaaten um die Rückgabe des angehaltenen Objektes ersucht hat.[420] Das angehaltene Kulturgut kann sichergestellt werden, sofern die Rückgabe oder das Kulturgut selbst gefährdet erscheinen.[421]

Leider hat es das deutsche Umsetzungsgesetz versäumt, sich der Problematik der genauen Abwicklung der Rückgabe und der Frage welches Rechtsverhältnis den ersuchenden Staat und das betroffene Kulturgut nach der Rückgabe verbindet anzunehmen und dazu klärend Stellung zu nehmen. In anderen Mitgliedstaaten geben die Umsetzungsgesetze hierüber Aufschluss. Das französische Gesetz zur Umsetzung der Richtlinie, die Loi 95–877 zum Beispiel legt in den Artt. 17–21 genau fest, wie nach der Rückgabe mit dem Kulturgut zu verfahren ist. Der Staat wird „*depositaire*" des Guts bis zur Feststellung des Eigentumsrechts und zur Herausgabe an den Eigentümer. Bis dahin hat er das Recht, das Objekt auszustellen. Dem Eigentümer wird ein Herausgabeanspruch direkt aus dem Gesetz zugesprochen. Er muss allerdings für die vom Staat entrichtete Entschädigung, sowie für die angefallenen Ausgaben zur Erhaltung des Guts und zur Vollstreckung aufkommen. Meldet sich der Eigentümer in den fünf Jahren nach Bekanntmachung der Rückführung nicht, so fällt das Eigentum an den Staat.

In Deutschland führt das Fehlen einer solchen Regelung zu Unklarheiten. Dem Eigentümer steht zwar nach den allgemeinen Vorschriften ein Herausgabeanspruch aus §§ 985 ff. BGB zu, die Position des Staates bis zur Herausgabe ist

---

[416] § 7 Abs. 2 KGRG 1998.

[417] § 7 Abs. 3 KGRG 1998.

[418] So § 7 Abs. 4 KGRG 1998.

[419] So § 11 Nr. 2 KGRG 1998.

[420] § 7 Abs. 4 KGRG 1998.

[421] §§ 7 Abs. 5, 11 Nr. 5 KGRG 1998.

jedoch nicht ganz deutlich. Wahrscheinlich wird jedoch auch hier von einem Verwahrungsverhältnis zwischen Staat und privatem Eigentümer auszugehen sein, verbunden mit einem Zurückbehaltungsrecht des Staates bis zur Rückerstattung der bei der Rückführung angefallenen Kosten.

### 3.1.9. Private Klage des Berechtigten

Gemäß § 12 Abs. 6 KGRG 1998 steht es dem Berechtigten frei, unbeschadet des Vorgehens des Mitgliedstaates seine Rechte gegen den Besitzer im ordentlichen Rechtsweg durchzusetzen. Leider stößt man auch im Kulturgüterrückgabegesetz auf das Problem der Konkurrenz der Rückgabeanspruchs des Staates aus dem KGRG 1998 und des Herausgabeanspruchs eines möglicherweise bestehenden privaten Eigentümers aus dem BGB. Auch an dieser Stelle, an der schon die Richtlinie 93/7 keine Problemlösung bietet, hat die deutsche Umsetzung keinen klärenden Schritt gewagt.

In der Praxis werden wohl die Verjährungsfristen die entscheidende Rolle im Verhältnis der Klagen einnehmen. Es würde zwar grundsätzlich sinnvoll erscheinen, der Klage des privaten Eigentümers Vorrang zu gewähren, da im Falle eines Obsiegens des Klägers der Anspruch des Staates auf Rückgabe aus der Richtlinie 93/7 sich in aller Regel erledigt. Aber der staatliche Anspruch auf Rückführung aus der Richtlinie 93/7 verjährt bereits ein Jahr nach Kenntnis des Besitzers und des Belegenheitsorts des Kulturguts, so dass dem Staat nicht viel Zeit zum Abwarten bleibt. Insofern wird das möglicherweise sinnvolle Abwarten des Ausgangs der Klage des privaten Eigentümers dem Staat wohl nur dann möglich sein, wenn er erst während dieses Prozesses von Besitzer und Belegenheitsort des Kulturguts erfährt und ein Urteil in dem Prozess bereits absehbar ist. In den meisten Fällen wird er aber seine Klage unabhängig von der privaten einreichen müssen, um nicht die Verjährung seines Anspruchs zu riskieren.[422]

## 3.2. Der Rückgabeanspruch von deutschem national wertvollem Kulturgut

Die §§ 1 bis 4 KGRG 1998 regeln die Geltendmachung von Rückgabeansprüchen bezüglich unrechtmäßig verbrachten deutschen Kulturgutes.

Als Kulturgut im Sinne dieses ersten Abschnitts des Kulturgüterrückgabegesetzes gelten alle Gegenstände, die nach dem Gesetz zum Schutz deutschen Kulturgutes gegen Abwanderung durch Eintragung in das „Verzeichnis national wertvollen Kulturgutes“ oder in das „Verzeichnis national wertvoller Archive“ geschützt sind oder für die ein Eintragungsverfahren eingeleitet und die Ein-

---

422 Siehe zur Frage des Verhältnisses der Klagen oben Teil 2.

leitung des Verfahrens öffentlich bekannt gemacht worden ist.[423] So beschränkt sich der deutsche Rückgabeanspruch auf Kulturgut, das in eines der Länderverzeichnisse, die das KGSchG vorsieht, eingetragen ist. Diese Eingrenzung des Schutzbereichs im Verhältnis zur Richtlinie ist zwar aus deutscher Sicht bedauernswert, aber mit der Richtlinie durchaus vereinbar. Diese regelt nur den weitest möglichen Schutzbereich. Wie viel Schutz die einzelnen Mitgliedstaaten ihren Kulturgütern zubilligen, bzw. welche und wie viele Kulturgüter sie unter Schutz stellen, steht den Mitgliedstaaten frei.

Besonders bedauerlich ist der mit dieser Beschränkung einhergehende grundsätzliche Ausschluss des deutschen kirchlichen und öffentlichen Kulturguts vom Schutzbereich des KGRG 1998, das laut §§ 18, 19 KGSchG vom Anwendungsbereich des Gesetzes ausgenommen ist. Das Bundesministerium des Inneren plante die volle Erfassung der kirchlichen Kulturgüter.[424] Die Kirchen und Religionsgemeinschaften wehrten sich jedoch erfolgreich dagegen mit Hinweis auf ihre verfassungsrechtlich in Art. 140 GG i.V.m. Art. 133 III und Art. 138 II WRV verankerte Autonomie. Ein Kompromiss wurde darin gefunden, dass man durch das KGSchGÄndG den § 19 Abs. 2 KGSchG einfügte, nach dem die Kirchen und Religionsgemeinschaften Kulturgüter in ihrem Eigentum in das Verzeichnis national wertvollen Kulturguts eintragen lassen können und damit freiwillig ein Ausfuhrverbot begründen können.[425]

Gemäß § 2 KGRG 1998 machen die Länder den Rückgabeanspruch auf Kulturgut, das unrechtmäßig in das Hoheitsgebiet eines anderen Mitgliedstaats der Europäischen Union verbracht wurde, im Benehmen mit der Zentralstelle des Bundes im jeweiligen Mitgliedstaat der Europäischen Union im Rahmen der dort geltenden Vorschriften außergerichtlich und gerichtlich geltend. Zentralstelle des Bundes im Sinne des Kulturgüterrückgabegesetzes ist das Bundesministerium des Inneren. Die Länder benennen ihre Zentralstellen.[426]

Entsprechend der Systematik des KGSiG findet sich auch in diesem Abschnitt des KGRG 1998 die Sonderkollisionsnorm aus Art. 12 der Richtlinie 93/7. In § 4 Kulturgüterrückgabegesetz heißt es: „*Das Eigentum an Kulturgut, das nach den Bestimmungen dieses Gesetzes auf Verlangen in das Bundesgebiet zurückgegeben wird, richtet sich nach den deutschen Sachvorschriften.*"

Auch hier gilt: Eigentumsrechte am Kulturgut werden durch staatliche Rückgabeansprüche nicht berührt. Es handelt sich um einen öffentlich-rechtlichen Anspruch, der das Privatrecht überlagert.[427]

---

423 § 1 KGRG 1998.

424 S. von Preuschen EuZW 1999, 40, 42.

425 Siehe zu dieser Neuregelung: von Preuschen EuZW 1999, 40, 42.

426 § 3 KGRG 1998.

427 Von Preuschen, EuZW 1999, 40, 41.

## 4. Das Kulturgutschutzgesetzesänderungsgesetz

Das Gesetz zur Änderung des Gesetzes zum Schutz deutschen Kulturgutes gegen Abwanderung – kurz Kulturgutschutzgesetzesänderungsgesetz (KGSchG-ÄndG) – aus Artikel 2 KGSiG, trifft ergänzende Regelungen zur Anpassung des KGSchG von 1955 an die Erfordernisse der Richtlinienumsetzung. Vor allem bringt das KGSchGÄndG aber eine bedeutende Neuerung zur Sicherung des Leihverkehrs mit ausländischen Kulturgütern mit sich. Der neu gefasste § 20 KGSchG ermöglicht nunmehr die Zusicherung „freien Geleits" für Kulturgut, das aus dem Ausland in die Bundesrepublik Deutschland ausgeliehen wird.

Gemäß § 20 Abs. 1 KGSchG kann die zuständige oberste Landesbehörde im Einvernehmen mit der Zentralstelle des Bundes dem Verleiher die Rückgabe zum festgesetzten Zeitpunkt rechtsverbindlich zusagen, wenn ausländisches Kulturgut vorübergehend zu einer Ausstellung im Bundesgebiet ausgeliehen werden soll. Bei Ausstellungen, die vom Bund oder einer bundesunmittelbaren juristischen Person getragen werden, entscheidet die zuständige Behörde über die Erteilung der Zusage. Gemäß § 20 Abs. 2 KGSchG ist die Zusage vor der Einfuhr des Kulturgutes schriftlich unter Gebrauch der Worte „rechtsverbindliche Rückgabezusage" zu erteilen. Sie kann nicht zurückgenommen oder widerrufen werden. Die Zusage bewirkt, dass dem Rückgabeanspruch des Verleihers keine Rechte entgegengehalten werden können, die Dritte an dem Kulturgut geltend machen (§ 20 Abs. 3 KGSchG). Bis zur Rückgabe an den Verleiher sind gerichtliche Klagen auf Herausgabe, Arrestverfügungen, Pfändungen und Beschlagnahmen unzulässig (§ 20 Abs. 4 KGSchG).[428]

Die Einführung dieser Vorschrift stellt einen großen Schritt zur Unterstützung und Stärkung des internationalen Kulturaustauschs dar. Die Ausstellung ausländischen Kulturguts scheiterte in der Vergangenheit oft daran, dass den Verleihern das Risiko zu groß war, das Eigentum am verliehenen Objekt in der Bundesrepublik wieder zu verlieren, zum Beispiel weil andere das Eigentum für sich reklamieren.

Nach der Präambel der UNESCO Konvention von 1970 sollen durch den freien Austausch von Kulturgut unter den Nationen die Kenntnisse über die Zivilisation des Menschen vertieft, das kulturelle Leben aller Völker bereichert und die

---

[428] Zur detaillierten Entstehungsgeschichte, Rechtswirkung und Vereinbarkeit mit dem Justizgewährungsanspruch siehe Pieroth/Hartmann, NJW 2000, 2129 ff., die zu dem Ergebnis gelangen, dass der Justizgewährungsanspruch nicht durch § 20 KGSchG verletzt ist, da mit der Förderung des internationalen Kulturaustauschs ein sachlicher Grund für die Beschränkung des zivilgerichtlichen Rechtsschutzes besteht und die vorübergehende Beschränkung einer Rechtsschutzmöglichkeit, die sich ohne Rückgabezusage nie ergeben hätte auch verhältnismäßig ist.

gegenseitige Achtung und das Verständnis unter den Nationen gefördert werden. Die Einführung der Regelung des „freien Geleits" leistet einen bedeutenden Beitrag zur Erreichung dieser Ziele.

### 5. Bewertung

An der Umsetzung der Richtlinie 93/7 durch die Bundesrepublik Deutschland kann in vielerlei Hinsicht Kritik geübt werden. Die bedeutendste Verfehlung des Gesetzgebers liegt jedoch mit Sicherheit in dem Ausschluss der Möglichkeit der nachträglichen Eintragung von Kulturgut. Der hiermit einhergehende Verstoß gegen europarechtliche Vorgaben ist bis heute ungeahndet geblieben.

Im Detail lässt die Umsetzung vor allem durch die Nichtausfüllung des durch die Richtlinie offen gelassenen Handlungsspielraums zu wünschen übrig. Insbesondere im Hinblick auf die Regelung des Ablaufs der Rückgabe des Kulturgut, des Verhältnisses zwischen ersuchendem Staat und privatem Eigentümer und das Verhältnis der konkurrierenden Klagen hätte man vom deutschen Umsetzungsgesetz mehr Klarheit erhofft.

Die Kürze der relativen Verjährungsfrist schließlich ist noch eine große Schwäche des Kulturgutsicherungsgesetzes, wobei diese Schwäche auf der zu kurzen Frist der Richtlinie 93/7 basiert, so dass hier der Vorwurf nicht dem deutschen, sondern dem europäischen Gesetzgeber gilt.

Insgesamt überwiegt jedoch der positive Aspekt der Einführung eines Rückgabeanspruchs. Der Rückgabeanspruch aus dem Kulturgüterrückgabegesetz ist der erste autonome Anspruch auf Rückgabe illegal verbrachten Kulturguts im deutschen Recht. Dessen Einführung ist trotz der oben besprochenen Unklarheiten ein großer Schritt in Sachen Kulturgüterschutz in Deutschland. Positiv fällt auch im Kulturgutsicherungsgesetz die Einführung der „Freien Geleits"-Klausel in § 20 KGSchG auf, die eine entscheidende Unterstützung des internationalen Kulturaustausches in Deutschland bedeutet.

## IV. Das Gesetz zur Ausführung des UNESCO-Übereinkommens vom 14. November 1970 über Maßnahmen zum Verbot und zur Verhütung der rechtswidrigen Einfuhr, Ausfuhr und Übereignung von Kulturgut

Das Gesetz zur Ausführung des UNESCO-Übereinkommens vom 14. November 1970 über Maßnahmen zum Verbot und zur Verhütung der rechtswidrigen Einfuhr, Ausfuhr und Übereignung von Kulturgut – kurz: Kulturgutüberelnkommensausführungsgesetz (KGÜAG) – ist das jüngste in Deutschland verabschiedete Gesetz zum Kulturgüterschutz. Es bezweckt die Umsetzung der UNESCO Konvention von 1970 in deutsches Recht.

# 1. Entstehung des KGÜAG

## 1.1. Entwicklung der Umsetzungsgedanken 1970 – bis zum RegE 2007

In der Bundesrepublik hat man sich in der Zeit seit der Unterzeichnung des Übereinkommens 1970 mehrfach Gedanken zu seiner Ratifizierung gemacht, letztlich diese Ansätze aber immer wieder verworfen. Es wird vermutet, der Kunsthandel habe es wohl immer wieder geschafft, seine Stimme zwar im Verborgenen aber mächtig genug zu erheben, um Vorstöße in Richtung UNESCO Umsetzung zu verhindern. Es spricht auch Vieles dafür, dass der nachdrückliche Widerstand der Antiquitätenhändler wohl ein gewichtiger Grund für die lange Untätigkeit gewesen sein mag, denn letztlich belastet die Ratifizierung vor allem sie. Dennoch werden auch andere Aspekte hier eine bedeutende Rolle gespielt haben. Wahrscheinlich werden die umgekehrten, ebenfalls sehr weit reichenden Forderungen der Archäologen zur Entmutigung des Gesetzgebers beigetragen haben. Letztlich sah sich dieser einer besonders unüberschaubaren Situation gegenüber, in der sich der Weg zur Kompromissfindung als sehr beschwerlich abzeichnete.[429] So wurde entschieden abzuwarten und zu beobachten, wie sich die anderen Importstaaten verhalten würden, zumal sich 1993 die EU auch der Thematik annahm und die Richtlinie 93/7 erließ, die es dann zunächst umzusetzen galt. 1995 kam noch das UNIDROIT Übereinkommen hinzu, das wiederum einen ganz neuen Ansatz bot und eine umfassendere Lösung des Problems zu versprechen wagte, welches man jedoch erstmal auf seine Kompatibilität mit dem deutschen System prüfen musste. So verging die Zeit.

Wieder aufgenommen wurde die Zielsetzung einer Transponierung des UNESCO Übereinkommens zu Zeiten der Regierung unter Gerhard Schröder, wo sie sogar im Koalitionsvertrag zwischen SPD und Bündnis 90/DIE GRÜNEN Eingang fand.[430] Doch diese Zielsetzung der Regierungskoalition wurde bedauerlicherweise nach der Erarbeitung eines auf einem recht detaillierten Eckpunkte-Papier basierenden unveröffentlichten Referentenentwurfs zur Umsetzung des Übereinkommens vom Oktober 2004 zunächst aufgegeben. In dem Eckpunkte-Doku-

---

[429] Siehe BT-Drs. 16/4145, S. 10.

[430] Vgl. Koalitionsvertrag vom 16. Oktober 2002. Dort wurde die Ratifikation des UNESCO Abkommens von 1970, „bzw.“ des UNIDROIT Übereinkommens von 1995 vorgesehen.

ment wurden die Kernelemente einer möglichen deutschen Transponierung aufgeführt.[431] Die Bemühungen ruhten dann bis Ende 2005, als der neue Kulturstaatsminister Naumann das Ratifizierungsvorhaben wieder mit neuem Leben erfüllte, indem er es in sein 100-Tage-Programm als essentiellen Punkt aufnahm. Daraufhin wurde ein Regierungsentwurf für ein Umsetzungsgesetz erarbeitet, welches am 24.02.2006 an den Bundesrat ging.[432] Interessanterweise finden sich in diesem Regierungsentwurf vor allem die Kernelemente des oben erwähnten Eckpunkte Papiers von 2004 zum Gesetz zur Ausführung des UNESCO Übereinkommens wieder, welches eine bereits überaus durchdachte Vorlage bot.

## 1.2. Zielsetzung des RegE

Das primäre Ziel des Regierungsentwurfs war selbstverständlich die Umsetzung der völkerrechtlichen Verpflichtungen aus dem UNESCO Übereinkommen in deutsches Recht. Der deutsche Gesetzgeber war sich dabei des großen Spielraums, der ihm durch die UNESCO Konvention eingeräumt war, durchaus bewusst.[433] Diesen hat er im Sinne der Praktikabilität und Rechtssicherheit, aber auch des Geistes und des angestrebten Ziels der Konvention auszufüllen versucht. Zur Ausarbeitung des Gesetzes wurden auch Regelungen anderer westeuropäischer Staaten in den Blick genommen, die für den Handel mit Kulturgut von Bedeutung sind, insbesondere das schweizerische KGTG vom 20. Juni 2003.[434] Bezweckt wurde damit die Vermeidung von Wettbewerbsnachteilen des Standorts Deutschland für den Kunsthandel, die sowohl durch eine im Vergleich zu anderen wichtigen Kunsthandelstaaten *„zu laxe und damit rufschädigende als auch durch eine zu strenge und damit nicht mehr praktikable Umsetzung der Vorgaben des Übereinkommens entstehen könnten.“*[435]

Überhaupt – so heißt es in der Begründung des RegE – sei der Entwurf insgesamt *„das Ergebnis einer Abwägung der unter anderem wissenschaftlich und international gewichtigen Belange des Kulturgüterschutzes einerseits und der berechtig-*

---

431 Vgl. Dokument der Projektgruppe UNESCO 70 „Eckpunkte für ein Gesetz zur Ausführung des UNESCO Übereinkommens über Maßnahmen zum Verbot und zur Verhütung der unzulässigen Einfuhr, Ausfuhr und Übereignung von Kulturgut vom 14. November 1970“ vom 14.05.2004.

432 BR-Drs. 155/06.

433 Vgl. Begründung des Gesetzesentwurf BR-Drs. 155/06 S. 20, sowie Dokument der Projektgruppe UNESCO 70 „Eckpunkte für ein Gesetz zur Ausführung des UNESCO Übereinkommens über Maßnahmen zum Verbot und zur Verhütung der unzulässigen Einfuhr, Ausfuhr und Übereignung von Kulturgut vom 14. November 1970“ vom 14.05.2004 – I, 3.

434 Begründung des Gesetzesentwurf BR-Drs. 155/06 S. 20.

435 Begründung des Gesetzesentwurf BR-Drs. 155/06 S. 21.

*ten Interessen des Handels andererseits.*"[436] In diesem Regierungsentwurf finden sich die Elemente des Eckpunkte Dokuments der Projektgruppe UNESCO 70 von 2004 wieder. Ein Kerngedanke des Eckpunkte Papiers wurde bei der Erarbeitung des Regierungsentwurfs jedoch fallen gelassen, nämlich derjenige der Unwirksamkeit von Rechtsgeschäften über unrechtmäßig nach Deutschland verbrachtes „nationales Kulturgut" der Vertragsstaaten. Mit dieser Regelung sollte erreicht werden, dass nicht nur Erwerbsgeschäfte, sondern alle Rechtsgeschäfte, wie zum Beispiel auch der Abschluss von Versicherungsverträgen über unrechtmäßig nach Deutschland verbrachtes „nationales Kulturgut" der Vertragsstaaten, unwirksam seien. Ein gutgläubiger Erwerb dieser Kulturgüter wäre somit ausgeschlossen gewesen. Eigentum hätte allein durch Ersitzung wirksam erworben werden können. Dieser wohl in Anlehnung an die berühmte BGH Rechtsprechung zum „Nigeria-Fall"[437] entwickelte Gedanke wurde jedoch im Regierungsentwurf nicht wieder aufgenommen.

## 1.3. Vom RegE zum KGÜAG

Anfang April 2006 wurde dieser Entwurf im Plenum des Bundesrates beraten und eine Stellungnahme mit Änderungsvorschlägen beschlossen,[438] auf die unmittelbar eine sehr versöhnliche Gegenäußerung der Bundesregierung folgte.[439] Im Mai 2006 ging der Regierungsentwurf an den Bundestag, wo er Anfang Juni im Plenum in 1. Beratung behandelt wurde.[440] Anschließend wurde der Entwurf in den zuständigen Ausschüssen erörtert. Ende September erfolgte eine Anhörung von Sachverständigen, unter denen sich sowohl Juristen aus dem Bereich des Kulturgüterschutzes, als auch Vertreter des Kunsthandels, Museumsfachleute, ein Archäologe und ein UNESCO Vertreter befanden.[441] In der Folge verfasste der federführende Ausschuss für Kultur und Medien seinen Bericht mit Beschlussempfehlung, welcher Ende Januar 2007 fertig gestellt wurde.[442] Anfang

---

[436] Begründung des Gesetzesentwurf BR-Drs. 155/06, S. 20.

[437] BGHZ 59, 82.

[438] Bundesrat Plenarprotokoll 821 vom 07.05.2006 S. 106C.

[439] Anlage 3 zu BT-Drs. 16/1371.

[440] Bundestag Plenarprotokoll 16/37 vom 01.06.2006 S. 3386 A-B.

[441] S. Protokoll Nr. 16/18 vom 27.09.2006 des Ausschusses für Kultur und Medien. Geladene Sachverständige: Guido Carducci (UNESCO, Chief of Section, International Standards), Prof. Henrik Hanstein (Geschäftsführender Gesellschafter Kunsthaus Lempertz), Dr. Michael Müller-Karpe (Archäologe, Römisch Germanisches Zentralmuseum Mainz), Dr. Astrid Müller-Katzenburg (Juristin Arbeitskreis Deutscher Kunsthandelsverbände), Prof. Dr. Günther Schauerte (Stellv. Generaldirektor der Staatlichen Museen zu Berlin – Stiftung Preußischer Kulturbesitz), Prof. Dr. Kurt Siehr (Max Planck Institut für ausländisches und internationales Privatrecht).

[442] BT-Drs. 16/4145.

Februar 2007 wurde dann im Bundestag erneut über den Entwurf debattiert. Dieser wurde schließlich in der geänderten Ausschussfassung mit den Stimmen der Koalitionsfraktionen, bei Enthaltung der Fraktion Bündnis 90/Die Grünen und Gegenstimmen der FDP Fraktion und der Fraktion Die Linke in 2. und 3. Beratung angenommen.[443] Anfang März beschloss der Bundesrat in seiner 831. Sitzung zu dem vom Deutschen Bundestag verabschiedeten Gesetz keinen Antrag auf Einberufung des Vermittlungsausschusses zu stellen und stimmte dem Gesetz zu.[444]

Am 18. Mai diesen Jahres wurde das neue Gesetz zur Ausführung des UNESCO-Übereinkommens vom 14. November 1970 über Maßnahmen zum Verbot und zur Verhütung der rechtswidrigen Einfuhr, Ausfuhr und Übereignung von Kulturgut ausgefertigt, am 25. Mai 2007 trat es in Kraft.[445]

## 2. Ausgestaltung und Inhalt des KGÜAG

Betrachten wir nun das neue Gesetz in seiner Gesamtheit etwas genauer.

### 2.1. Ausgestaltung

Die Gestaltung des KGÜAG ergibt sich zunächst aus dem Nebeneinander der europarechtlichen Bestimmungen der Richtlinie 93/7, die im Kulturgutsicherungsgesetz vom 15. Oktober 1998 umgesetzt wurden, und der neuen Verpflichtungen aus dem UNESCO Übereinkommen. Das Kulturgutsicherungsgesetz bestand aus 4 jeweils in Unterabschnitte gegliederten Artikeln, von denen der erste – das KGRG 1998 – die Vorschriften zur Rückgabe von illegal exportiertem Kulturgut enthielt.[446]

Im Interesse einer möglichst einheitlichen und damit widerspruchsfreien Handhabung der Rückgabe von Kulturgütern an andere Staaten wurden mit dem KGÜAG Regelungen geschaffen, die so parallel wie möglich zu den Regelungen über die Rückgabe innerhalb der EU gestaltet wurden, um mit denjenigen des Kulturgutsicherungsgesetzes kombiniert werden zu können.

Auch im so entstandenen neuen Gesetz ist das Kernelement der Artikel 1, der nunmehr die Zusammenführung von EU-Richtlinienumsetzung und UNESCO Konventionstransponierung beinhaltet. In Artikel 2 und 3 finden sich Vorschriften zu Änderungen betroffener Gesetze, Artikel 4 enthält das Gesetz zur Aus-

---

443 Bundestag Plenarprotokoll 16/79 vom 01.02.2007 S. 7859D–7873D.

444 Bundesrat Plenarprotokoll 831 vom 09.03.2007 S. 63C–D. Drs. BR-Drs. 92/07.

445 Bundesgesetzblatt Teil I 2007 Nr. 21 23.05.2007 S. 757.

446 Siehe Ausführungen dazu oben.

führung der Konvention vom 14. Mai 1954 zum Schutz von Kulturgut bei bewaffneten Konflikten – welches gleichzeitig ratifiziert und umgesetzt wurde – und Artikel 5 regelt das In- und Außerkrafttreten des KGÜAG.

Interessant im Kontext dieser Arbeit ist vor allem Artikel 1, der sich auch nach der Neugestaltung immer noch Kulturgüterrückgabegesetz nennt (im Folgenden KGRG n.F.) und die Verschmelzung der „alten“ Vorschriften der EU-Richtlinienumsetzungen mit den „neuen“ Umsetzungsregelungen des UNESCO Übereinkommens enthält. Die Eingliederung der Verpflichtungen aus dem UNESCO Übereinkommen brachte eine so bedeutende Erweiterung des Umfangs des ursprünglichen Gesetzes mit sich, dass es zweckmäßig erschien, dieses neu zu strukturieren. Das KGRG n.F. gliedert sich nunmehr in 5 Abschnitte. Zunächst widmet sich Abschnitt 1 allgemeinen Vorschriften, Abschnitt 2 regelt die Geltendmachung des Rückgabeanspruches für deutsches geschütztes Kulturgut, in Abschnitt 3 finden sich die Regelungen zu Rückgabeansprüchen anderer Staaten, Abschnitt 4 enthält die neuen Vorschriften zum Schutz von bedeutendem Kulturgut anderer Staaten und Abschnitt 5 schließlich Straf- und Bußgeldvorschriften.

Der Klarheit halber wurde bei der Neugestaltung ein Ablösungsgesetz verfasst.[447] Dabei wurden die neuen Regelungen sehr geschickt eingeschmolzen und es ist von der Gestaltung her eine strukturierte, durchsichtige Umsetzung der komplizierten und oft nicht ganz deutlichen Konvention gelungen.

## 2.2. Inhalt im Überblick / Neuerungen durch das KGÜAG

Insgesamt bringt das KGÜAG eine Vielzahl von Neuerungen im Bereich des Kulturgüterschutzes mit sich. Die Wichtigste ist wahrscheinlich die Einführung eines Rückgabeanspruchs gegen die Bundesrepublik Deutschland bei unrechtmäßig nach Deutschland verbrachtem nationalem Kulturgut der UNESCO Vertragsstaaten. Dieser besteht wie der Anspruch aus der Umsetzung der Richtlinie 93/7 unabhängig von Eigentumsrechten. Umgekehrt kann Deutschland nun auch für deutsches national wertvolles Kulturgut gegenüber Staaten des UNESCO Übereinkommens diesen öffentlich rechtlichen Rückgabeanspruch geltend machen.

Eine weitere wichtige Neuerung, die wir ebenfalls gleich näher besprechen werden, betrifft den Schutz von archäologischen Bodenfunden, die auch in gewissem Umfang in den Schutzbereich des KGÜAG Eingang gefunden haben.

Die weiteren bedeutenden Änderungen durch das KGÜAG finden sich in Artikel 1 Abschnitt 4: es handelt sich um Vorschriften zum Schutz von bedeutendem

[447] BT-Drs. 166/05, S. 33.

Kulturgut anderer Staaten. Zum einen führt das KGÜAG einen Genehmigungsvorbehalt für die Verbringung nationalen Kulturguts anderer Staaten ein, zum anderen formuliert es hoch umstrittene, strenge Aufzeichnungspflichten für den Kunst- und Antikenhandel. Beides wird ergänzt durch Straf- und Bußgeldbestimmungen bei Verletzung des Verbringungsverbots und Nichterfüllung der Aufzeichnungspflichten.

## 3. Rückgabeanspruch aus Artikel 1 § 6 Abs. 2

Der Rückgabeanspruch der Vertragsstaaten findet sich in § 6 Abs. 2 KGRG n.F.

### 3.1. Anspruchsvoraussetzungen

#### 3.1.1. Geschütze Güter

Erste Voraussetzung für das Bestehen dieses Anspruchs ist, dass es sich bei dem betroffenen Kulturgut, um einen durch § 6 Abs. 2 des KGRG n.F. geschützten Gegenstand handelt.

Geschützt ist gem. Art. 1 § 6 Abs. 2 S. 1 Nr. 1 und 2 jeder Gegenstand, der *„vor der Verbringung (…) von dem ersuchenden Vertragsstaat aus religiösen oder weltlichen Gründen als für die Archäologie, Vorgeschichte, Geschichte, Literatur, Kunst oder Wissenschaft als besonders bedeutsam bezeichnet wurde und eine der in Artikel 1 des UNESCO Übereinkommens genannten Kategorien angehört.“* Hierbei genügt es, wenn das Verfahren zur Bezeichnung eingeleitet ist, sofern dies öffentlich bekannt gemacht wurde. In dieser Definition spiegelt sich die Kulturgutdefinition aus Artikel 1 UNESCO Übereinkommen wider, was für eine einheitliche Anwendung des Übereinkommens in den Vertragsstaaten auch sinnvoll erscheint.

Zur konkreten Bedeutung der besonderen Bezeichnung bzw. wie und in welcher Form sie zu erfolgen hat schweigt jedoch die Konvention. Hierzu findet sich im KGRG n.F. eine Konkretisierung. Es gilt nämlich gem. § 6 Abs. 2 S. 2 als besonders bedeutsam bezeichnet im Sinne von Satz 1 jeder Gegenstand, *„wenn er individuell identifizierbar von einem anderen Vertragsstaat in ein Verzeichnis des bedeutenden öffentlichen und privaten Kulturgutes aufgenommen worden ist.“* Diese Bedingung engt den Schutzbereich des KGRG n.F. ganz erheblich ein und ist insoweit nicht unproblematisch.

Zu allererst stellt sich ein Problem, wenn ein Kulturgut zwar in ein Verzeichnis aufgenommen ist, dessen Beschreibung aber ungenau gehalten wurde und keine klare Identifizierung ermöglicht, z.B. „3 Vasen der Ming Zeit“. Diese Kulturgüter wären so beschrieben wohl aus dem Schutzbereich des KGRG n.F. ausgeschlossen. Laut Angaben der UNESCO ist so eine ungenaue Verzeichnung in einer Vielzahl von Ländern leider die Regel und dort nicht etwa auf die Nachlässigkeit der zuständigen Stellen, sondern auf einen Mangel an Personal und finanziellen Mitteln zurückzuführen, manchmal sogar auf beschränktes wissenschaftliches Wissen über gewisse Objekte.[448] Meist sind aber genau diese Länder am schutzbedürftigsten, da die oben genannten Mängel sie sehr anfällig machen für Raubgrabungen und illegalen Handel mit Kulturgut. Der deutsche Gesetzgeber wollte hier aus Gründen der Rechtssicherheit eine klare Beschränkung auf konkret bestimmbare Gegenstände, um einer befürchteten Ausuferung und missbräuchlichen Ausweitung des Anwendungsbereichs entgegenzuwirken. Hier könnte es aber faktisch zu massiven Einschränkungen kommen.

Dies, zumal auch die Regelung der Natur des Verzeichnisses, in das der ersuchte Gegenstand eingetragen zu sein hat, bedenklich erscheint. Das KGRG n.F. fordert hier ein „*Verzeichnis des bedeutenden öffentlichen und privaten Kulturguts*" im Gegensatz zur Forderung des Art. 7 der UNESCO Konvention, der lediglich die Eintragung des zurückzuführenden Objekts in der Inventarliste der betroffenen Institution verlangt. Zwar empfiehlt das UNESCO Übereinkommen in Art. 5 b die Errichtung eines nationalen Verzeichnisses, aber nur „*as appropriate for each State*", es handelt sich also um keine bindende Verpflichtung. Daher besitzen auch lange nach der Ratifizierung nur ganz wenige Staaten ein Verzeichnis wie es das KGRG n.F. verlangt. Auch hier wird die schlechte finanzielle Lage einiger Vertragsstaaten erhebliche Schwierigkeiten bereiten.

Des Weiteren enthält die Definition der „besonderen Bezeichnung" noch eine dritte Einschränkung des Schutzes, denn es muss auch die problemlose öffentliche Zugänglichkeit des besagten Verzeichnisses gewährleistet sein. „Die Annahme, dass auf mittelfristige Sicht derartige Verzeichnisse aus aller Welt (von immerhin 114 Vertragsstaaten) von Deutschland aus zugänglich sein könnten, ist zwar auf den ersten Blick interessant, im Ergebnis jedoch völlig unrealistisch."[449] Laut Angaben des UNESCO Beauftragten *Carducci* gewähren nur ganz wenige Museen und Institutionen der Öffentlichkeit Zugang zu ihren vollständigen Verzeichnissen. „Aus Sicherheits- und konservatorischen Gründen halten sie diese zum größten Teil unter Verschluss. Aber selbst wenn es Verzeichnisse gibt und diese sogar zugänglich sind, so ist dies auch nur auf nationaler Ebene der Fall und nicht im Internet oder in einer anderen in Deutschland zugänglichen Form und erst recht nicht, wie die Bundesrepublik es erwartet, in Englisch oder Französisch."[450]

Hierbei hilft auch nicht, dass laut § 14 KGÜAG ein Gesamtverzeichnis wertvollen Kulturguts aller Vertragsstaaten erstellt werden soll, welches im Bundes-

---

[448] S. Carducci BT-Ausschussdrs. 16(22)049 (Ausschuss für Kultur und Medien), S. 10.

[449] Carducci BT-Ausschussdrs. 16(22)049 (Ausschuss für Kultur und Medien), S. 11.

[450] Siehe Motive des Gesetzgebers BT-Drs. 155/06, S. 36.

anzeiger veröffentlicht wird. Dies – sofern überhaupt realisierbar – würde zwar sicher die Zugänglichkeit der betreffenden Informationen für die Kunsthändler erleichtern – sofern sie regelmäßig den Bundesanzeiger studieren, der in diesem Falle Tausende von Seiten umfassen müsste. Es ist jedoch nicht einzusehen, warum sich ein Vertragsstaat bei der Geltendmachung seines Rückgabeanspruchs die Eintragung oder Nichteintragung seines Kulturguts in dieses Verzeichnis der Bundesregierung anspruchsvernichtend entgegenhalten lassen sollte.

Die Erstellung eines weltweiten Verzeichnisses geschützter Kulturgüter und dessen Zugänglichkeit für alle ist zweifelsohne eine sinnvolle Zielsetzung für die Zukunft, entspricht derzeit aber, wie eben bereits dargelegt, keineswegs der Realität. Ähnliche Vorhaben wurden bei der UNESCO bereits diskutiert, zumal diese sich als Zentralstelle und internationaler Ansprechpartner zur Führung eines Gesamtverzeichnisses besonders eignen würde. Durch ein solches Verzeichnis ließen sich zweifelsohne viele Unsicherheiten im Hinblick auf die Aus- und Einführbarkeit, sowie die Möglichkeit der Übereignung von geschützten und abhanden gekommener Kulturgüter beheben und eine klarere Situation für den Markt schaffen. In unserem Zeitalter der globalen Vernetzung erscheint ein solches Projekt sogar realisierbar, aber nur auf sehr sehr lange Sicht.

Schließlich ignoriert die Notwendigkeit der Eintragung in ein Verzeichnis eine essentielle Grundregel, der die UNESCO Konvention folgt, dass nämlich jeder Staat das Recht hat, selbst zu bestimmen, welche Kulturgüter er als schützenswert erachtet und welche nicht. Durch das Erfordernis der Eintragung wird einigen Vertragsstaaten der Schutz mancher Kulturgüter, die sie für besonders schützenswert erachten, faktisch versagt. Denn im Irak zum Beispiel gelten alle Kulturgüter, die älter als 200 Jahre sind, als besonders schützenswert. Diese sind sicherlich nicht alle in einem Verzeichnis aufgelistet, zumal einige noch nicht einmal ausgegraben sein dürften, obwohl sie, sobald sie an das Tageslicht träten, vom irakischen Recht geschützt wären. Hierin liegt eine eindeutig untaugliche Umsetzung der UNESCO Konvention. Schließlich widerspricht diese Umsetzung sogar den Vorgaben des Übereinkommens.

Im Ergebnis entsteht der Eindruck, die Konkretisierung der „besonderen Bezeichnung" mache das Rückgabeverlangen ohnehin fast aussichtslos. Es bleibt abzuwarten, ob sich dies in der Anwendung bestätigt. Es scheint aber, als hätte der deutsche Gesetzgeber an dieser Stelle seinen Auftrag aus den Augen verloren. Es ist sicher wünschenswert, für eine höhere Rechtssicherheit im Kunsthandel zu sorgen, die hier erfolgte Regelung jedoch limitiert auch im Hinblick auf die Vorgaben der umgesetzten Konvention in zu hohem Maße den gewährten Rückgabeanspruch.

Immerhin sind die Vertragsstaaten völlig frei in der Beurteilung der Bedeutung ihrer einzelnen Kulturgüter – so will es auch die Konvention, wie aus Artikel 1 und 13 hervorgeht. Ein Überprüfungsrecht anderer Vertragsstaaten, ob die Klassifizierung zulässig war, ist nicht vorgesehen und wäre vor dem Hintergrund der umzusetzenden Konvention auch nur schwer zu rechtfertigen.

### 3.1.2. Sonderregelung für archäologische Bodenfunde

Laut § 6 Abs. 2 S. 1 Nr.1 muss die Bezeichnung oder Einleitung des Bezeichnungsverfahrens unbedingt *vor der Verbringung* des Gegenstandes erfolgt sein. Eine rückwirkende Bezeichnung ist im Sinne der Rechtssicherheit grundsätzlich nicht vorgesehen. Lediglich für archäologische Gegenstände wurde eine Sonderregelung eingeführt. Dies erschien geboten, um eine gravierende Schutzbereichslücke im Hinblick auf die aus Raubgrabungen stammenden archäologischen Kulturgüter zu vermeiden. Das Problem liegt darin, dass illegal ausgegrabene und dann verbrachte Kulturgüter den Behörden naturgemäß nicht bekannt und daher selbstverständlich auch vor ihrer Verbringung nirgends verzeichnet oder inventarisiert sind, so dass faktisch archäologische Bodenfunde aus Raubgrabungen von der Konvention gar nicht erfasst sein können. Ausgerechnet diese Kulturgüter sind jedoch oft in besonderem Masse schützenswert. Tatsächlich verursachen Raubgrabungen schwerwiegende, irreparable Schäden. Werden Kulturgüter ausgegraben, vom Fundort entfernt und illegal exportiert, sind nicht nur diese Kulturgüter für das Herkunftsland verloren, sondern es werden auch und vor allem unwiederbringliche wissenschaftliche Informationen vernichtet. Denn wird der Fundzusammenhang (der sog. Grabungskontext) eines Bodenfundes zerstört, so werden die über den Fund zu gewinnenden Erkenntnisse über Kultur und Geschichte unmöglich gemacht. Wurde ein Gegenstand einmal aus seinem Grabungskontext entfernt, lässt sich dies zwar nicht rückgängig machen, es muss aber dann zumindest die Rückgabe an den Herkunftsstaat ermöglicht und unterstützt werden. Dazu wurde zunächst die Einführung eines so genannten „Antikenpasses“ als legitimierendes Dokument vorgeschlagen. Aus praktischen Gründen wurde dieser Ansatz jedoch wieder verworfen, da ein erheblicher Verwaltungsaufwand mit einer solchen Regelung einhergehen würde, verbunden mit bedeutenden Kosten. Daher entschied sich der Gesetzgeber dafür, den Herkunftsstaaten die Möglichkeit einzuräumen, bei einem zuvor nicht bekannten archäologischen Gegenstande, innerhalb eines Jahres ab dem Moment, in dem die zuständige Behörde des betroffenen Vertragsstaates Kenntnis vom Fund erlangen konnte, noch dessen Verzeichnung vorzunehmen. Diese Sonderregelung ist in zweierlei Hinsicht bemerkenswert. Zum einen betrifft sie nicht nur die Rückgabepflicht gegenüber den Vertragsstaaten der UNESCO Konvention sondern sie wurde auch in den europarechtlichen Rückgabeanspruch eingefügt (§ 6 Abs. 1 Nr. 1 KGRG n.F.), erweitert also den Anwendungsbereich der Richtlinie. Zum anderen erweitert sie ebenfalls den vom UNESCO Übereinkommen abgesteckten Schutzrahmen, denn dieses hat (im Gegensatz zur UNIDROIT Konvention zum Beispiel) keine Sonderregelung für archäologische Bodenfunde vorgesehen und dieses entscheidende Problem – wenn man von dessen Erwähnung in Art. 10 b und Art. 5 d absieht – schlicht übergangen. Hier geht das KGRG n.F. in Anlehnung an die UNIDROIT Konvention in begrüßenswerter Weise über den Regelungsgehalt des umzusetzenden Übereinkommens hinaus.

Zu bedauern ist aber, dass diese Sonderregelung im Laufe der Entwicklung des KGRG n.F. stark abgeschwächt wurde und zwar in Bezug auf den Beginn der Jahresfrist. Laut Regierungsentwurf sollte die Frist mit Kenntnisnahme der Existenz des Gegenstandes durch die zuständige Behörde zu laufen beginnen, es wurde somit an die positive Kenntnis angeknüpft. An dieser Stelle brachte der federführende Ausschuss in seinem Abschlussbericht vor, eine solche Frist sei im Ergebnis unendlich, da der Herkunftsstaat immer behaupten könne, keine positive Kenntnis gehabt zu haben. Daher wurde empfohlen, eher an die bloße *Möglichkeit* der Kenntnisnahme anzuknüpfen. Dieser Änderungsvorschlag wurde angenommen.

In diesem Zusammenhang erscheint nun aber die Jahresfrist zur Nacherfassung des Gegenstandes überaus kurz bemessen, da sie von den Vertragsstaaten eine höchst intensive Beobachtung des Antikenhandels fordert: Denn erscheint ein Gegenstand in irgendeinem Katalog, wird von der Möglichkeit zur Kenntnisnahme ausgegangen werden. Vielen Herkunftsstaaten wird eine solch gründliche Überwachung des weltweiten Kunstmarktes aus Kapazitäts- und Finanzgründen wohl kaum möglich sein. Hier hatten sich die Fraktion Bündnis 90/DIE GRÜNEN sehr stark für die Verlängerung dieser Jahresfrist auf 2 Jahre eingesetzt. Leider wurde der entsprechende Änderungsantrag im federführenden Ausschuss für Kultur und Medien abgelehnt.[451]

Eine Ausnahme zu dieser strengen Frist zur Nacherfassung wurde auf Empfehlung desselben Ausschusses in Abs. 2a eingefügt. Sie bezieht sich auf Situationen, in denen sich der ersuchende Staat durch innere Unruhen, Krieg oder ähnliche Umstände gehindert sieht, innerhalb der Frist das Verfahren zur Bezeichnung einzuleiten. In einem solchen Fall beginnt die Frist erst mit Wegfall dieser störenden Umstände.

Abschließend hierzu kann man feststellen, dass die Sonderregelung zum Schutz archäologischer Gegenstände letztlich einen Kompromiss darstellt und aus Gründen der Rechtssicherheit wie der gesamte Schutzbereich sehr eng gefasst wurde. Nichtsdestotrotz ist sie ein sinnvoller Vorstoß in Richtung Schutz von Objekten aus Raubgrabungen und als solcher zu begrüßen. Solange aber die Nacherfassungsfrist nur ein Jahr beträgt, wird sie kaum Wirkung entfalten können.

---

[451] Siehe zum Änderungsantrag der Fraktion BÜNDNIS 90/DIE GRÜNEN und dessen Ablehnung: Ausschussdrucksache 16(22)081 (Ausschusses für Kultur und Medien), abgedruckt in BT-Drs. 16/4145, S. 8.

### 3.1.3. Unrechtmäßige Verbringung in das Bundesgebiet

Ein geschützter Gegenstand kann nur zurückgeführt werden, sofern er unrechtmäßig aus dem Hoheitsgebiet eines Vertragsstaates in das Bundesgebiet verbracht wurde. Gem. § 6 Abs. 4 ist ein Kulturgut unrechtmäßig aus einem Vertragsstaat verbracht, *„wenn bei seiner Ausfuhr gegen die dort gültigen Rechtsvorschriften verstoßen wurde."* Abs. 5 fügt hinzu, dass als unrechtmäßiges Verbringen auch jede nicht erfolgte Rückkehr nach Ablauf der Frist für eine vorübergehend rechtmäßige Verbringung gilt, sowie jeder Verstoß gegen eine andere Bedingung für diese vorübergehende Verbringung. Hier sind alte Regelungen der Richtlinienumsetzung beibehalten worden, deren Zielsetzungen jedoch im Großen und Ganzen denen des UNESCO Übereinkommens entsprechen und die nun gleichermaßen für EU-interne als auch internationale Rückgabebegehren gelten.

Zu bemerken ist allerdings, dass hier das KGRG n.F. in seiner Anlehnung an die Richtlinie einen anderen Anknüpfungspunkt für die Rückgabefähigkeit von Kulturgut vorsieht als die UNESCO Konvention. Das UNESCO Übereinkommen knüpft die Rückgabe nicht an den illegalen Export des Objekts, sondern an dessen Diebstahl aus einem Museum oder einem öffentlichen baulichen Denkmal. Wobei insofern hier wohl die UNESCO Konvention die Grenze des Schutzbereichs enger zieht, da grundsätzlich auf jeden Diebstahl ein Export folgen muss, um dem Sachverhalt internationale Relevanz zu geben und dieser Export, sofern es sich um ein geschütztes Kulturgut handelt, oftmals auch illegal sein wird. So könnte man hier sagen, dass der deutsche Gesetzgeber die richtige Wahl getroffen hat, wenn es denn galt zwischen illegalem Export und Diebstahl als Anknüpfungspunkt für die Rückgabe zu wählen. Dennoch fällt es schwer, die beiden Schutzbereiche miteinander zu vergleichen. Die UNIDROIT Konvention sieht zum Beispiel deren saubere Trennung vor, mit entsprechenden Regelungen, die an die jeweiligen Tatbestände angepasst sind. Fraglich ist daher, weshalb nicht der Klarheit der Umsetzung halber eine Kombination aus beidem möglich war. So hätte man auch, wie von der UNESCO gefordert,[452] § 6 Abs. 2 anders formulieren können, nämlich: *„ein unrechtmäßig in das Bundesgebiet verbrachter oder aus einem Museum oder öffentlichen Baudenkmal des Vertragsstaats gestohlener Gegenstand."* Und entsprechende minimale sprachliche Anpassungen in den anderen Vorschriften des KGÜAG vornehmen können. Dies hätte etwaigen Unklarheiten vorgebeugt.

---

[452] Siehe Carducci, BT-Ausschussdrs. 16(22)049 (Ausschuss für Kultur und Medien), S. 12.

### 3.1.4. Nach dem 26.April 2007

Der Gegenstand muss unrechtmäßig *nach dem 26. April 2007* – Zeitpunkt des Inkrafttretens der UNESCO Konvention in der Bundesrepublik Deutschland – aus dem Hoheitsgebiet eines Vertragsstaats in das Bundesgebiet verbracht worden sein. Unklar scheint zunächst, ob sowohl die unrechtmäßige Ausfuhr aus dem Vertragsstaat, als auch die Einfuhr nach Deutschland nach dem 26.4.2007 stattgefunden haben müssen. Aus den Motiven des KGÜAG geht jedoch hervor, dass die rückgabegünstigere Auslegung hier die richtige ist und der Zeitpunkt der Einfuhr in das Bundesgebiet der maßgebliche.[453]

Ist jedoch der Zeitpunkt der Verbringung in die Bundesrepublik nicht mehr genau zu ermitteln, so ist die Regelung aus § 6 Abs. 2 S. 4 KGRG n.F. zu beachten. In diesem Satz 4 verbirgt sich auch einer der umstrittensten Teile des gesamten Umsetzungsgesetzes. Satz 4 besagt, dass wenn sich nicht klären lässt, ob ein Gegenstand, der vor dem 26.4.2007 als besonders bedeutsam bezeichnet wurde, vor oder nach diesem Tag ins Bundesgebiet verbracht worden ist, dieser als *nach* diesem Tag verbracht gilt. Diese erstaunliche Regelung wurde eingeführt, um zu vermeiden, dass eine Rückgabeklage eines Vertragsstaates zurückgewiesen werden muss, weil sich der genaue Zeitpunkt der Verbringung eines Kulturguts in das Bundesgebiet nicht feststellen lässt. Hier knüpft das KGRG n.F. für das Bestehen des Anspruchs an einen Zeitpunkt (das Inkrafttreten des Gesetzes) an, auf den der Herkunftsstaat naturgemäß keinen Einfluss hat. Dieser wird häufig nicht in der Lage sein nachzuweisen, wo sich das Kulturgut zum besagten Zeitpunkt befunden hat, insbesondere wenn es abhanden gekommen ist. Vielmehr würde das Rückgabebegehren des Herkunftsstaats wohl in der Regel an der Widerlegung der Behauptung des Rückgabeschuldners, der Gegenstand habe sich am 26.4.2007 bereits im Bundesgebiet befunden, scheitern. Umgekehrt, so heißt es in den Motiven zum KGRG n.F., sollte es dem Besitzer eines Kulturguts, das in einem ausländischen Staat als besonders bedeutsam bezeichnet wurde, ohne größere Schwierigkeiten möglich sein, zu dokumentieren, dass der Gegenstand sich bei Inkrafttreten des Gesetzes bereits im Bundesgebiet befand.[454] So erschien es dem Gesetzgeber gerechtfertigt, die Vermutung aus Satz 4 aufzustellen. Diese Vermutung zulasten der Besitzer von Kulturgütern ist auf heftige Kritik gestoßen. Vielmals wurde sie als unzumutbar verurteilt.[455]

Sicherlich stellt diese Vermutung eine Belastung für die Besitzer von Kulturgut dar. Tatsächlich werden wohl vor allem private Besitzer von dieser Regelung betroffen sein, da der Handel und die Museen ohnehin mit vielen Aufzeichnun-

---

453 Motive des Gesetzgebers, BT-Drs. 166/05.

454 Motive des Gesetzgebers, BT-Drs. 166/05, S. 36 (38).

455 Siehe Müller-Katzenburg, BT-Ausschussdrs. 16(22)053 (Ausschuss für Kultur und Medien), S. 10; Siehe Hanstein, BT-Ausschussdrs. 16(22)056 (Ausschuss für Kultur und Medien).

gen und Inventarlisten arbeiten, so dass ihnen der Nachweis der Belegenheit eines Gegenstands zum 26.4.2007 in der Bundesrepublik leichter gelingen dürfte. Für Privatleute allerdings dürfte es mit zunehmendem Verstreichen der Zeit naturgemäß sogar immer schwieriger werden den geforderten Nachweis zum Zeitpunkt des Imports zu erbringen, je länger der Zeitpunkt, den es nachzuweisen gilt, zurückliegt.[456] Dagegen, so argumentieren Befürworter dieser Regelung, könne der Privatmann, der in Besitz eines vom KGRG n.F. geschützten Kulturguts sei, sich aber wappnen, denn er brauche ja nur sogleich bei Inkrafttreten des Gesetzes Beweismittel zur Belegenheit der Sache zu schaffen oder bewusst ab jetzt aufzubewahren, dann sei er für den Fall einer Restitutionsforderung vorbereitet. Private Sammler dürften aber wohl kaum hinreichend über Inhalt und Konsequenzen des Umsetzungsgesetzes informiert sein, um sich derart rüsten zu können. Im professionellen Bereich wird aber womöglich eine solche „Beweismittelaufrüstung“ stattfinden, denn dort ist von einem besseren Informationsstand zur maßgeblichen Gesetzeslage auszugehen. Hier werden deutsche Besitzer von Kulturgut im Vergleich zu anderen Nationen schlechter gestellt. Tatsächlich kennt kein anderer Staat in seiner Umsetzung der UNESCO Konvention eine ähnliche Regelung, was kaum verwundert, da auch die Konvention selbst keine in diese Richtung gehenden Maßnahmen enthält. Angesichts dessen wurden im Verlauf der Erarbeitung des KGÜAG immer wieder Stimmen laut, die die Beibehaltung der „klassischen“ Beweislastverteilung forderten.

Meines Erachtens ist diese Regelung zwar belastend für deutsche Besitzer von Kulturgut, aber nicht unzumutbar. Konkret wird sich der Besitzer hier auf die verschiedensten Arten von Beweismittel stützen können: Schriftstücke, Zeugen, Sachverständige, Quittungen, Nachlassinventarlisten ...[457] Der Beweis der Belegenheit des Objekts in der Bundesrepublik vor dem Stichtag dürfte also nicht zu schwer fallen. Zudem können Eigentümer auch nach jetziger Gesetzeslage bereits in eine Lage kommen, in der sie beweisen müssen zu einem bestimmten Zeitpunkt bereits in Besitz des Kulturguts gewesen zu sein. Wer sich auf das Erlöschen eines Anspruchs auf Herausgabe einer gestohlenen Sache durch Verjährung (§ 197 Abs. 1 Nr. 1 BGB) oder Ersitzung (§ 937 Abs. 1 BGB) beruft, muss nachweisen, dass der Herausgabeanspruch bereits seit dreißig Jahren seit seinem Entstehen – zum Beispiel durch Erwerb der Sache – besteht. Oder dass er die Sache schon seit zehn Jahren gutgläubig besitzt. Gelingt dieser Nachweis nicht, muss er die Sache herausgeben.[458]

Angesichts dieser Argumente erscheint die Regelung in Satz 4 im Ergebnis als angemessen.

---

[456] So auch Müller-Katzenburg, BT-Ausschussdrs. 16(22)053 (Ausschuss für Kultur und Medien), S. 10.

[457] So auch Siehr, BT-Ausschussdrs. 16(22)050 (Ausschuss für Kultur und Medien), S. 4.

[458] Siehe auch Siehr, BT-Ausschussdrs. 16(22)050 (Ausschuss für Kultur und Medien), S. 4.

#### 3.1.5. Rückgabegläubiger und -schuldner

Rückgabegläubiger ist gem. § 7 KGRG n.F. der Vertragsstaat, aus dessen Hoheitsgebiet das Kulturgut unrechtmäßig ausgeführt wurde. Rückgabeschuldner ist, wer für sich selbst oder einen Dritten die tatsächliche Sachherrschaft über das Kulturgut ausübt.

Der Rückgabepflicht stehen gem. § 6 Abs. 3 KGRG n.F. auch keine vom Besitzer oder Dritten aufgrund rechtsgeschäftlicher Verfügung oder Verfügung im Wege der Zwangsvollstreckung oder Arrestvollziehung erworbenen Rechte entgegen. Hier wird klar, dass es dem Gesetzgeber darum geht, einen eigentumsunabhängigen Rückgabeanspruch zu schaffen. Ein Kulturgut, das nach den Vorschriften seines Herkunftsstaates illegal exportiert wurde, ist in jedem Falle zurückzugeben, wie auch immer die Eigentumslage sich inzwischen nach anwendbarem Recht entwickelt haben mag. Dies macht die Stärke dieses Anspruchs aus.

### 3.2. Rückgabe

Bestehen alle Voraussetzungen für die Rückgabe, so ist gem. § 6 Abs. 2 S. 1 KGRG n.F. das betroffene Kulturgut dem Vertragsstaat *„auf sein Ersuchen zurückzugeben.“*

#### 3.2.1. Diplomatischer Weg

Die UNESCO Konvention sieht für den Rückgabeanspruch aus Art. 7b ii) den diplomatischen Weg vor. So wurde auch im KGRG n.F. der Grundsatz der diplomatischen Abwicklung angelegt. In § 12 Abs. 3 KGRG n.F. heißt es, dass in Bezug auf Rückgabebegehren von Vertragsstaaten, die nicht EU Staaten sind, das Auswärtige Amt in Zusammenhang mit der Zentralstelle des Bundes die in Abs. 2 beschriebenen Aufgaben auf diplomatischem Wege wahrnimmt. Diese Aufgaben sind einerseits die Unterrichtung der betroffenen Staaten im Falle des Auffindens von Kulturgut, sofern vermutet wird, dass es unrechtmäßig aus dem Hoheitsgebiet eines Vertragsstaates verbracht wurde und andererseits die Wahrnehmung der Vermittlerrolle zwischen Besitzer und ersuchendem Staat in der Frage der Rückgabe.

#### 3.2.2. Klage gem. § 13 KGRG n.F.

Ferner besteht für den betroffenen Vertragsstaat unabhängig davon auch zusätzlich noch die Möglichkeit, die Rückgabe auf verwaltungsgerichtlichem Weg einzuklagen. Diese zusätzliche Klagebefugnis ergibt sich aus der Einbettung der

UNESCO Konventionstransponierung in die vorher bereits bestehenden Regelungen zur EU-Richtlinienumsetzung. Dort war diese Klagebefugnis vorgesehen und sie wurde lediglich auf die Vertragsstaaten des UNESCO Übereinkommens erweitert. Für diese Klage gem. § 13 gelten somit auch dieselben Voraussetzungen wie im Verhältnis von EU Staaten. Sie kann 3 Monate nach Eingang des Rückgabeersuchens bei der zuständigen Zentralstelle erhoben werden. Ihr sind die Beschreibung des streitbefangenen Gegenstandes und die zum Nachweis der Voraussetzungen erforderlichen Urkunden und Erklärungen beizufügen.[459] Diese aus der Richtlinie stammenden Regelungen in § 13 gehen zwar über die konkreten Forderungen der UNESCO Konvention hinaus, ihr Grundgedanke findet sich dort aber de facto ebenso. In Art. 13 c) des UNESCO Übereinkommens verpflichten sich die Vertragsstaaten, im Rahmen ihrer innerstaatlichen Rechtsordnungen Verfahren zur Wiedererlangung verloren gegangenen Kulturguts zuzulassen, die von seinem rechtmäßigen Eigentümer oder in seinem Namen angestrengt werden. Diese „Empfehlung" wurde in § 13 KGRG n.F. in deutsches Recht umgesetzt.

### 3.2.3. Durchführung und Sicherung der Rückgabe

Für die Durchführung und Sicherung der Rückgabe sind in Anlehnung an die Zuständigkeitsregelung bei EU-internen Rückgabeverfahren gem. §§ 8, 12 die Zentralstellen der Länder zuständig. Unter anderem nehmen diese Aufgaben zur Nachforschung nach einem Gegenstand, zur Durchführung und Anordnung von Maßnahmen zu ihrem physischen Erhalt und zur Vermeidung des Entzugs des Gegenstands aus dem Rückgabeverfahren wahr. Lediglich die *Kommunikation* mit dem betroffenen Vertragsstaat in Bezug auf das Rückgabeverfahren erfolgt aufgrund der UNESCO Regelung in Art. 7b ii des Übereinkommens auf diplomatischem Weg, also durch den Bund.

Gem. § 8 kann bei einem dringenden Verdacht die Anhaltung eines Kulturguts angeordnet werden; diese ist unverzüglich dem Bund zu melden. Das angehaltene Gut kann nur mit schriftlicher Zustimmung der zuständigen Zentralstelle des Landes weitergegeben werden. Angehaltenes Kulturgut darf weder ausgeführt, noch der zuständigen Stelle vorenthalten, noch beschädigt oder zerstört werden. Die Anhaltung wird aufgehoben, wenn der Staat, aus dessen Hoheitsgebiet das Kulturgut unrechtmäßig verbracht wurde, nicht binnen 2 Monaten ab Unterrichtung seiner zuständigen Behörde um die Rückgabe des angehaltenen Kulturguts ersucht. Das Kulturgut kann sichergestellt werden, sofern zu befürchten ist,

[459] Ist der rechtmäßige Eigentümer des betroffenen Gutes ein Privatmann, so kann dieser gem. § 13 Abs. 6 unbeschadet des Vorgehens des Staates seine Rechte gegen den Besitzer auf dem ordentlichen Rechtsweg durchsetzen.

dass seine Rückgabe an den ersuchenden Staat verhindert werden soll oder dass es Schaden erleiden könnte.

Die Kosten der Rückgabe und der zur Sicherung und Erhaltung des betroffenen Kulturguts erforderlichen Maßnahmen trägt gemäß § 6 Abs. 6 der ersuchende Staat. Dies ist sowohl bei diplomatischem Vorgehen, als auch bei einer Rückgabeklage vor den Verwaltungsgerichten der Fall wie aus § 13 Abs. 5 hervorgeht.

### 3.3. Entschädigung

Unter Umständen hat jedoch die Rückgabe Zug um Zug gegen eine „*angemessene Entschädigung*" zu erfolgen. Hier wurde ebenfalls die alte Regelung aus dem Kulturgutsicherungsgesetz übernommen, bzw. auf die Vertragsstaaten des UNESCO Übereinkommens erweitert. Gem. § 10 Abs. 1, 2 schuldet der ersuchende Staat dem Rückgabeschuldner eine Entschädigung, wenn er nicht nachweist, dass dieser bei Erwerb des Kulturguts bezüglich der unrechtmäßigen Verbringung bösgläubig war. Allerdings fallen dem Rückgabeschuldner, sofern er das Kulturgut als Geschenk, im Wege der Erbfolge oder als Vermächtnis erlangt hat, die Sorgfaltspflichtverletzungen seiner Rechtsvorgänger zu Lasten (§ 10 Abs. 4).

Die Beweislast liegt demnach hier wie auch in der UNESCO Konvention beim ersuchenden Staat; der Besitzer hat keinen Nachweis seiner *due diligence* beim Erwerb zu erbringen, wie z. B. im Rahmen der Rückgabe von gestohlenem Kulturgut nach den Maßgaben der UNIDROIT Konvention.

Gibt das Gericht einer Rückgabeklage nach § 13 statt, so entscheidet es zugleich über die zu gewährende Entschädigung (§ 13 Abs. 4).

An dieser Stelle sei auch nochmals auf die interessante Alternative zur Entschädigungszahlung hingewiesen, die das KGRG n.F. wie bereits das KGRG a.F. zuvor dem Herkunftsstaat bietet. Der ersuchende Staat kann gem. § 10 Abs. 3 dem Rückgabeschuldner zusichern, dass seine Rechte an dem Kulturgut durch die Rückgabe unberührt bleiben. Tut er dies, hat er dem Beklagten nur die Kosten zu erstatten, die ihm daraus entstanden sind, dass er darauf vertraut hat, das Kulturgut im Bundesgebiet belassen zu dürfen. Faktisch kann der Herkunftsstaat auf diesem Wege die Rückkehr des Kulturguts in den heimatlichen Schoß erwirken, ohne dafür eine Entschädigung zahlen zu müssen, was tatsächlich eine große Belastung sein kann. Für viele der meist wirtschaftlich schwächeren traditionellen Exportländer dürfte diese Art von Übereinkunft eine große Erleichterung darstellen, denn die Nicht-Finanzierbarkeit von Rückführungen ist ein durchaus verbreitetes Problem, zu dessen Bekämpfung auch bereits die Gründung von Hilfsfonds in Erwägung gezogen wurde. Problematisch erscheint hier lediglich, dass die Entscheidung allein beim ersuchenden Staat zu liegen scheint, ob er die Rechte am Kulturgut beim Rückgabeschuldner lassen möchte, um der Entschädigung zu entgehen oder nicht. Der Rückgabeschuldner hat insofern keine Wahlmöglichkeit.

Durch diese Regelung unterstreicht der Gesetzgeber erneut, worauf es ihm auch im KGRG n.F. vor allem ankommt, nämlich die körperliche Rückkehr des Kulturguts auf das Territorium des Ursprungstaates, gleichgültig in welchen Eigentumsverhältnissen.

## 3.4. Verjährung

Auch in Bezug auf die Verjährungsregelung wurde im KGRG n.F. auf die bereits bestehende Regelung in der EU Richtlinien Transponierung zurückgegriffen. Diese entsprechen jedoch nicht den Vorgaben der UNESCO Konvention, die keine Verjährungsregelungen enthält und deren Rückgabeanspruch allgemein als unverjährbar gilt. Allerdings ist diese Tatsache auf wenig Zustimmung seitens der Vertragsstaaten gestoßen und so haben die meisten Länder entweder Vorbehalte in dieser Hinsicht ausgesprochen (wie z. B. Großbritannien) oder aber Verjährungsregelungen in ihren Umsetzungsgesetzen eingeführt. In § 11 KGRG n.F. wurde insoweit ein klassischer Kompromiss gefunden, der eine relative Verjährungsfrist mit einer absoluten kombiniert. Abs. 1 S. 1 besagt, dass der Rückgabeanspruch in einem Jahr verjährt, von dem Zeitpunkt an, bei dem die Behörden des ersuchenden Staates von dem Ort der Belegenheit und der Person des Rückgabeschuldners Kenntnis erlangt haben. Hier wird also im Gegensatz zur Fristenregelung in Bezug auf archäologische Bodenfunde an die positive Kenntnis angeknüpft und zwar muss diese sich sowohl auf den Belegenheitsort der Sache als auch auf die Person des Schuldners beziehen. Auch an dieser Stelle wurde im Laufe der Erarbeitung des Gesetzes eine Verlängerung der Verjährungsfrist auf mindestens 2 Jahre gefordert.[460] Dieser Vorschlag wurde jedoch bedauerlicherweise nicht umgesetzt. Vielmehr wurde die im Vergleich zur Unverjährbarkeit in der UNESCO Konvention unverhältnismäßig kurze Jahresfrist beibehalten.

Gem. § 11 Abs. 1 S. 2 KGRG n.F. erlischt der Anspruch spätestens 30 Jahre nach dem Zeitpunkt, bei dem das Kulturgut unrechtmäßig aus dem ersuchenden Staat ausgeführt worden ist. Diese Fristenkombination aus einer relativen und einer absoluten Verjährungsfrist wurde der Richtlinie 93/7 entnommen, entspricht aber zum Beispiel auch der Regelung des Kulturgütertransfergesetzes, der schweizerischen Umsetzung des UNESCO Übereinkommens.

---

[460] Änderungsantrag der Fraktion BÜNDNIS 90/DIE GRÜNEN Ausschussdr. 16(22)081 (Ausschusses für Kultur und Medien), abgedruckt in BT-Drs. 16/4145, S. 8.

## 4. Vorschriften zum Schutz von bedeutendem Kulturgut anderer Staaten (Abschnitt 4)

### 4.1. Genehmigungsvorbehalt

Mit §§ 14 und 15 KGRG n.F. wurde ein Genehmigungsvorbehalt für die Verbringung von national wertvollem Kulturgut anderer Vertragsstaaten in das Bundesgebiet eingeführt. Der Genehmigungsvorbehalt dient der Erfüllung der sich aus der UNESCO Konvention ergebenden Pflicht zur Respektierung ausländischer Exportregelungen und innerstaatlichen Sanktionierung von Verstößen gegen diese. Tatsächlich wird keine Einfuhrgenehmigung erteilt, wenn die Ausfuhr aus dem Herkunftsstaat verboten ist. Die Verbringung eines geschützten Objektes in das Bundesgebiet ohne Genehmigung nach § 14 Abs. 1 KGRG n.F. wird mit Freiheitsstrafe bis zu drei Jahren oder mit Geldstrafe bestraft (§ 20 Abs. 1 Nr. 3 KGRG n.F.).

Ist jedoch die Ausfuhr aus dem Herkunftsstaat erlaubt, besteht ein Anspruch auf Erteilung der Genehmigung.[461]

Jeder Vertragsstaat ist frei zu bestimmen, welche seiner Kulturgüter schützenswert sind und daher Exportregelungen unterliegen. Die anderen Vertragsstaaten haben diese Entscheidungen zu respektieren. So sieht es auch das KGRG n.F. vor und trägt den wesentlichen Grundgedanken der UNESCO Konvention aus Art. 1, 2, 3, 7 und 13d Rechnung.

Als problematisch erwies sich in diesem Zusammenhang allerdings die konkrete Umsetzung dieser Gedanken und vor allem deren strafrechtliche Ahndung, denn strafbewehrt verboten darf nur sein, was im Vorfeld auch als verboten erkennbar ist. Für Händler oder Touristen ist es aber nicht notwendigerweise erkennbar, welche Kulturgüter wo welchen Exportvorschriften unterliegen. Um hier jegliche Kollision mit dem Bestimmtheitsgebot und dem Grundgesetz zu vermeiden, musste ein Weg gefunden werden, „*der sowohl dem Bürger als auch dem kontrollierenden Zollbeamten ermöglicht, Gegenstände unter das deutsche Verbot zu subsumieren.*[462]“ Zur Lösung dieses Problems hat sich die Bundesregierung entschieden, ein erschöpfendes Verzeichnis zu erstellen, in dem alle von den Vertragsstaaten jeweils als national schützenswert betrachteten Kulturgüter, sowie die entsprechenden kulturgüterschutzrechtlichen Ausfuhrverbotsvorschriften aufgenommen werden sollen. Dieses sog. „*Verzeichnis national wertvollen Kulturguts der Vertragsstaaten*“ ist vom Beauftragten der Bundesregierung für Kultur

---

461 § 15 KGRG n.F. „Die Genehmigung ist zu erteilen, wenn die Ausfuhr des Gegenstandes aus dem Herkunftsstaat nicht verboten ist.“

462 Motive des Gesetzgebers, BR-Drs. 155/06, S. 40.

und Medien zu erstellen, im Laufe der Zeit zu ergänzen und im Bundesanzeiger öffentlich bekannt zu machen (§ 14 Abs. 2 und 3 KGRG n.F.). Auf diese Weise ist in Zukunft zumindest theoretisch für jeden erkennbar, welche Gegenstände einer Einfuhrbeschränkung unterliegen.[463] Diese Lösung scheint zwar auf den ersten Blick sehr einleuchtend, im Ergebnis jedoch wird dieses Vorhaben wohl selbst auf langfristige Sicht kaum realisierbar sein, so dass schließlich der Genehmigungsvorbehalt zur Einfuhr kaum Wirkung entfalten dürfte.

Die zollrechtlichen Vorschriften, die das Verbringungsverbot ergänzen sollen, finden sich in §§ 16, 17 KGRG n.F. Danach werden das unmittelbare Verbringen von Gegenständen aus Drittländern sowie die Ausfuhr von betroffenem Kulturgut zollamtlich überwacht.[464] Gemäß § 17 KGRG n.F. kann die zuständige Zollstelle bei Zweifeln an der Rechtmäßigkeit der Verbringung eines Objekts dieses in Verwahrung nehmen bzw. bei fehlender Genehmigung das Kulturgut beschlagnahmen. Wird auch keine Genehmigung nachgereicht, erfolgt die Einziehung des betroffenen Kulturguts. Die Kosten dafür werden dem Einführer auferlegt.

## 4.2. Aufzeichnungspflicht

Die Aufzeichnungspflichten, die § 18 KGRG n.F. in Anlehnung an Art. 10a der UNESCO Konvention für die Betreiber von Kunst- und Antiquitätenhandel von wichtigem Kulturgut einführt, sollen der Erleichterung der Auffindung von zurückzugebendem Kulturgut dienen und in gewisser Weise auch eine Moralisierung des Handels bewirken.

Hier werden die Betroffenen, um den Anforderungen aus Art. 10a UNESCO Konvention gerecht zu werden, über die bereits bestehenden steuer- und handelsrechtlichen Dokumentationspflichten hinaus[465] verpflichtet, bei Erwerb und Veräußerung von Kulturgut Aufzeichnungen zu machen betreffend: Identität des Kulturguts, Angaben zu seinem Ursprung „*soweit bekannt*“, Name und Anschrift des Veräußerers, des Einlieferers, des Erwerbers und des Auftraggebers, sowie des Preises für An- und Verkauf. Diese Dokumente sind mit den entsprechenden Belegen und Unterlagen zehn Jahre lang aufzubewahren (§ 18 Abs. 1 KGRG n.F.). Die Pflicht entfällt jedoch gemäß § 18 Abs. 3 KGRG n.F., sofern bereits aufgrund allgemeiner Buchführungspflichten nach dem HGB oder der AO Aufzeichnungen geführt und aufbewahrt wurden, die den in Absatz 1 bezeichneten Anforderungen entsprechen.

---

[463] Motive des Gesetzgebers, BR-Drs. 155/06, S. 41.

[464] Zur Regelung des näheren Vorgehens wurde in § 16 Abs. 2 KGRG n.F. eine entsprechende Verordnungsermächtigung des BMF im Einvernehmen mit dem BKM vorgesehen.

[465] Siehe dazu Motive des Gesetzgebers, BR-Drs. 155/06, S. 42

Um Art und Ausmaß dieser Aufzeichnungspflicht wurde lange und ausführlich gestritten, denn der Handel sieht in ihnen einen unzumutbar hohen Aufwand, dessen Wirkung er für ungewiss hält. Es wurde zum Beispiel die Notwendigkeit einer Fotografie zur Identitätsbestimmung des Objekts diskutiert. Letztlich wurde dieses Erfordernis jedoch wieder aus dem Gesetzestext herausgenommen. Umstritten war auch der stark einschränkenden Zusatz „*soweit bekannt*" bei der Angabe des Ursprungs (§ 18 Abs. 1 Nr. 2 KGRG n.F.). So fand sich ein entsprechender Änderungsantrag zur Streichung dieses Zusatzes ein, der jedoch im Ausschuss abgelehnt wurde.[466] Das Ergebnis ist im Hinblick auf einen möglichst umfassenden Herkunftsnachweis eines Kulturguts im Sinne des Kulturgüterschutzes unbefriedigend und unzulänglich.[467] Des Weiteren wurde über die Aufbewahrungsdauer der Dokumente debattiert. Hier wurde angeführt, eine 10jährige Aufbewahrung reiche nicht aus, da gemäß § 11 Abs. 1 KGRG n.F. der Rückgabeanspruch bis zu 30 Jahre nach illegaler Verbringung bestehen könne. Die Begrenzung der Aufbewahrung der Herkunfts- und Verbleibsnachweise, die höchstwahrscheinlich nach Ablauf der Frist vernichtet würden, würde die Beweisführung im Anspruchsfall erheblich erschweren.[468] Hier liegt ein Widerspruch innerhalb des Gesetzes vor. *Siehr* führt in diesem Zusammenhang an, dass auch für den Kunsthändler, der sich möglicherweise auf das Erlöschen des Anspruchs berufen möchte, weil die Ausfuhr bereits 30 Jahre zurückliegt, eine Aufbewahrung günstig sein kann, denn er muss diesen Umstand beweisen, was ihm anhand der aufbewahrten Unterlagen sehr leicht fiele. So ist es sogar im Interesse des Kunsthandels, die Dokumente mindestens 30 Jahre aufzubewahren.[469] Zudem sehen auch andere Länder, deren Regelungen zum Kulturgüterschutz mitunter dem KGÜAG als Vorbild gedient haben, eine Aufbewahrungspflicht von 30 Jahren vor – so zum Beispiel das Schweizerische KGTG von 2005.[470]

Aus Praktikabilitätsgründen sollen die Aufzeichnungspflichten nicht für alle Kulturgüter gelten, aber auch nicht nur für die verzeichneten Gegenstände, da mit diesen nur in Ausnahmefällen gehandelt werden darf. Vielmehr wurde die Dokumentationspflicht zunächst auf „bedeutsames" Kulturgut beschränkt, was

---

466 Änderungsantrag der Fraktion Bündnis 90/DIE GRÜNEN Ausschussdrs. 16(22) 080 (Ausschuss für Kultur und Medien), abgedruckt in BT-Drs. 16/4145, S. 8 f.

467 S. BT-Drs. 16/4145, S. 9.

468 Vgl. BT-Drs. 16/4145, S. 9; Schauerte in: Ausschussdrs. 16(22)051 S. 5 (Ausschuss für Kultur und Medien).

469 S. Ausschussdrs. 16(22)050, S. 7 (Ausschuss für Kultur und Medien); siehe dazu auch die Ausführungen von Schauerte im Wortprotokoll zur Expertenanhörung 27.09.06 S. 24, der ebenfalls für lange Aufbewahrungsfristen der Aufzeichnungen plädiert. „*Sie schützen jeden: den Kunsthandel, die Eigentümer, die Museen. Entsprechend kann ich nur sagen, wir können uns selbst nur einen Gefallen tun, wenn wir es so gut machen, wie irgend möglich* ."

470 Siehe Art. 17 KGTG.

dann im Laufe der Bearbeitungen des KGÜAG der Klarheit halber geändert wurde, so dass nun die Aufzeichnungspflichten für „Kulturgüter gemäß § 18 Abs. 2" gelten. In § 18 Abs. 2 KGRG n.F. wurde zur Bestimmung der betroffenen Kulturgüter zur einfachen Handhabung durch den Kunsthandel auf die Definition der EU Verordnung 3911/92 zurückgegriffen, um dem Handel nicht die Auseinandersetzung mit verschiedenen Abgrenzungskatalogen zuzumuten.[471] Hier wurde auf Drängen des Kunst- bzw. vor allem des Münzhandels eine Wertgrenze von 1.000 € eingeführt, „*zur Vermeidung von bürokratischem Aufwand bei nur geringwertigen Gegenständen, beispielsweise Münzen, die in hoher Auflage existieren und zu geringen Verkaufspreisen abgegeben werden.*"[472] Diese Bagatellklausel ist das Ergebnis einer genauen Auseinandersetzung mit den Besonderheiten und Bedürfnissen der Numismatiker, die ursprünglich eine Amnestieregelung gefordert hatten für den Handel von Fundmünzen. An dieser Stelle wurde auf die Vorbehalte von Dänemark und Schweden hingewiesen, die Münzen ganz aus dem Anwendungsbereich ihrer Umsetzungsgesetze herausgenommen haben. Die Besorgnis der deutschen Münzhändler ist umso größer, als seit Inkrafttreten des schweizerischen KGTG die Basler Münzmesse aufgrund der neuen Rechtslage nach Berlin verlegt wurde. Als Kompromiss wurde die 1.000 € Bagatellgrenze in § 18 KGRG n.F. eingearbeitet.

Bezüglich des Handels mit Kulturgütern im Internet wurden keine besonderen Vorschriften erlassen. Hier gelten zunächst dieselben Aufzeichnungspflichten, wobei die Motive zum KGRG n.F. einräumen, dass hier angesichts zukünftiger Entwicklungen zu prüfen sein wird, ob die Bestimmungen ausreichen.[473]

## 5. Rückgabeanspruch für geschütztes deutsches Kulturgut

Abschnitt 3 des KGRG n.F. betrifft die Geltendmachung des Rückgabeanspruchs für geschütztes deutsches Kulturgut. Dabei wird unterschieden zwischen dem Rückgabeanspruch gegen andere Mitgliedstaaten der Europäischen Union und dem Rückgabeanspruch gegen andere Vertragsstaaten. § 4 KGRG n.F. regelt den Fall in dem ein deutsches Kulturgut unrechtmäßig in das Hoheitsgebiet eines anderen UNESCO Vertragsstaats gebracht wurde. Dann steht der Bundesrepublik Deutschland ein Rückgabeanspruch zu, den sie auf diplomatischem Wege geltend machen muss.

Nach der Legaldefinition aus § 1 Abs. 3 KGRG n.F. gelten als geschütztes deutsches Kulturgut die Gegenstände, die nach dem Gesetz zum Schutz deutschen Kulturgutes gegen Abwanderung in der jeweils geltenden Fassung durch Eintra-

[471] Motive des Gesetzgebers, BR-Drs. 155/06, S. 43.

[472] BT- Drs. 16/4145, S. 11.

[473] Motive des Gesetzgebers, BR-Drs. 155/06, S. 44.

gung in das Verzeichnis national wertvollen Kulturgutes oder in das Verzeichnis national wertvoller Archive geschützt sind oder für die ein Eintragungsverfahren eingeleitet und die Einleitung des Verfahrens öffentlich bekannt gemacht worden ist. Diese Objekte sind bei illegaler Verbringung in einen Vertragsstaat nach Deutschland zurückzuführen.

Der Gesetzgeber entschied sich bei der Entwicklung des KGÜAG dafür, auch das Gesetz zum Schutz deutschen Kulturguts gegen Abwanderung anzupassen, um den bestmöglichen Schutz deutschen Kulturguts zu erreichen. Mit Art. 2 KGÜAG wurde eine lange Zeit bemängelte Lücke geschlossen durch die Einfügung eines zweiten Absatzes in § 18 des KGSchG: *„Im öffentlichen Eigentum befindliches national wertvolles Kulturgut und Archivgut, auf das das Gesetz nach Absatz 1 keine Anwendung findet, kann von Amts wegen, auf Grund einer Anmeldung durch den jeweiligen Eigentümer oder auf Antrag der oder des Beauftragten der Bundesregierung für Kultur und Medien in das Verzeichnis national wertvollen Kulturgutes oder das Verzeichnis national wertvoller Archive eingetragen werden. Über die Eintragung entscheidet die oberste Landesbehörde nach diesem Gesetz.“*

Vor der Einführung dieses Absatzes waren Kulturgüter in öffentlichem Eigentum ganz vom Anwendungsbereich des KGSchG ausgeschlossen und somit nicht geschützt. Ursprünglich stützte sich dieser Ausschluss auf die Überzeugung, dass bezüglich der Kulturgüter im öffentlichen Eigentum die Gefahr der Abwanderung kaum bestünde, da deren Veräußerung nur unter besonderen Umständen möglich sei. Die Situation hat jedoch seit Inkrafttreten des KGSchG 1955 einen maßgeblichen Wandel erfahren. Seit der Einführung der von der Eintragung der betroffenen Kulturgüter in die Verzeichnisse abhängigen Rückgabeansprüche an wertvollen nationalen Kulturgütern, bedeutete der alte § 18 KGSchG faktisch den Ausschluss der öffentlichen Kulturgüter vom Schutz der Rückführungsgesetze. So wurde seit der Umsetzung der EU Richtlinie 93/7 die Aufnahme des öffentlichen Kulturguts in die Verzeichnisse debattiert. Dabei wurde vor allem in Erwägung gezogen, alle Kulturgüter, die im Bestandverzeichnis deutscher Museen oder sonst im Eigentum des Bundes oder der Länder stehen, pauschal in das Verzeichnis wertvollen Kulturgutes aufzunehmen.[474] Dieser Gedanke stieß mitunter auf heftige Kritik. Mit einer solchen Regelung würde die Verfügungsbefugnis der Museumsleitungen und der Eigentümer unnötig eingeschränkt.[475] Zudem impliziert allein die Tatsache, dass ein Kulturgut im Bestandsverzeichnis eines Museums bzw. im Eigentum des Bundes steht nicht zwangsläufig, dass dessen Abwanderung einen wesentlichen Verlust für den

---

[474] Siehe Frage Nr. 17 des Fragenkatalogs an die Sachverständigen.

[475] Siehe Hanstein im Wortprotokoll Nr. 16/18 des BT-Ausschusses für Kultur und Medien S. 23 (Anhörung der Sachverständigen zum KGRG n.F.) und Hanstein, BT-Ausschussdrs. 16(22)056 (Ausschuss für Kultur und Medien).

deutschen Kulturbesitz bedeuten würde.[476] Daraufhin sollten aber alle Kulturgüter untersucht werden, bevor sie in das Verzeichnis wertvollen Kulturgutes aufgenommen werden. Auf dieser Grundlage wurde ein Kompromiss gesucht und letztlich in der neuen Regelung des § 18 Abs. 2 KGSchG auch gefunden, da nun einzelne öffentliche Kulturgüter in die Verzeichnisse aufgenommen werden können, sofern sie den Voraussetzungen genügen. So wird den Berechtigten die Möglichkeit eröffnet, öffentliche Kulturgüter unter Schutz zu stellen, ohne diese per se alle den Konsequenzen einer Eintragung in das Verzeichnis zu unterwerfen. Dieser Absatz 2 wurde in Anlehnung an den ein paar Jahre zuvor durch das Änderungsgesetz des KGSchG eingefügten Absatz 2 des § 19 betreffend Kulturgut im Eigentum der Kirchen entwickelt.[477] Auch in § 19 Abs. 2 KGSchG wird die Eintragung auf freiwilliger Basis durch Anmeldung ermöglicht.

Nun können dementsprechend auch Kulturgüter im öffentlichen Eigentum bei illegaler Verbringung Gegenstand eines Rückführungsbegehrens werden, sofern sie von Amts wegen oder auf Antrag eingetragen wurden.

Zum Schutz des deutschen Kulturgutes wurden noch weitere Maßnahmen in Erwägung gezogen, die aber leider keinen Niederschlag im KGÜAG fanden. Zum Beispiel wurde die Verlängerung der Ersitzungsfrist für wertvolle Kulturgüter von 10 auf 30 Jahre vorgeschlagen.[478] Zudem wurde eine Reform des Rechts zu Zufallsfunden besprochen. In Deutschland ist gemäß Art. 73 EGBGB insofern das Landesrecht zuständig. Die meisten landesrechtlichen Bestimmungen sehen Schatzregale vor, nach denen in der Regel Fundobjekte mit ihrer Entdeckung in das Eigentum des jeweiligen Landes übergehen, wenn sie von kultureller oder wissenschaftlicher Bedeutung sind.[479] Diese Schatzregale verstoßen laut Rechtsprechung des Bundesverfassungsgerichts nicht gegen Verfassungsrecht, insbesondere nicht gegen Art. 14 GG.[480] Dieht das Landesrecht keine Regelung vor, so ist § 984 BGB anwendbar, nach dem das Eigentum zur Hälfte von dem Entdecker, zur Hälfte von dem Eigentümer der Sache, in welcher der Schatz verborgen war, erworben wird. Sinnvoll wäre zunächst eine Vereinheitlichung der Regelungen, da die aktuelle Rechtslage dazu führt, dass Finder mit ihrem Fund die Landesgrenzen überschreiten, um von den Bestimmungen des Nachbarlandes zu profitieren. Zudem sollte mit einer neuen Regelung versucht werden, den gängigen Fall zu verhindern, dass die Finder sich der Fundstücke

---

[476] So auch Müller-Katzenburg, BT-Ausschussdrs. 16(22)053 (Ausschuss für Kultur und Medien), S. 15 f.

[477] Siehe dessen Besprechung oben.

[478] Siehr, Wortprotokoll Nr. 16/18 des BT- Ausschusses für Kultur und Medien S. 26, der von Fällen spricht, in denen Besitzer Kulturgüter während der 10 Jahre ersitzen können und dann ein eigenes Museum aufmachen.

[479] Vgl. § 23 BWDenkmalschG, § 19a DenkmalschG von Rheinland Pfalz.

[480] BVerfGE 78, 205.

auf dem Schwarzmarkt entledigen, da dies die einzige Möglichkeit für sie ist, Profit aus dem Fund zu schlagen.[481] Dazu müsste man einen Anreiz für die Finder schaffen, Zufallsfunde zu melden. Dies könnte zum Beispiel durch die Zahlung eines Finderlohns in Höhe des Marktpreises des Gegenstandes erfolgen, die den Eigentumsübergang an den Staat kompensieren könnte.[482] Denkbar wäre auch die Zahlung einer höheren Belohnung, wenn das Objekt bis nach Vornahme der Meldung *in situ* verbleibt. So könnte auch der essentielle Fundzusammenhang möglicherweise in einigen Fällen erhalten werden.[483] Es wäre dabei zu überlegen, den Eigentumsübergang an den Staat nur auf besonders bedeutsame Kulturgüter zu beschränken.[484]

Diese Überlegungen konnten sich im KGÜAG nicht durchsetzen, wurden aber in einem Brief der Obleute von 4 Fraktionen an Staatsminister Bernd Naumann festgehalten, mit der Bitte an diesen, sich für eine entsprechende Änderung des BGB einzusetzen.[485]

Bezüglich der Eigentumsregelung wurde die Vorschrift aus dem KGRG 1998 ebenfalls beibehalten.[486] Diese besagt, dass das Eigentum an den geschützten Objekten, die nach den Bestimmungen des KGRG n.F. in die Bundesrepublik Deutschland zurückgeführt werden, sich nach den deutschen Rechtsvorschriften bestimmt (§ 5 Abs. 1 KGRG n.F.).

## 6. Konkurrenz der beiden Ansprüche aus § 6 KGRG n.F.

Da das KGRG n.F. in seinem § 6 nunmehr sowohl einen Rückführungsanspruch für EU Mitgliedstaaten, als auch für UNESCO Vertragsstaat vorsieht, stellt sich die Frage, in welchem Verhältnis diese Ansprüche zueinander stehen. Relevant wird diese Frage vor allem, wenn der Herkunftsstaat des betroffenen Kulturguts sowohl EU Mitgliedstaat als auch UNESCO Vertragsstaat ist. Der Gesetzgeber sagt dazu in seinen Motiven zum KGRG n.F., dass dieses die Regelungen der EU ergänzen soll. Ist ein Staat sowohl Vertragsstaat als auch EU Mitgliedstaat, so geht der Anspruch auf Rückgabe aus der Umsetzung der Richtlinie 93/7 (§ 6

---

481 Thorn, S. 134 f.

482 In diese Richtung erging auch eine Reform in der Schweiz, vgl. Siehr, Wortprotokoll Nr. 16/18 des BT- Ausschusses für Kultur und Medien, S. 17.

483 Sonst problematisch, weil Funde zum Beispiel während der Realisierung eines Bauvorhabens in der Regel bei Meldung den Behörden gegenüber einen sofortigen, entschädigungslosen Baustop bedeuten. So verbringen die Finder oftmals die Fundobjekte an einen anderen Ort oder versuchen sie anderweitig „loszuwerden." S. Thorn, S. 135.

484 Thorn, S. 134.

485 BT-Drs. 16/4145, S. 10.

486 § 4 KGRG 1998 gleichlautend wie § 5 KGRG n.F.

Abs. 1 KGRG n.F.) als das speziellere Recht vor.[487] *Carducci* führt in diesem Zusammenhang zu Recht an, dass ein solcher Vorrang bei nebeneinander bestehenden Ansprüchen nur gegeben ist, sofern diese die gleiche Rechtsmaterie regeln.[488] Sollte sich also aufgrund der unterschiedlichen Kulturgutdefinitionen der eher unwahrscheinliche Fall ergeben, dass ein Objekt aus einem EU Mitgliedstaat unter den Schutzbereich des § 6 Abs. 2 KGRG n.F. fallen sollte, ohne von § 6 Abs. 1 umfasst zu sein, so wären die Regelungen der Umsetzung der UNESCO Konvention wohl anwendbar. Um jeglicher Art von Missverständnis vorzubeugen, wurde von *Hanstein* vorgeschlagen, in Anlehnung an die Regelung dieser Problematik in Großbritannien, mit einem völkerrechtlichen Vorbehalt bei der Ratifizierung des UNESCO Übereinkommens die Anwendung der UNESCO-Umsetzungsvorschriften auf Drittländer zu beschränken.[489] Ein solcher Ausschluss erfolgte jedoch nicht.

## 7. Bewertung

Betrachtet man das KGRG n.F. in seiner Gesamtheit, so fällt eine eindeutige Bewertung schwer.

### 7.1. Bewertung der Umsetzung des UNESCO Übereinkommens

Bevor man sich aber einem Bewertungsversuch *en detail* widmet, stellt sich meines Erachtens noch die Frage, ob mit dem KGRG n.F. überhaupt eine sinnvolle und adäquate Umsetzung des UNESCO Übereinkommens gelungen ist.

Zunächst kann man feststellen, dass im Großen und Ganzen die Grundverpflichtungen der UNESCO Konvention im KGRG n.F. ihren Niederschlag gefunden haben. Allerdings hat die Einbettung in die bereits bestehenden Regelungen der Richtlinienumsetzung einige Abweichungen vom Grundtenor der Konvention mit sich gebracht, die sonst möglicherweise so nicht entstanden wären. Die meisten davon sind meines Erachtens durchaus mit den Kerngedanken der sehr offen formulierten Konvention vereinbar und durchaus noch im

---

[487] Motive des Gesetzgebers, BR-Drs. 155/06, S. 28.

[488] Carducci, BT-Ausschussdrs. 16(22)049 (Ausschuss für Kultur und Medien), S. 5. Seiner Meinung nach ist die Umsetzung der UNESCO Konvention weit reichender in ihrem Schutzbereich, als die Umsetzung der EU Richtlinie. Dabei geht Carducci aber davon aus, dass sich § 6 Abs. 2 KGRG n.F. entsprechend dem Art. 7 UNESCO Konvention auch und insbesondere auf gestohlenes Kulturgut bezieht. Seine Änderungsvorschläge in dieser Hinsicht wurden jedoch nicht berücksichtigt, so dass seine Ausführungen auf einer Rechtslage beruhen, die nicht der Endfassung des Gesetzes entspricht.

[489] Siehe Hanstein, BT-Ausschussdrs. 16(22)056 (Ausschuss für Kultur und Medien).

Rahmen des recht weiten Spielraums, den die Konvention bei der Umsetzung lässt.

Lediglich in Bezug auf den Schutzbereich bestehen in meinen Augen Zweifel, ob dessen Abweichung im Vergleich zur UNESCO Konvention noch mit dieser vereinbar ist. Vor allem das Erfordernis der Eintragung des Kulturguts in ein nationales Verzeichnis des öffentlichen und privaten Kulturgutes, das im Bundesgebiet ohne zumutbare Hindernisse öffentlich zugänglich sein muss, stellt eine starke Einengung des Schutzbereichs dar. Im Endeffekt liegt es in der Hand der Vertragsstaaten, den Schutzbereich des KGRG n.F. aktiv auszufüllen, denn je aktiver sie werden und ihre Verzeichnisse öffnen, bzw. diese dem BKM zur Eintragung und Veröffentlichung im Bundesanzeiger zur Verfügung stellen, desto besser werden ihre Kulturgüter geschützt sein. Der Schutzbereich ist demnach nicht prinzipiell begrenzt, sondern nur in der aktuellen Realität eingeschränkt, weil momentan noch keine international zugänglichen Verzeichnisse bestehen. Es wird sich zeigen, ob sich die Ambition des Erstellens eines Verzeichnisses wertvollen Kulturguts der Vertragsstaaten als realisierbar erweist oder ob sie, wie befürchtet, aus politischen, finanziellen oder rein praktischen Gründen scheitert.

Insgesamt ist der Schutzbereich des KGRG n.F. im Vergleich zu dem des UNESCO Übereinkommens durch die Anlehnung an die Richtlinie auch an sich schon so anders angelegt, dass sich schwer eindeutig klären lässt, inwiefern er noch mit der „Mutterkonvention" kompatibel ist. In der Konvention sind inventarisierte Kulturgüter, die aus Museen oder öffentlichen Baudenkmälern gestohlen wurden, geschützt, wohingegen es im KGRG n.F. um illegal exportierte Kulturgüter geht, die wiederum in einem oben beschriebenen öffentlich zugänglichem Verzeichnis enthalten sein müssen. Hier fällt der direkte Vergleich schwer. Sicherlich bestehen große Überschneidungen der Anwendungsbereiche der beiden Alternativen. Die Anknüpfung bleibt aber eine andere und so besteht die Gefahr von Schutzlücken des KGRG n.F. im Vergleich zum UNESCO Übereinkommen. Es bleibt zu bedauern, dass gestohlene Kulturgüter nicht einfach zusätzlich ausdrücklich in das neue KGRG miteinbezogen wurden. Es ist nicht ersichtlich, aus welchen Gründen nicht so vorgegangen wurden.

Schließlich stellt noch die einjährige Verjährungsfrist des Rückgabeanspruchs im Vergleich zur Unverjährbarkeit des Anspruchs aus der UNESCO Konvention eine äußerst unbefriedigende Umsetzung dar.

An anderer Stelle erweitert das KGRG n.F. hingegen in bedeutsamer Weise die Vorschriften der UNESCO. So z.B. zum Schutz archäologischer Bodenfunde, denen die UNESCO Konvention keinerlei Schutz bietet. Zudem sieht das KGRG n.F. eine parallele Klagemöglichkeit des Herkunftsstaates vor den deutschen Verwaltungsgerichten vor, die in der UNESCO Konvention nicht zwingend gefordert wird.

## 7.2. Bewertung insgesamt

Kritik am KGÜAG wurde während seiner Erarbeitung massiv geübt, vor allem von Seiten des Kunsthandels, der die Belastungen als zu schwerwiegend empfand und für einen schwächeren Schutz von ausländischem Kulturgut in Deutschland kämpfte. Aber ebenso stark war der Protest seitens der Archäologen, denen der Schutz nicht weit genug ging. Vor allem wurde um den Begriff des Kulturguts und den Schutzbereich des KGÜAG gestritten, wobei auch immer wieder Forderungen zu Wertgrenzen aufkamen. Starke Kritik wurde aber auch an den Details und Fristen der Aufzeichnungspflicht geübt. Tatsächlich ist jedoch vor allem die Gestaltung des Schutzbereichs misslungen, insbesondere die Anforderungen an die Verzeichnung von Kulturgütern. Die damit einhergehenden Einschränkungen des Schutzbereichs lassen das KGÜAG in gewisser Hinsicht wie einen etwas heuchlerischen Kompromiss erscheinen, eine Art „Mogelpackung[490]" wie *Müller-Karpe* es versteht, denn es gibt die Schutzbereichsausfüllung in die Hand der Vertragsstaaten, bietet *de facto* aufgrund dieses Erfordernisses aber aktuell kaum Schutz. Dies ist auch dem Gesetzgeber klar, der in seinen Motiven zum erwarteten Mehraufwand anführt, dass mit keinen voluminösen Neubelastungen zu rechnen sei.[491] Möglicherweise wird sich aber ein effektiver Schutzbereich langsam aufbauen lassen. In anderen Vertragsstaaten, in denen ein Umsetzungsgesetz erlassen wurde, sind zum Teil zusätzliche bilaterale Abkommen mit den Vertragsstaaten erforderlich, um jeweils mit jedem einzelnen Vertragsstaat einen adäquaten Schutzbereich neu zu bestimmen. Im Vergleich zu solchen Regelungen (wie sie sich zum Beispiel im schweizerischen KGTG oder in der amerikanische Umsetzung finden) erscheint die deutsche Lösung trotz ihrer bezeichnenden Schwäche doch wohl als die vielversprechendere. Dennoch wird sich die Wirkung des KGÜAG erst Schritt für Schritt in den kommenden Jahren aufbauen und zeigen. In diesem Zusammenhang hat der Gesetzgeber auch vor, die Entwicklungen zu beobachten. In den Motiven zum KGÜAG findet sich folgender Abschnitt: *„In den kommenden Jahren wird es einer ständigen Beobachtung des internationalen Marktes für Kulturgüter bedürfen, um bestehende Regelungen eventuell anzupassen oder zu ergänzen."*[492] So wurde vereinbart, dass nach Ablauf von drei Jahren, ein von unabhängigen Experten erstellter Bericht über die Auswirkungen des Gesetzes insbesondere mit

---

[490] Müller-Karpe KUR 2006, 54.

[491] Motive des Gesetzgebers, BT-Drs. 166/05 S. 28 f.

[492] Motive des Gesetzgebers, BT-Drs. 166/05 S. 23. Dort heißt es weiter: *„Dabei muss – wie auch mit dem vorliegenden Gesetz – immer ein fairer Interessenausgleich zwischen den Belangen des Kulturgüterschutzes auf nationaler wie internationaler Ebene und den Interessen des Kunsthandels gefunden werden. Die unter anderem emotionalen und wissenschaftlichen Bedürfnisse der kulturell interessierten Öffentlichkeit hierzulande und im Herkunftsstaat sind dabei stets zu berücksichtigen."*

Blick auf die archäologischen Kulturgüter vorzulegen sei. Daraufhin seien gegebenenfalls die nötigen Nachbesserungen vorzunehmen. Es bleibt zu hoffen, dass von dieser Möglichkeit tatsächlich Gebrauch gemacht werden wird, um die Schwächen, die sich unweigerlich in der Anwendung des Gesetzes zeigen werden, baldmöglichst auszubessern.

Des Weiteren fehlen dem KGÜAG noch einige Bestandteile, zum umfassenderen Schutz von Kulturgut – so unter anderem der Schutz der privaten Eigentümer oder die Umkehr der Beweislast bei dem Gutglaubensnachweis. Dies lässt sich aber dem Gesetzgeber nur in Maßen vorwerfen, da diese Aspekte auch in der UNESCO Konvention nicht zu finden sind und vielmehr aus den Erkenntnissen der UNIDROIT Konvention entspringen, die es hier aber nicht umzusetzen galt.

Im Übrigen sind sich grundsätzlich alle Verantwortlichen einig, dass mit dem KGRG n.F. ein weiterer dringend notwendiger Schritt in Richtung Kulturgüterschutz in Deutschland getan wurde. Bei den Bundestagsdebatten fiel des Öfteren das Sprichwort: ‚Was lange währt wird endlich gut,' eine Einschätzung, die im Großen und Ganzen auch zutrifft. Die oben besprochenen Neuerungen, die mit dem KGÜAG einhergehen, bedeuten einen ebenso beachtlichen wie überfälligen Fortschritt. Auch die über die UNESCO Verpflichtungen hinausgehenden Bestimmungen sind sehr zu begrüßen.

## V. Bewertung der aktuellen Rechtslage in Deutschland – Reformvorschläge

Bei aller Begeisterung über das mit dem KGÜAG Errungene, ist zu bedauern, dass die Bundesregierung mit dem neuen Gesetz von 2007 zunächst auch einen Schlussstrich unter den Kulturgüterschutz gezogen hat. Dies ist zu beklagen, da es in Deutschland noch an einigen Regelungen und Anpassungen fehlt, um einen wahrhaft effektiven Kulturgüterschutz zu gewährleisten.

### 1. Mängel der aktuellen Rechtslage

Tatsächlich bestehen immer noch erhebliche Lücken im deutschen Kulturgüterschutz.

---

[493] Änderungsantrag der Fraktion DIE LINKE: BT-Ausschussdrs. 16(22)074 (neu) (Ausschuss für Kultur und Medien), abgedruckt in BT-Drs. 16/4145, S. 9.

[494] BT-Drs. 16/4145 S. 9.

## 1.1. Erweiterung des Schutzes des KGRG auf gestohlene Kulturgüter

Zunächst müsste der Schutz des KGRG auf gestohlene Kulturgüter erweitert werden. Dies könnte auf zweierlei Art erfolgen: § 6 Abs. 2 KGRG könnte auf gestohlenes Kulturgut ausgedehnt werden oder es könnte, wie es die UNIDROIT Konvention vorsieht, ein getrennter paralleler Anspruch auf Rückgabe von gestohlenem Kulturgut eingeführt werden.

Bei einer Eingliederung in den bestehenden § 6 Abs. 2 KGRG könnte dieser wie folgt neu lauten:

„Ein *im Hoheitsgebiet eines Vertragsstaats gestohlener oder* unrechtmäßig nach dem 26. April 2007 aus dem Hoheitsgebiet eines Vertragsstaats in das Bundesgebiet verbrachter Gegenstand ist dem Vertragsstaat auf sein Ersuchen zurückzugeben, wenn (...)."

Die Einführung eines eigenständigen Anspruchs auf Rückgabe von gestohlenem Kulturgut wäre sicherlich die beste Alternative, da man auf diese Art am sinnvollsten auf die besonderen Gegebenheiten bei einem Diebstahl von Kulturgut eingehen und so auch den Unterschieden zur Situation beim illegalen Export von Kulturgut am ehesten gerecht werden kann. Diesen Weg hat auch die UNIDROIT Konvention gewählt und eine saubere Trennung der beiden Tatbestände in Kapitel II und III vorgenommen. Dies ist sicherlich die genauere und sorgfältigere Lösung, aber auch die aufwendigere, da ein neuer Anspruch geschaffen werden müsste, der zum einen von dem bestehenden abgegrenzt und zum anderen in den Gesamtkontext des KGRG eingeschmolzen werden müsste.

Dem privaten Eigentümer von geschütztem gestohlenem Kulturgut müsste dann auch ein eigener Rückgabeanspruch aus dem KGRG verbunden mit einem eigenständigen Klagerecht eingeräumt werden. Dieses sollte unabhängig neben dem Rückführungsanspruch des Ursprungstaates bestehen. Es wäre von großer Bedeutung, den privaten Eigentümer mit einzubeziehen, der nicht vom guten Willen seines Staates bezüglich eines Rückgabeersuchens abhängig sein sollte. Der Staat würde von einem privaten Klagerecht ebenfalls profitieren, da er sich bei erfolgreicher Klage durch den privaten Eigentümer nicht mehr selbst um die Rückführung bemühen müsste und die Rückführung des betroffenen Gutes ohne jegliche Kosten und Aufwand auf seiner Seite erreicht würde.

## 1.2. Längere Verjährungsfristen

Die Neugestaltung der Verjährungsfristen wäre ebenfalls von grundlegender Bedeutung.

Hier bietet sich zunächst eine Ergänzung der BGB-Bestimmungen an. Denkbar wären zwei Gestaltungsmöglichkeiten: zum einen könnte der dingliche Herausgabeanspruch in Bezug auf wichtige Kulturgüter der Verjährung ganz entzogen werden,[495] oder zumindest der regelmäßigen Verjährungsfrist unterlegt werden. Die regelmäßige Verjährungsfrist beträgt zwar nach § 195 BGB nur 3 Jahre statt der 30 Jahre beim Herausgabeanspruch aus dem Eigentum gemäß § 197 Abs. 1 Nr. 1 BGB, aber sie beginnt erst ab dem Zeitpunkt der Kenntnis der Identität des Besitzers und nicht wie die Verjährung des dinglichen Herausgabeanspruchs mit Entstehung des Anspruchs. Eine solche zwar kurze aber flexible Verjährungsfrist, wie sie zum Beispiel in den USA besteht, wäre für den Kulturgüterschutz viel zweckmäßiger.

Im Rahmen des KGRG müsste die einjährige Verjährungsfrist aus § 11 KGRG auf mindestens 2 bis 3 Jahre ausgedehnt werden. Die „kleinlich kurz bemessenen Ausschlussfristen“[496] bedeuten eine ungeheuerliche Schwächung der geschaffenen Rückführungsansprüche. Auch im Hinblick auf die Rechtssicherheit und den Schutz des gutgläubigen Erwerbers wäre eine um 1 bis 2 Jahre verlängerte Verjährungsfrist von 2 oder 3 Jahren ohne Bedenken zumutbar. Es ist nicht erkennbar, weshalb die Frist so kurz bemessen sein muss. Faktisch begünstigt sie nur den unrechtmäßigen Besitzer. Dieser Zustand sollte behoben werden.

### 1.3. Schutzbereichsausdehnung

Wichtig wäre auch die Umgestaltung des Schutzbereichs des KGRG, insbesondere des § 6 Abs. 2 KGRG, im Hinblick auf die Entfernung des aktuell im KGRG geltenden Erfordernisses der Verzeichnung des Kulturgutes. Wie bereits ausführlich besprochen, ist hier eine realitätsfremde Regelung zustande gekommen, die korrigiert werden sollte, wenn man dem KGRG einen zweckmäßigen Anwendungsbereich zugestehen möchte. Hierbei wäre es bereits von großer Hilfe, wenn man in der Konkretisierung der Bedeutung der „besonderen Bezeichnung“ in § 6 Abs. 2 S. 2 KGRG die Notwendigkeit der Verzeichnung des Kulturgutes in einem im Bundesgebiet öffentlich zugänglichen Verzeichnis des bedeutenden öffentlichen Kulturgutes schlicht streichen würde. Noch sinnvoller jedoch wäre eine grundlegende Umgestaltung des Schutzbereichs in Anlehnung an die UNIDROIT Konvention. Dabei müsste eine allgemeingültige Kulturgutdefinition formuliert werden, die nicht mehr an eine Bezeichnung durch die jeweiligen Vertragsstaaten anknüpfen, sondern allgemeine möglichst wertunabhängige Kriterien der Schutzwürdigkeit von Kulturgütern aufstellen würde, die für alle Vertragsstaaten gleichermaßen Gültigkeit hätten. Das klassische Argument gegen eine solche Definitionsform besagt, sie sei unpraktikabel, weil man den Zollbeamten nicht zumuten könne, anhand dieser abstrakten Kriterien die betroffenen Kulturgüter zu identifizieren. Mit Blick auf die aktuell geltenden Regeln der Verzeichnung der Kulturgüter und der Veröffentlichung aller Verzeichnisse der

---

[495] In der Schweiz verjährt der dingliche Herausgabeanspruch zum Beispiel niemals.

[496] Müller-Karpe, KUR 2006, 54.

Vertragsstaaten im Bundesanzeiger, in dem die Zollbeamten in den mehreren Tausend Seiten nach den betroffenen Kulturgütern suchen dürften, hat der Vorwurf der mangelnden Praktikabilität jedoch schon fast ironischen Charakter.

Ein solcher „abstrakter" und einheitlicher Schutzbereich würde den Schutz der wahrhaft betroffenen Güter ermöglichen und birgt die Chance, eine reale Veränderung mit sich zu bringen, nicht zuletzt weil auch noch unbekannte Objekte darunter fallen könnten. Vor allem würde ein solcher Schutzbereich aber auch die besonders schützenswerten Kulturgüter aus Exportländern, die aus finanziellen oder organisatorischen Gründen nicht zu der Erstellung von Verzeichnissen kommen, mit einbeziehen.

Sicherlich würde die Durchsetzung einer derartigen Schutzbereichserweiterung auf besonders heftigen Widerstand stoßen, gleichzeitig ist sie aber fast unerlässlich, wenn Deutschland den Weg des ernsthaften Kulturgüterschutz weiter beschreiten möchte.

## 1.4. Umkehr der Beweislast in Bezug auf den Gutglaubensnachweis

Eine weitere ausschlaggebende Reform, die jedoch nur schwer durchsetzbar sein dürfte, beträfe die Beweislastverteilung bei dem Nachweis des guten Glaubens in Bezug auf die Herkunft eines Kulturgutes bei dessen Erwerb. Wie wir gesehen haben, muss in der Regel der ersuchende Staat nachweisen, dass der Besitzer bei Erwerb nicht in gutem Glauben war. Gelingt ihm dies nicht, wird der gute Glaube vermutet und er muss dem Besitzer eine Entschädigung zahlen. So sehen es auch die EU-Richtlinie 93/7 und die UNESCO Konvention vor und wie sie auch ihre Umsetzungen im deutschen KGRG. Hier wäre eine Umkehr der Beweislast zu erwägen dergestalt, dass vielmehr der Besitzer seinen guten Glauben nachweisen müsste. Eine solche Beweislastumkehr könnte tiefgreifende Veränderungen mit sich bringen: Zum einen würde sie zu einer in diesem Kontext gerechteren Beweislastregelung führen, da der ersuchende Staat in der Mehrzahl der Fälle kaum eine Möglichkeit haben wird, dem Besitzer Bösgläubigkeit nachzuweisen, wohingegen der Beweis seiner Gutgläubigkeit dem Besitzer durch das Aufheben von Dokumenten und Herkunftsnachweisen viel leichter fallen dürfte. Zum anderen würde man so die Sammler zu einem vorsichtigeren und umsichtigeren Kaufverhalten erziehen. In der Befürchtung, später eventuellen Rückführungsansprüchen ausgesetzt zu sein, würden sie beim Kauf von bedeutenden Kulturgütern sicherlich sorgfältiger vorgehen, entschlossener Erkundungen einholen und der Provenienzforschung größere Bedeutung beimessen als es bis dato der Fall ist. So müsste der Kunsthandel sich ebenfalls wappnen und dem neuen Gebot der dann von den Käufern geforderten sauberen Herkunftsnachweise nachgeben und selbst bessere Provenienzforschung betreiben. Eine solche „Moralisierung" der Sammler und des Handels insgesamt ist unerlässlich, um im Kulturgüterschutz effektive Erfolge zu verzeichnen.

Damit müsste allerdings auch eine umgekehrte Meldepflicht gestohlener Kulturgütern verbunden werden, so dass die bestohlenen Eigentümer ebenfalls in diese Moralisierung eingebunden würden. Nur wenn diese zuverlässig an zentrale Stellen, wie zum Beispiel dem *art loss register* alle Kunstdiebstähle melden, können diese Einrichtungen wiederum den Käufern zuverlässige Auskünfte über die Herkunft von bestimmten Objekten geben. So könnten Beweisschwierigkeiten vermindert, Rückgaben erleichtert und letztlich sogar der Kunsthandel gestärkt werden, da bei einer Meldepflicht nicht gemeldete Kulturgüter frei und bedenkenlos gehandelt werden könnten.[497]

## 1.5. Archäologisches Gut

In Bezug auf archäologisches Gut könnte der Schutz ebenfalls deutlich verbessert werden, indem auch hier eine Umkehr der Beweislast in Bezug auf den Herkunftsnachweis eingeführt würde.

In Bezug auf die Beweislastverteilung ist problematisch, dass der Ursprungstaat eines aus einer Raubgrabung stammenden archäologischen Gutes kaum jemals in der Lage ist, den ihm obliegenden Herkunftsnachweis zu erbringen. „Das Imperium Romanum hat 30 Nachfolgestaaten. Keiner der 30 Nachfolgestaaten kann im konkreten Fall in aller Regel nachweisen, dass ein Raubgrabungsfund aus einer undokumentierten Raubgrabung tatsächlich von seinem Territorium und nicht vom Nachbarland stammt."[498] Der Händler hingegen kann viel eher die legale Herkunft eines Objektes zum Beispiel durch eine entsprechende Importbescheinigung nachweisen. Fehlt eine solche Bescheinigung, wird es sich in der Regel um illegal ausgegrabenes Gut handeln. Im Rahmen der aktuellen Rechtslage kann ein Käufer ohne große Bedenken ein solches Gut dennoch erwerben, denn das Risiko einer Rückforderung ist quasi inexistent, da es keinem Staat gelingen wird, nachzuweisen, dass das Objekt auf seinem Hoheitsgebiet illegal ausgegraben wurde. Bei einer Beweislastumkehr hingegen würde der Sammler wohl von dem Kauf eines solchen Objektes absehen, da er bei einer Rückführungsklage den dann ihm obliegenden Herkunftsnachweis nicht erbringen könnte und so den Besitz wieder verlieren würde. Für den Kunsthändler würden solche Objekte ohne Provenienzdokumente demnach wertlos, weil unverkäuflich. Auch hier würde also mit der Beweislastumkehr das Problem des illegalen Handels mit archäologischem Kulturgut quasi im Keim erstickt.

Interessant ist, dass im Artenschutz eine solche Beweislastumkehr bereits seit einiger Zeit gilt. Anscheinend hat diese klare und konsequente Regelung beim Elfenbeinhandel deutliche Wirkung gezeigt, denn die bedrohten Elefantenpopu-

---

497 Siehe dazu auch Thorn, S. 289.

498 Müller-Karpe,, Protokoll, S. 11.

lationen konnten sich erholen.[499] Laut Art. 9 Abs. 1 S. 2 der EG VO 338/97 vom 9. Dezember 1996 über den Schutz von Exemplaren wildlebender Tier- und Pflanzenarten durch Überwachung des Handels[500] muss im Fall einer Beförderung eines lebenden Exemplars einer in Anhang A der Verordnung aufgeführten Art die für die Beförderung verantwortliche Person die rechtmäßige Herkunft des Exemplars nachweisen können.

Zum anderen müsste die bestehende Nacherfassungsfrist von archäologischem Kulturgut in § 6 Abs. 1 und Abs. 2 aus den bereits oben genannten Gründen verlängert werden, bzw. erst mit positiver Kenntnis des Gegenstandes durch den betroffenen Staat zu laufen beginnen.[501]

## 2. Abhilfe durch UNIDROIT Ratifizierung

Durch die Ratifizierung der UNIDROIT Konvention könnte in vielen dieser Punkte eine deutliche Verbesserung der Rechtslage erzielt werden.

Durch UNIDROIT wäre gestohlenes Kulturgut automatisch in der oben besprochenen besser adaptierten Art und Weise erfasst und dem privaten Eigentümer würde ein eigener Anspruch aus der Konvention zustehen, den er unabhängig vom Vorgehen des Staates vor Gericht einklagen könnte. Der Schutzbereich der UNIDROIT Konvention würde den oben besprochenen Anforderungen entsprechen. Zudem finden sich in der UNIDROIT Konvention längere Verjährungsfristen, als sie das deutsche Kulturgüterschutzrecht momentan kennt. Schließlich sieht die UNIDROIT Konvention eine Umkehr der Beweislast im Hinblick auf den Gutglaubensnachweis im Rahmen der Entschädigungsgewährung vor.

Eine Ratifizierung der UNIDROIT Konvention wäre daher dringend zu empfehlen. Einer solchen Umsetzung stünde auch im deutschen Rechts nichts entgegen.[502] Leider hat jedoch die amtierende Bundesregierung ausdrücklich die Ratifizierung der viel wirkungsvolleren UNIDROIT Konvention abgelehnt. Dies ist sehr zu bedauern, denn nur die Ratifizierung von UNIDROIT würde einen wirklich durchgreifenden Kulturgüterschutz in Deutschland sicherstellen.

Es bleibt abzuwarten, ob die Bundesrepublik Deutschland wie schon für die UNESCO Ratifizierung auch für diesen Schritt in Richtung des internationalen Kulturgüterschutzes eine Zeitspanne von dreißig Jahren brauchen wird.

---

[499] Müller-Karpe, KUR 2006, 56.

[500] ABl. EG L61 vom 3.3.1997, S. 1.

[501] Siehe ausführliche Stellungnahme dazu oben.

[502] Siehe ausführliche Analysen von Strauch, S. 52 ff. und Schweizer, KUR 2003, 25 ff.

# Teil 4: Ausblick

Kulturgüter als Gedächtnis der Menschheit bedürfen eines besonderen Schutzes. Abgesehen von ihrem außerordentlichen ästhetischen Wert sind sie auch von Bedeutung, weil sie uns vergangene Zivilisationen und Kulturen und somit die Menschheitsgeschichte erklären und nahe bringen. Auf diese Weise dienen sie sowohl der Wissenschaft zur Forschung als auch der Allgemeinheit zur Bildung. Ihr Erhalt und ihre Zugänglichkeit sind von grundlegender Bedeutung für das Bestehen und die Entwicklung unserer Gesellschaft. Wie wir gesehen haben, hat sich der Schutzgedanke von Kulturgütern über die Jahrhunderte entwickelt. Er findet heute seinen rechtlichen Niederschlag in verschiedenen internationalen Abkommen und nationalen Gesetzen, die sich um effektive Lösungen bemühen.

## I. Internationaler Kulturaustausch vs. nationale kulturelle Identität

Die Entwicklung sinnvoller Regelungen zum rechten Verbleib von Kulturgütern erscheint insbesondere schwierig, da eigentlich der freie Kulturaustausch essentiell für die Kulturentwicklung aller Völker, sowie für das Verständnis der Völker untereinander und füreinander ist. In diesem Rahmen darf man rückblickend daran erinnern, dass zum Beispiel in Europa Kunst zu keiner Zeit an nationale Grenzen gebunden war, trotz aller dynastischen, religiösen und später nationalen Auseinandersetzungen und Kriege. Kunstrichtungen und -stile entwickelten sich über die Grenzen hinweg, Kunst diente immer dem gegenseitigen Verständnis. Kunstwerke wurden zu allen Zeiten geschätzt und überall auch weit über die Landesgrenzen hinweg ge- und verkauft, verschenkt und vererbt. Selbst in Zeiten, in denen der Nationalismus seine schlimmsten und unsinnigsten Blüten trieb, konnten Kunstwerke die Grenzen passieren und völkerverbindend wirken. Ebenso verhielt es sich im Ost-West-Konflikt der vergangenen Jahrzehnte, in dem Kunst und Kultur nahezu das einzige Verbindungselement zwischen den beiden Machtblöcken bildeten.[503]

Andererseits ist es aber eben auch von großer Bedeutung für die einzelnen Nationen ihre kulturelle Identität zu schützen. Dazu gehört für jedes Land, jede Nation das Bewahren im Inland einer Quintessenz von Kulturgütern, die für ihre

---

503 Eberl, NVwZ 1994, 729 (734).

nationale Identität wesentlich und prägend sind. Dies sollte international ermöglicht und unterstützt werden. So kann man der Meinung sein, dass der Pergamon-Altar an seiner Ursprungstelle und nicht in Berlin zu bewundern sein sollte, so wie die Akropolis in ihrer gesamten Pracht in Athen erstrahlen sollte und nicht in Teilen in London. Diese Meinung speist sich aus der Überzeugung, dass es sich hierbei um essentielle, für die nationale Kultur der betroffenen Länder formende und prägende Kulturgüter handelt. Als Grundlage der Regulierung des Kulturgütertransfers sollten Überlegungen wie Ensembleschutz, Kontextarchäologie und Zugänglichkeit dienen. Auf internationaler Ebene spielen diese Kriterien in den Kulturgüterschutzbestimmungen jedoch – wie wir es im Verlauf dieser Arbeit gesehen haben – kaum eine Rolle.

Hier gilt es nach dem schwierigen Gleichgewicht zwischen den beiden Aspekten des unentbehrlichen internationalen Kulturaustausches und des Schutzes der nationalen kulturellen Identität durch die Präsenz bedeutender nationaler Kulturgüter in den einzelnen Ländern zu suchen.

## 2. Erhaltung der Kulturgüter

Schließlich ist aber auch die Erhaltung der betroffenen Kulturgüter ein ganz wesentlicher Aspekt des Kulturgüterschutzes, an dem jedes Rückführungsbegehren sich messen lassen sollte. Auch dieses Kriterium spielt jedoch in den in dieser Arbeit besprochenen internationalen Kulturgüterschutzbestimmungen keine Rolle.

Forderungen nach Rückführung von Kulturgütern, ohne die vorherige Klärung der Frage wo Erhaltung und Erforschung besser gewährleistet sind, erscheinen meines Erachtens problematisch. Diese klassische Sorge um die sachgerechte Verwahrung und öffentliche Zugänglichkeit der bedeutenden Kulturgüter, die zum Beispiel Großbritannien immer wieder zur Einbehaltung der so genannten „Elgin Marbles“ anführte, hat durchaus auch im aktuellen Kontext noch Bestand. Auch heutzutage finden systematische Vernichtungen von herausragenden Kulturgütern in den Ursprungsländern statt, man denke hierbei nur an die Zerstörung der Buddha Statuen von Bahmiyan durch die Taliban in Afghanistan im Jahre 2001.

In diesem Zusammenhang muss versucht werden, eine Regelung zu schaffen, die vermeidet, dass Kulturgüter aus rein nationalistischen Besitzinteressen zurückgefordert werden, um dann in Abstellräumen zu verenden, die nicht geeignet sind, ihre Erhaltung zu sichern.

In diesem Sinne sah Art. 5 Abs. 2 des Entwurfs der UNIDROIT Konvention folgende Verpflichtung des ersuchenden Staates vor:

„*Toute demande introduite en vertu du paragraphe précédent doit (..) pour être recevable (…) contenir toute information utile sur la conservation, la sécurité et l'accessibilité du bien culturel après son retour dans l'Etat demandeur.*"[504]

Dieser besonders wertvolle Zusatz wurde bedauerlicherweise in den endgültigen Konventionstext nicht mit aufgenommen. Die Berücksichtigung dieser Aspekte darf aber selbstverständlich auch nicht dazu führen, dass die wirtschaftlich stärkeren Importländer im Ergebnis die Mehrzahl der Rückführungen verhindern können, weil sie die besseren Erhaltungsbedingungen für das Kulturgut zu bieten vermögen. So würden beraubte Völker, denen die Mittel zur Erhaltung ihres kulturellen Erbes fehlt, dessen völlig beraubt werden dürfen und die Regelung wiederum in ihr Gegenteil verkehrt. Hier wäre von den zuständigen Gerichten eine entsprechende äußerst schwierige Interessenabwägung vorzunehmen. Denkbar wäre auch eine Art kulturgüterrechtlicher „ordre public" wie es *Siehr* vorschlägt, dank dem die Rückführung von gefährdeten Objekten in wohl geprüften Einzelfällen verhindert werden könnte, trotz bestehendem Rückführungsanspruch des Ursprungstaates, sofern um die Erhaltung dieser Güter ernsthaft gefürchtet werden muss.

## 3. Alternative Lösungswege

Die Entwicklungen der letzten Jahrzehnte zeigen, dass sich die Frage nach der kulturellen Identität und ihrer Verkörperung in bestimmten Objekten immer weiter verschärft. Immer mehr Rückführungsbegehren treffen Staaten, Private und Museen. Problematisch ist dabei, dass zahlreiche Konflikte mit den besprochenen Gesetzen nicht zu lösen sind, da – wie wir es gesehen haben – kein breiter internationaler Konsens besteht und der Kulturgüterschutz in jedem Land anderen Regeln, Ausnahmen und Besonderheiten unterliegt.

Es drängt sich deshalb zum Abschluss noch die Frage auf, ob die Restitution auf juristischer Ebene überhaupt die sinnvollste Herangehensweise an diese Problematik der Verteilung von Kulturgütern bietet, also ob das Recht in diesem konkreten Zusammenhang die beste Antwort findet.

Ein einheitlicher effektiver internationaler Kulturgüterschutz ist eine kaum zu meisternde Herausforderung an die Staatengemeinschaft. Vielmehr ist die internationale Rechtslage kaum überschaubar und die Akteure des illegalen Handels verstehen es bestens, deren unzählige Lücken aufzuspüren und zu ihrem Vorteil zu nutzen. Daher sind neue, beziehungsweise alternative Ansätze erforderlich.

Ein solcher Ansatz liegt zum Beispiel in der Zusammenarbeit der verschiedenen Betroffenen, nämlich der Bestohlenen und der Besitzenden. Im Sinne der Erhal-

---

[504] Reichelt, S. 79.

tung und Zugänglichkeit des gemeinsamen Kulturerbes der Menschheit ist zum Beispiel der Weg des „*Proactive museum work*" ein zukunftsweisender. Dabei wird die Initiative der Provenienzforschung und der Rückgabe von problematischen Objekten von den Museen ergriffen und der Kontakt zu den Ursprungsstaaten im Sinne einer Kompromissfindung aktiv gesucht, statt mögliche Klagen von deren Seite abzuwarten. Konsequenz dieses Ansatzes ist eine zunehmende Tendenz zum versöhnlichen Austausch zwischen bestohlenen Ursprungsstaaten und gutgläubig besitzenden Museen. Auf dieser Ebene werden neue konstruktive Modelle der Verständigung und des Kompromisses zum Wohle der Kulturgüter und zur Vermeidung langwieriger und wenig aussichtsreicher Prozesse gesucht und praktiziert. So entstand im Jahre 2006 zum Beispiel eine Kooperation zwischen dem italienischen Staat und dem Metropolitan Museum of Art in New York, der in der Rückgabe einiger herausragender Kulturgüter an den italienischen Staate mündete in Verbindung mit der Überlassung einiger betroffener und anderer Objekte als Langzeitleihgaben im Metropolitan Museum.

Mit einer entsprechenden Perspektive wird derzeit in verschiedenen Institutionen weltweit an ähnlichen Projekten gearbeitet. Dies ist ein möglicher Weg auf dem kulturelle Identität und kulturelles Erbe, sowie deren Zusammenhalt gewahrt werden können, ohne den kulturellen Austausch zwischen den Nationen und Kulturkreisen zu unterbinden oder die Erhaltung der betroffenen Objekte zu gefährden.

# Literaturverzeichnis


*Abele, Klaus* in: *Fechner, Frank; Oppermann, Thomas; Prott, Lyndel* (Hrsg.), Prinzipien des Kulturgüterschutzes, Ansätze im deutschen, europäischen und internationalen Recht „Kulturgüterschutz und Eigentum – ein Finanzierungsproblem?“, S. 67, Berlin, 1996

*Armbrüster, Christian,* Privatrechtliche Ansprüche auf Rückführung von Kulturgut ins Ausland, NJW 2001, 3581

*Boos, Sabine,* Kulturgut als Gegenstand des grenzüberschreitenden Leihverkehrs, Berlin, 2006

*Byrne-Sutton, Quentin,* Le trafic international des biens culturels sous l'angle de leur revendication par l'Etat d'origine. Aspects de droit international privé, Zürich, 1988

*Carducci, Guido,* La restitution internationale des biens culturels et des objets d'art volés ou illicitement exportés, Paris, 1997

*Carl, Michael; Güttler, Herbert; Siehr, Kurt,* Kunstdiebstahl vor Gericht. City of Gotha, v. Sotheby's/Cobert Finance S. A, Berlin, New York 2001

*De Ceuster, Jan,* Les règles communautaires en matière de réstitution de biens culturels ayant quitté illicitement le territoire d'un État membre – Analyse de la directive 93/7/CEE du 15 mars 1993, Revue du marché unique européen, 1993, 33

*Dicke, Christian* in: International Legal Protection of Cultural Property, Proceedings of the Thirteeth Colloquy on European Law – The Instruments and Agencies of the International Protection of Cultural Property – S. 17, Straßburg 1984

*Dolzer, Rudolf* in: *Dolzer, Rudolf; Jayme, Erik; Mußgnug, Reinhard* (Hrsg.), Rechtsfragen des internationalen Kulturgüterschutzes – Kulturgüter im Friedensvölkerrecht, Heidelberg, 1994

*Droz, Georges,* La Convention d'UNIDROIT sur le retour international des biens culturels volés ou illicitements exportés (Rome, 24 juin 1995), Rev. crit. 86 (1997) 239

*Eberl, Wolfgang,* Probleme und Auswirkungen der EG-Vorschriften zum Kulturgüterschutz, NVWZ 1994, 729

*Engstler, Ludwig,* Die territoriale Bindung von Kulturgütern im Rahmen des Völkerrechts, Köln 1964

*Esterow, Milton,* Mit Mona Lisa leben – Die großen Kunstdiebstähle unserer Zeit, Hamburg, Oldenburg 1967

*Fechner, Frank,* Die Vorhaben der EG zum Kulturgüterschutz, DÖV 1992, 609

*Fechner, Frank* in: *Fechner, Frank; Oppermann, Thomas; Prott, Lyndel* (Hrsg.), Prinzipien des Kulturgüterschutzes, Ansätze im deutschen, europäischen und internationalen Recht, „Prinzipien des Kulturgüterschutzes“, Berlin, 1996

*Finkenauer, Thomas,* Zum Begriff der Rechtsnachfolge in § 221 BGB, JZ 2000, 214

*Franck, Rainer; Veh, Herbert,* Gutgläubiger Erwerb beweglicher Sachen im Wege öffentlicher Versteigerungen, JA 1983, 249

*Fraoua, Ridha,* Le traffic illicite des biens culturels et leur restitution, Fribourg, 1985

*Fraoua, Ridha,* Convention concernant les mesures à prendre pour interdire et empêcher l'importation, l'exportation et le transfer de propriété illicites des biens culturels – Commentaire et aperçu de quelques mesures nationales d'exécution, Paris, 1986

*Freytag, Christiane* in: *Fechner, Frank; Oppermann, Thomas; Prott, Lyndel* (Hrsg.), Prinzipien des Kulturgüterschutzes, Ansätze im deutschen, europäischen und internationalen Recht, „Rückgabeansprüche von Ursprungsländern auf ‚ihr' Kulturgut?“, Berlin, 1996

*Friemuth, Cay,* Die geraubte Kunst. Der dramatische Wettlauf um die Rettung der Kunstschätze nach dem Zweiten Weltkrieg, Braunschweig, 1989

*Frier, Pierre-Laurent,* Droit du patrimoine culturel, Paris, 1997

*Frigo, Manlio,* La protezione der beni culurali nel diritto internazionale, Milano, 1986

*Frigo, Manlio,* La circolazione internazionale dei beni culturali, Milano, 2001

*Fuchs, Angelika,* Kulturgüterschutz im Kulturgutsicherungsgesetz, IPRax 2000, 281

*Gordon, John,* The UNESCO-Convention on the illicit Movement of Art Treasures – Comment, Harvard International Law Journal, 1971, 537

*Grant, Judith,* A Pillage of Art, London, 1966

*Greenfield, Jeanette,* The return of cultural treasures, Cambridge, New York, Melbourne, Sydney 1989

*Hailbronner, Kay,* Frachtgut gesunkener Schiffe und Kulturgüterschutz vor deutschen Gerichten, JZ 2002, 957

*Hartung, Hannes,* Kunstraub in Krieg und Verfolgung, Berlin, 2005

*Hipp, Anette,* Schutz von Kulturgütern in Deutschland, Berlin, New York, 2000

*Jayme, Erik,* Kunstwerk und Nation: Zuordnungsprobleme im internationalen Kulturgüterschutz, Heidelberg 1991

*Jayme, Erik* in: *Dolzer, Rudolf; Jayme, Erik; Mußgnug, Reinhard* (Hrsg.), Rechtsfragen des internationalen Kulturgüterschutzes, „Neue Anknüpfungsmaximen für den Kulturgüterschutz im internationalen Privatrecht“ S. 35, Heidelberg, 1994

*Kinderman, Spencer A.,* The Unidroit Draf Convention on Cultural Objects: An Examination of the Need for a Uniform Legal Framework for Controlling the Illicit Movement of Cultural Property, Emory Int'l L. Rev. 1993, 457

*Knopp, Werner* in: *Mußgnug, Reinhard; Roellecke, Gerd,* Aktuelle Fragen des Kulturgüterschutz – Beiträge zur Reform des deutschen Kulturgüterschutzgesetzes 1955 und seiner Angleichung an den europäischen Kulturgüterschutz „Museumspolitik als Kulturgüterschutz“ S. 1, Heidelberg, 1998

*Knott, Hermann,* Der Anspruch auf Herausgabe gestohlenen und illegal exportierten Kulturguts, Baden-Baden, 1990

*Krämer, Gerd,* Bernsteinzimmer-Mosaik: Ersitzung durch den gutgläubigen Erben des bösgläubigen Besitzers, NJW 1997, 2580

*Kurpiers, Olaf Rafael,* Die lex originis Regel im internationalen Sachenrecht – Grenzüberschreitende privatrechtliche Ansprüche auf Herausgabe von abhanden gekommenen und Unrechtmäßig ausgeführten Kulturgütern, Frankfurt am Main, 2005

*Lalive, Pierre,* Une avancée du droit international: La Convention de Rome d'unidroit sur les biens culturels volés ou illicitement exportés, Unif. L. Rev. 1996, 40

*Lalive, Pierre,* La Convention d'UNIDROIT sur les biens culturels volés ou illicitement exportés (du 24 juin 1995), SZIER 1997, 13

*Lalive, Pierre* in: Festschrift für Rigaux – Hommage à Francois Rigaux – Nouveaus itinéraires en droit, Bruxelles, 1993

*Looschelders, Dirk* in: Im Labyrinth des Rechts? Wege zum Kulturgüterschutz „Der zivilrechtliche Herausgabeanspruch des Eigentümers auf Rückgabe von abhanden gekommenen Kulturgütern nach deutschem Recht“, S. 103, Magdeburg, 2007

*Mattera, Alfonso,* La libre circulation des oeuvres d'art Á l'intérieur de la communauté et la protection des trésors nationaux ayant une valeur artistique, historique ou archéologique, Revue du Marché Unique Européen 2 (1993) 9 ff.

*Maurer, Christoph,* Die Ausfuhr von Kulturgütern in der Europäischen Union, Frankfurt am Main, 1997

*Merryman, John Henry; Elsen, Albert E.,* Law, Ethics and the Visual Arts: Cases and Materials, Vol. I, 2. Auflage – Philadelphia, 1987

*Merryman, John Henry,* The Undroit Convention: Three significant departures from the Urtext, Int. J. Cult. Prop. 5 (1996) 11

*Meyer, Karl E.,* Geplünderte Vergangenheit, Der illegale Kunsthandel – Fälscher, Diebe und Bewahrer – Zug, 1977

*Müller Karpe, Michael,* Stellungnahme zum Gesetzesentwurf zur Ausführung des UNESCO Kulturgutübereinkommens, KUR 2006, 53

*Müller-Katzenburg, Astrid,* Internationale Standards im Kulturgüterverkehr und ihre Bedeutung für das Sach- und Kollisionsrecht, Berlin, 1995

*Müller-Katzenburg, Astrid,* Besitz- und Eigentumssituation bei gestohlenen und sonst abhanden gekommenen Kunstwerken, NJW 1999, 2551

*Mugdan, Benno,* Die gesamten Materialien zum Bürgerlichen Gesetzbuch in 5 Bänden, Band I: Die gesamten Materialien zum Einführungsgesetz und zum 1. Buche: Allgemeiner Theil, Berlin, 1899

*Mußgnug, Reinhardt,* Die Deutsche Renitenz gegen das Kulturrecht der EG, EuR 2000, 564

*Nahlik, Stanislaw,* Annuaire de l'A.A.A. Vol. 51/52/53, „International Cooperation to prevent illicit traffic of cultural property", Den Haag 1981/1982/1983

*Nahlik, Stanislaw,* La protection internationale des biens culturels en cas de conflit armé, RdC 120 (1967 – I), 61 ff.

*O'Keefe, Patrick J.,* Commentary on the UNESCO 1970 Convention on illicit traffic, Leicester, 2000

*Palandt, Otto,* Bürgerliches Gesetzbuch, 66. Auflage, München, 2007

*Picker, Günther,* Antiquitäten Kunstgegenstände, 3. Auflage, Köln, 1996

*Pieroth, Bodo; Hartmann, Bernd,* Rechtswegbeschränkung zur Sicherheit des Leihverkehrs mit ausländischen KG, NJW 2000, 2129

*Pieroth, Bodo; Kampmann, Bernd,* Außenhandelsbeschränkungen für Kunstgegenstände, NJW 1990, 1385

*Poli, Jean-Francois,* La protection des biens culturels par le droit communautaire, Revue de recherche juridique: Droit prospectif Nr. 52, 1993, 874 ff.

*Plambeck, Barbara,* Die Verjährung der Vindikation, Frankfurt am Main, 1997

*Plehwe, Thomas von,* Verjährung des dinglichen Herausgabeanspruchs und Ersitzung in Fällen abhanden gekommener Kulturgüter – Zur Notwendigkeit einer Reform, KUR 2001, 49

*Preuschen, Diethardt von:* Kulturgutsicherungsgesetz und EG-Recht, EuZW 1999, 40

*Prott, Lyndel,* Commentary on the UNIDROIT Convention on Stolen or Illegally Exported Cultural Objects, Leicester, 1997

*Prott, Lyndel,* Biens culturels volés ou illicitements exportés, Commentaire relatif à la Convention d'Unidroit (1995), Paris, 2000

*Prott, Lyndel V.,* UNESCO and UNIDROIT: a Partnership against Trafficking of Cultural Objects, Unif. L. Rev. 1996, 59

*Prott, Lyndel V.,* Kulturgüterschutz nach der UNIDROIT-Konvention und nach der UNESCO-Konvention, ZVglRWiss 95 (1996), 188

*Prott, Lyndel V.,* The Preliminary Draft UNIDROIT Convention on Stolen or Illegally Exported Cultural Objects, 41 International and Comparative Law Quaterly (I.C.L.Q.) 1992, 160

*Prott, Lyndel; O'Keefe, Patrick,* Law and the Cultural Heritage, Volume 3 – Movement, London, Edinburgh, 1989

*Prunty, A. P.,* Toward Establishing an International tribunal fort he Settlement of Cultural Property Disputes: How to Keep Greece From Loosing ist Marbles, Georgetown Law Journal 72 (1984), 1155

*Raschèr, Andrea Francesco,* Kulturgütertransfer und Globalisierung, Baden-Baden, 2000, 1. Auflage

*Rauscher, Thomas,* Internationales Privatrecht, Heidelberg, 2002, 2. Auflage

*Reichelt, Gerte,* „Kulturgüterschutz und Internationales Privatrecht", IPRax 1986, 73

*Reichelt, Gerte,* La Protection Internationale des Biens Culturels, Unif. L. Rev. 1985, 43

*Reichelt, Gerte* in: *Dolzer, Rudolf; Jayme, Erik; Mußgnug, Reinhard* (Hrsg.), Rechtsfragen des internationalen Kulturgüterschutzes – Die Vereinheitlichung des privatrechtlichen Kulturgüterschutzes nach dem UNIDROIT Vertragsentwurf 1990 – Heidelberg, 1994

*Reichelt, Gerte* in: *Reichelt, Gerte* (Hrsg.), Neues Recht zum Schutz von Kulturgut, Wien 1997, „Die Unidroit Konvention 1995 über gestohlene oder unerlaubt ausgeführte Kulturgüter – Grundzüge und Zielsetzungen", S. 55

*Ress, Georg,* Kultur und europäischer Binnenmarkt, Stuttgart, 1991

*Rudolf, Walter* in: *Hailbronner, Kai; Ress, Georg,* Staat und Völkerrechtsordnung

*Stein, Torsten* (Hrsg.), Festschrift für Karl Doehring, „Über den internationalen Schutz von Kulturgütern", S. 853, Berlin, 1989

*Saint-Clair, William Linn,* Lord Elgin and the marbles, Oxford, 1983

*Schack, Haimo,* Internationales Zivilverfahrensrecht, 2002, 3. Auflage, München

*Schmeinck, Sabine,* Internationalprivatrechtliche Aspekte des Kulturgüterschutzes, Berlin, 1994

*Schneider, Marina,* Convention d'UNIDROIT sur les biens culturels volés ou illicitement exportés: rapport explicatif, Unif. L. Rev. 2001, 477

*Schneider, Marina,* La Convention d'UNIDROIT sur les biens culturels: etat de mise en oeuvre, Unif. L. Rev. 1997, 495

*Schorlemer, Sabine von,* Internationaler Kulturgüterschutz: Ansätze zur Prävention im Frieden sowie im bewaffneten Konflikt, Berlin, 1992

*Schorlemer, Sabine von* in: *Fechner, Frank; Oppermann, Thomas; Prott, Lyndel* (Hrsg.), Prinzipien des Kulturgüterschutzes – Ansätze im deutschen, europäischen und internationalen Recht, „Der internationale Schutz von Kulturgütern gegen Umwelteinflüsse", S. 225, Berlin, 1996

*Schwab, Karl Heinz, Prütting, Hanns,* Sachenrecht, 32. Auflage, Köln, 2006

*Schwarze, Jürgen,* Der Schutz nationalen Kulturguts im europäischen Binnenmarkt, JZ 1994, 111

*Schweizer, Heinrich,* Die Position der Bundesrepublik Deutschland während der diplomatischen Konferenz zur Annahme des Entwurfs der Unidroit-Konvention über die internationale Rückgabe gestohlener oder illegal ausgeführter Kulturgüter von 1995 unter Berücksichtigung deutschen Verfassungsrechts, KUR 2003, 25

*Seidl-Hohenveldern, Ignaz,* La protection internationale du patrimoine culturel national, RGDIP 97 (1993), 395

*Shyllon, Folarin,* Private law beyond markets for goods and services: The example of cultural objects, Unif. L. Rev. 2003, 511

*Sidorsky, Emily,* The Unidroit Convention on stolen or illegalyexported cultural objects: The role of international arbitration, Int. J. Cult. Prop. 5 (1996) 19

*Siegfried, Felix Heinz,* Internationaler Kulturgüterschutz in der Schweiz – Das Bundesgesetz über den internationalen Kulturgütertransfer, Frankfurt am Main, 2006

*Siehr, Kurt,* Kunstraub und das internationale Recht, Schweizerische Juristenzeitung 1981, 189 f., 207 f.

*Siehr, Kurt,* Handel mit Kulturgütern in der EWG, NJW 1993, 2206

*Siehr, Kurt,* Vereinheitlichung des Mobiliarsachenrecht in Europa, insbesondere im Hinblick auf Kulturgüter, RabelsZ 59 (1995), 454

*Siehr, Kurt,* The Protection of Cultural Property: the 1995 UNIDROIT Convention and the EEC Instruments of 1992/93 compared, Unif. L. Rev. 1998, 671

*Siehr, Kurt,* Die Richtlinie 93/7/EWG des Rates von 15. März 1993 über die Rückgabe von unrechtmäßig aus dem Hoheitsgebiet eines Mitgliedsstaaten verbrachten KG und das Privatrecht der Mitgliedstaaten der EWG, KUR 1999, 225

*Siehr* in: *Reichelt, Gerte* (Hrsg.), Neues Recht zum Schutz von Kulturgut, „Die EG Richtlinie von 1993 über die Rückgabe von Kulturgütern und den Kunsthandel“, Wien, 1997

*Siehr, Kurt,* Verjährung der Vindikationslage, ZRP 2001, 346

*Sparr, Jürgen,* Kulturhoheit und EWG Vertrag, Berlin, 1991

*Spaun, Susanne,* Der Herausgabeanspruch bei Diebstahl oder illegalem Export von Kulturgütern, Frankfurt am Main, 2003

*Sprenger, Jörg,* Beschränkungen des Handels mit Kulturgut und die Eigentumsgarantie, Berlin, 2004

*Staudinger,* Kommentar zum Bürgerlichen Gesetzbuch, Buch 2, Recht der Schuldverhältnisse, 14. Auflage, Berlin, 2005

*Strauch, Gregor,* Rechtsverhältnisse an Kulturgütern im internationalen Sachenrecht, Berlin, 2007

*Thorn, Bettina,* Internationaler Kulturgüterschutz nach der UNIDROIT Konvention, Berlin, 2005

*Turner, Stefan,* Das Restitutionsrecht des Staates nach illegaler Ausfuhr von Kulturgütern, Berlin, New York 2002

*Uhl, Antje-Katrin,* Der Handel mit Kunstwerken im europäischen Binnenmarkt, Berlin, 1993

*Virgos-Soriano, Miguel* in: *Coutau-Bégarie, Hervé, Schmitt, Jean-Marie* (Hrsg.), Le patrimoine mobilier. Quelle politique européenne?, „Patrimoine national ou patrimoine communautaire: le problème de la définition“, Paris, 1990

*Walter, Bernhard,* Rückführung von Kulturgut im internationalen Recht, Bremen, 1988

*Weber,* Ist der „Ötzi“ ein Denkmal? Kulturgüterschutzrechtliche Aspekte von archäologischen Funden, ÖJZ 1992, 673

*Weidner, Amelie,* Kulturgüter als res extra commercium im internationalen Sachenrecht Berlin, 2001

*Wermusch, Günther,* Die Bernsteinzimmer-Saga, Spuren, Irrwege, Rätsel, Berlin, 1991

# Stichwortregister

Kolibri 360 GmbH
Ferdinand-Jühlke-Straße 7
99095 Erfurt, Deutschland
produktsicherheit@kolibri360.de